普京领导下的俄罗斯

权力、金钱和人民

[英] 西蒙·皮拉尼 著
姜 睿 钟晓辉 译

中国财政经济出版社

图书在版编目（CIP）数据

普京领导下的俄罗斯：权力、金钱和人民／（英）皮拉尼著；姜睿，钟晓辉译．—北京：中国财政经济出版社，2013.8

ISBN 978－7－5095－4649－9

Ⅰ.①普…　Ⅱ.①皮…②姜…　Ⅲ.①俄罗斯－研究　Ⅳ.①D751.2

中国版本图书馆CIP数据核字（2013）第152473号

著作权合同登记号：图字01－2012－4946

责任编辑：蔡丽兰　孙　腾　　责任校对：张　凡

封面设计：郁　佳

中国财政经济出版社 出版

URL：http：//www.cfeph.cn

E－mail：cfeph@cfeph.cn

社址：北京市海淀区阜成路甲28号　邮政编码：100142

营销中心电话：88190406　北京财经书店电话：64033436　84041336

涿州市新华印刷有限公司印装　　各地书店经销

710×1000毫米　16开　16印张　201 000字

2013年9月第1版　2013年9月涿州第1次印刷

定价：33.00元

ISBN 978－7－5095－4649－9/D・0260

（图书出现印装问题，本社负责调换）

本社质量投诉电话：010－88190744

反盗版举报热线：88190492、88190446

致　　谢

在俄罗斯，不计其数的人帮助我了解他们的国家。其中，既有朋友、同事、劳动者和社会活动家，也有银行家、实业家以及政府官员和学者。在此不能向他们一一表示谢意。但我对他们都充满了感激。要特别感谢给予我帮助，使我能够在 2007 年参观伊热夫斯克、陶里亚蒂及萨马拉州等地的各位朋友。

此外，还要感谢菲利普·亚历山大、比尔·鲍林、西蒙·克拉克、卡丽·吉布森、大卫·莱恩、大卫·曼德尔、格雷格·穆迪特和维拉迪· 麦克尼柯。他们对本书提出了很好的建议。此外，还要感谢维基·罗宾森帮我制作图表。感谢罗杰·范·万恩伯格及冥王星（Pluto）出版社和库兰（Curran）出版公司的所有工作人员。感谢牛津能源研究所（Oxford Institute for Energy Studies）以及天然气研究专家约翰森·斯坦恩。是他们的帮助，让我有充裕的时间完成这个项目。我还要感谢其他曾给予帮助的朋友。感谢克里斯蒂·库珀、克里斯·克里根、约翰·柯罗夫特、阿努克·沃诺尔、凯文·奈特、马丁·梅耶尔、菲利斯·皮拉尼和约翰·斯潘塞以及大英图书馆的工作人员。我最深的谢意要奉献给我的伴侣莫妮卡，感谢她给予我的巨大支持。

书中的图片由伊热夫斯克市的 Den’日报、塔吉亚娜·拉柯辛纳、俄罗斯新闻社以及路透社、克里姆林宫提供。在此一并致以谢意。

西蒙·皮拉尼

前　言

此书旨在向广大读者介绍21世纪最初十年俄罗斯的情况。既包括俄罗斯的经济社会情况，也包括工会、社区、组织和社会活动情况。作为一名记者，1990年我报道了库兹巴斯煤矿的矿工罢工，此后开始撰写关于俄罗斯的文章。其中包括很多有关工人运动的报道。1997年后，我报道的内容主要集中在经济方面。除在《观察家》（*Observer*）中发表过几篇以外，大部分都发表在《新兴市场》（*Emerging Markets*）、《贸易金融》（*Trade Finance*）、《金融时报》（*Financial News*）、《天然气事务》（*Gas Matters*）以及《金属导报》（*Metal Bulletin*）等商业杂志上。因此，我得以有机会亲身了解俄罗斯的劳资情况。用俄语交流并阅读，以及20世纪20年代的有关工人运动的书籍，都帮助我加深了对俄罗斯的了解。

本书并非报道文学，而是对我认为最重要的各类事件和问题的回顾。我参考了各种书籍、文章、俄罗斯媒体的大量报道以及我个人所作的研究。但是本书并非面面俱到，例如对俄罗斯外交政策方面我并没有着墨过多。此外，还要说明的是，和所有观察家一样，每个人都各有所长，并有所短。对于莫斯科以外的俄罗斯，我知之甚少。为此，2007年9月和10月，在冥王星（Pluto）出版社同意出版此书后，我先后到访了伊热夫斯克、陶里亚蒂及萨马拉州等地。我将在第五、第八和第九章中对此进行介绍。

在序言中，我将普京领导下的俄罗斯放在过去四十年世界历史的发展中进行讨论。第一章介绍了从戈尔巴乔夫时代的独联体到叶利钦时代的俄罗斯的过渡。第二章描述了普京接掌大权的时期。第三章展示了普京领导下俄罗斯的经济情况。第四章叙述了权力和金钱的关系。第五章描述的是石油繁荣到萧条的过程。第六章介绍了广义的政治。第七章关注的是人的发展。第八章和第九章则揭示了工人运动的变化。

我用＊或＊＊标出了需要进一步解释的词语，并在该页作了脚注。全书最后的尾注用于注明资料的出处。行文中均按照英文出版物中的惯例使用了俄文姓名。尾注中使用的是美国国会图书馆音译体系。

最后要说明的是金额问题。我尽量减少引用钱数，并在适当的情况下进行了四舍五入。不过一般来说，人在一生中是不可能完全避免与钱打交道的。美元是当今国际贸易中最常用的货币，因此书中的大部分金额都按照美元计算。但是也有以俄罗斯卢布计算的情况。为此，特列出汇率以供参考。

卢布兑美元（年平均价）

1996	5.1
1997	5.8
1998	10.0
1999	24.6
2000	28.1
2001	29.2
2002	31.3
2003	30.7
2004	28.8
2005	28.3
2006	27.1
2007	25.6
2008	24.8

注：2008年下半年至2009年第一季度，卢布与各国货币兑换率大幅下跌。详情见第五章。

目　　录

照片

图

表

引言

聚焦普京时代的俄罗斯

21 世纪，俄罗斯权力与金钱的关系发生了根本性的变化。由此也带动了俄罗斯人与人之间关系的变化。本书一方面记述了这些变化，同时也提供了解析这些变化的新视角。

政府与富豪寡头（具有政治影响力的商业家）之间的碰撞是主旋律。这是权力与金钱的斗争，更确切地说是重新调整两者之间的关系。国家将有产阶级作为一个整体来约束寡头的行为，并努力恢复自身在 20 世纪 90 年代的乱局中失去的权力。获得权力并不是最终目的，而是要通过权力管理后苏维埃时代的俄罗斯资本主义，让俄罗斯融入世界体系中。俄罗斯的经济复苏对此产生了极大的促进作用。而经济复苏则主要依靠油价的上涨，这也是经济发展的重要源泉。

虽然从 2008 年 5 月开始，俄罗斯由总统德米特里·梅德韦杰夫领导。但是作为总理的弗拉基米尔·普京则更具影响力。这位前克格勃（苏联国家安全委员会对外情报局）特工，曾在 2000 年至 2008 年担任国家总统。很多西方评论家都认为普京在情报局的工作对他的统治至关重要。但我却认为这只是一个方面，石油繁荣才是普京改变俄罗斯的必要前提。而世界金融危机不仅会导致俄罗斯经济发展的倒退，而且也会成为影响俄罗斯今后社会和政治发展的决定性因素。

经济因素塑造了权力与金钱以及与俄罗斯人与人之间的关系。石油繁荣增加了人们的平均收入，弥补了20世纪90年代给人民生活水平带来的损害，但同时也加剧了人与人之间的不平等。国家越来越富裕，越来越稳定，但同时也越来越独裁。国家不断向社会活动施压，令人窒息。社会活动、社区组织、工会、政治活动和组织以及记者等等都感受到了这种压力。但这正是俄罗斯未来之所依。这些致力于改变人民生活和国家现状的活动和组织才是本书的主线。

俄罗斯对所有读者而言都有重要的意义。在我看来，主要有以下三个原因：首先，俄罗斯是苏维埃社会主义制度的发源地。对四代人乃至五代人而言，这一制度向他们许下了更美好的未来，但是随后，这些希望却破灭了。其次，1991年苏联解体后，俄罗斯逐渐融入世界资本主义制度的过程向我们讲述了这一体制具体是如何运行的。第三，俄罗斯人民在改变他们的国家和争取更美好的生活中所面对的挑战，对全世界的社会运动都有非常重要的影响。

引言部分将把俄罗斯放在世界资本主义以及抵制资本主义力量的大背景中进行讲述。并将21世纪的俄罗斯及普京—梅德韦杰夫的十年与此前的三十年进行对比。在这三十年中，资本主义发生了巨大的变化，而苏联也逐渐衰落直至解体。一直到1991年前，俄罗斯都是苏联的一个组成部分。

20世纪60年代晚期和20世纪70年代：东方发展缓慢，西方繁荣不再

大约40年前，也就是20世纪60年代末，俄罗斯是苏维埃

社会主义共和国联盟（简称苏联）15 个加盟共和国中最大的一个。其首都莫斯科也是更大的国际组织——苏东集团的中心。苏东集团西至东德和匈牙利，东至越南和朝鲜。中国作为半游离伙伴，有着相似的思想体系和经济体系，但其外交政策是完全独立的。在整个苏东集团中，所有的经济组织，如银行以及大部分工业和农业均归国家所有。国家，或更确切地说，管理国家的官僚精英们通过法令指导经济，进行投资决策。货币不可兑换*，国内价格以及对外贸易全部由国家垄断决定。西方资本主义不能直接涉足。获取利润以及财富聚集等资本主义行为不仅不合法，还会受到官方意识形态的指责。在官方看来，苏联的制度是“社会主义制度”或说是“共产主义制度”。苏东集团就是通过这种前所未有的、对各方实行政治压迫的制度联系在一起的。在这种制度下，只有共产党，或类似性质的政党才是合法的。非政治组织，如工会等，都受到了严格的控制。持不同政见者通常会被监禁，甚至遭受更严厉的对待。无论对其领导人还是其大部分敌人来说，苏联看起来都是不可战胜的。但实际上，导致苏联在 1989 年至 1991 年最终分裂的因素在 70 年代已经开始发挥作用了。

20 世纪 70 年代的苏联，在外人看来经济良好、社会稳定、军事力量可与美国相抗衡。但过后人们才发现，事实并非如此。西方观察家大多专注于苏联在武器和空间研究方面取得的成果。但除此之外，在技术和通讯等方面，苏联不仅落后于西方国家，甚至都难与一些东亚国家相比。其工业发展也进入平台期。美国中央情报局从 1974 年开始监测苏联的经济情况。据其报道，苏联的劳动生产力以及工业生产力出现了零增长，甚至负增长[1]。与美国的军备竞赛带来了沉重的经济负担。消费产品和机械对外贸的依存度越来越大。在人的发展方面，20 世纪 50 年代和 60 年代曾

* 当时很难与其他国家的货币自由兑换。国家紧紧掌控着苏联卢布的兑换权。

出现的人口统计学方面的显著改善（寿命增加、死亡率下降）也停滞不前。人民生活水平的改善速度逐渐放缓。

苏联领导人相信，他们可以隔绝世界资本主义来发展经济。西方很多人也这样认为。但这只是幻想。从21世纪的观点看，很显然，20世纪70年代初期国际资本主义的危机以及随后的变化，正是苏联经济崩盘的原因之一。而且还在苏联形成了寄生、庸俗、罪恶的资本主义形式。

20世纪70年代初期是很重要的时期。首先，世界上最富裕国家自第二次世界大战后出现的经济繁荣局面出现了停顿。其次，全球金融市场开始了前所未有的扩张，即“全球化”开始出现[2]。20世纪50年代至60年代，发达国家经济产量大幅提高，无论是总量还是人均产量都提高得很快。增速几乎是19世纪20年代后任何时期的两倍。劳动生产力与以往相比，也增加了两倍。但是情况在1968年至1973年间发生了改变。按国内生产总值（GDP）计算，经济发展和劳动生产力增加都有所减缓。到1973年，美国以及大多数欧洲国家的经济都出现衰退。其中一些国家在随后的十年中仍呈现这种状态*。当很多最富有的国家的实体经济陷入困顿时，货币资金大量聚集在金融部门。由于生产和商业领域很难获得收益，资本开始寻求以金融方式实现增长。新的金融市场不断涌现，首先出现的是欧洲美元市场。之所以叫欧洲美元，是因为这些市场位于伦敦或其他欧洲城市，但是股票、债券、货币以及其他各种金融工具都是以美元结算的。

---

* GDP是衡量经济活动时最常用的一种方法。GDP代表了一个国家所生产的商品以及服务的价值的总和，通常以年计算。其计算公式为：消费＋总投资＋政府支出＋出口－进口。作为一种概念，GDP反映了资本主义考虑问题的优先顺序。即仅衡量货币化的价值，不考虑经济活动产生的外在影响。比如，对环境、人的发展或福利的影响。在此情况下，1千桶每桶100美元的石油，等同于10万美元的地狱火导弹，也等于价值10万美元的药品。此外，GDP没有计算不支付报酬的家庭工作或黑市交易的价值。经济衰退通常是指，按GDP计算，一个国家的经济在两个或两个以上季度中连续出现负增长。

1971 年，美国取消了美元与黄金的挂钩*。这成为金融市场增长的关键转折点。固定汇率体系被浮动汇率体系所代替。不过很多经济学家认为，后者并不能称之为体系。浮动汇率为货币贸易及投机获利创造了机会。20 世纪 70 年代中期，离岸市场的纯货币交易量远远超过了全世界的贸易总量。截至 1979 年，仅伦敦欧洲美元市场的交易量就达到了世界贸易总量的 6 倍。而到了 1986 年，更上升至 25 倍。随着这一主要金融投机活动的扩大，世界经济也发生了其他变化，并对实体经济产生了影响。如跨国公司的快速增长以及这些公司间日益激烈的竞争。由此产生的结果是，1970 年至 1978 年，美国的外国直接投资**增长了两倍，而欧洲则增长了三倍。[3]

由于正值繁荣消退、失业增加、困苦加剧，普通人对全球大量流动的货币资本也许并无察觉。但是他们肯定注意到了全球通货膨胀所带来的后果。因此 20 世纪 70 年代工业工人罢工频繁，他们希望自己的生活水平能够免受不断上涨的价格的威胁。通货膨胀直接导致了由中东主要石油生产国组成的石油输出国组织（OPEC）的产生。该组织在 1973 年将石油价格增长了四倍。由此带来的“石油危机”导致主要能源进口国国内价格大幅上涨，其中不乏那些世界上最富裕的国家。这些国家的领导人将美国和欧洲 1973 年至 1975 年之间的经济衰退归罪于石油输出国组织，不过很多经济学家并不这样认为。“石油危机”所产生的影响绝不仅于此。能源市场的经济天平开始向石油生产国倾斜。中东石油生产国迅速积累了剩余资金，其中 800 亿资金随后迅速进入了欧洲美元市场和其他离岸地区。[4]

---

* 第二次世界大战结束时，美国及其他主要大国建立了布雷顿森林体系。根据该体系，美元与黄金按固定汇率兑换；其他货币则按固定汇率与美元进行兑换。1971 年废除美元与黄金挂钩的体系后，美元与国际储备货币以及此前由美国黄金储备所代表的价值之间不再有任何联系。自此，美国货币管理机构，即美国联邦储备局可以不受上述限制发行美元。

** 直接用于公司，而不是通过股票市场进行的投资。

“石油危机”后随之而来的是政治趋势的转变。自第二次世界大战之后，美国对世界资本主义体系的霸权统治第一次受到了挑战。作为美国最主要的战略敌人，苏联是世界上最大的非石油输出国组织石油生产国。同中东国家一样，它也从骤然增加的石油出口收入中获益匪浅。此时，石油大国的势力增长与美国在越南战争中的失利及其1975年屈辱的撤军形成了鲜明的对比。

20世纪80年代：美国要钱，苏联要时间

20世纪80年代初，世界最大的一些经济体开始了长时间的对外扩张。其间仅被偶尔的经济衰退以及日本在90年代的长时间经济停滞打断过。这种扩张一直延续到2008年至2009年的经济不景气。美国在经历了1981年至1982年的短暂下滑后，一直处于长期增长中。这也要感谢东亚经济的长期繁荣，这一繁荣景象从20世纪80年代中期一直延续到1997年亚洲金融危机爆发。

随之而来的是金融体系的根本变化。玛格丽特·撒切尔（1979年开始担任英国首相）以及罗纳德·里根（1980年当选美国总统）领导了一场自由市场运动。银行由此得到进行金融投机活动的更大空间。期货合同等金融衍生品也被用于进行投机活动*。与此同时，政府也放松了对跨境资金运作的管理。直至20世纪70年代还仅仅服务少数富人的离岸税收天堂，迅速吸收到了大量资金。其中绝大部分来自石油生产国以及缺乏金融管理的贫

---

* 金融衍生产品是一系列复杂金融工具的总称。衍生产品的价值依赖于其他东西的价值（基础资产）。如商品、股票或财产，或指数的价值。很多金融衍生产品，如期货或期权，最初都是以保险的形式出现的。以对冲基础资产的价值变化。但是随着过去三十年中国际衍生产品市场的繁荣发展，衍生产品导致了大量的投机行为。证券化是指，将金融资产（通常指贷款等债务）打包成为可交易的金融工具。衍生产品市场的波动是导致2007年至2008年世界金融危机的一个主要因素。

穷国家。20 世纪 90 年代初期，大量来路可疑或者非法获得的资金从俄罗斯流向这些离岸天堂。1986 年伦敦市场发生“金融大爆炸”后，电子化和电子交易的引入加速了这一过程。进行货币买卖的外汇市场主要是对货币价值进行投机交易。这些市场开始迅速膨胀。20 世纪 80 年代初期至 90 年代中期，交易量增加了约 10 倍，达到了每天 1.5 万亿美元。

20 世纪 80 年代也是苏联同世界上实力最强的资本主义国家——美国以及其他国家之间关系的分水岭。在此之前，美国一直出口资本，现在，也开始进口资本。虽然里根极力倡导紧缩财政，但是美国政府还是创造了有史以来最大的国家赤字：1981 年至 1991 年的十年中，美国的赤字从 740 亿美元上升至 3 千亿美元。同时，国家债务从 1 万亿美元增加至 4 万亿美元。为了吸引所谓的“热钱”，美国的利率水平甚至高于通货膨胀水平。高利率加上不断下跌的油价和物价，给在 20 世纪 70 年代对外借款的贫穷国家，特别是拉美国家造成了巨大的打击。1977 年，该地区向富裕国家支付的债务利息占其出口额的三分之一，但是到了 1982 年，这一比例却上升至三分之二。这一上升趋势在 1982 年达到了极致，这一年墨西哥需要为其债务支付高达 700 亿美元的利息。[5]

苏联及其卫星国受到了来自两方面的压力。一方面，里根政府批准了新一轮核武器计划，即“星球大战”导弹体系。这向苏联提出了严峻的挑战。不管里根了解与否，实际上他都戳到了苏联的软肋。在西方国家开展计算机革命的进程中，苏联在技术上已经远远地被落在了后面。苏联领导人的虚张声势，实际上是一种所谓的核边缘政策。苏联的军备开销仍占其国民收入的 12% 至 17%，而且他们已经无力承担更多的军备费用。[6]1985 年，苏联最后一位领导人米哈伊尔·戈尔巴乔夫在雷克雅未克的谈判中提出了根本性的裁军计划。这完全是在认清苏联经济现实的基础上所作出的决定。苏联在其所进行的最后一场战争，即阿富汗战争

（1979 年至 1989 年）中所遭受的失败，也就是被里根称为“第二次冷战”* 中的失败，是莫斯科无法承受的。

苏东集团的另一压力来自于经济。一方面，苏联对西方的贸易逐渐向原材料出口以及机械和消费品进口倾斜。这是典型的殖民地经济贸易。1973 年至 1974 年，苏联是继美国之后的第二大石油生产国。同中东石油生产国一样，苏联也在“石油危机”中发了一笔横财。但是当 20 世纪 80 年代石油价格开始下跌时，苏联感受到了更大的压力。1973 年至 1985 年，石油和天然气的出口占到了苏联硬通货收入的 80%。其他石油出口国都将他们发的横财用在了向苏联购买武器上，这占了硬通货收入剩下的 20%。苏联则将其在石油上的收入用在了与美国的军备竞赛，以及进口商品来提高人民的生活水平中。在进口产品中，机械、消费品和食品所占的比例越来越大。[7]

石油所带来的巨大财富掩盖了苏联在另一方面的巨大失败——农业。一个拥有丰富土地资源的大国却无法实现自给自足。到 20 世纪 80 年代时，苏联每年不得不进口 3.5 千万到 4 千万吨的小麦。其中绝大多数来自加拿大和美国。随后是接踵而来的灾难。1983 年，西伯利亚产油量开始下滑。直到 1986 年才有所恢复，但随后却继续下跌。石油出口价格也骤然下降，仅 1986 年就下跌了 69%。同时，作为石油贸易货币的美元也开始贬值。贸易条款对苏联越来越不利。苏联不得不向西方市场借钱来支付进口所需资金。苏联对西方政府和银行的净债务，从 1971 年的 6 亿美元，一下子飙升到 1984 年的 102 亿美元，到 1989 年，已经升至 373 亿美元。这使得东德向苏联提供的出口信贷增加了几十亿美元。这些后来都转给了统一后的德国。[8]

---

* “冷战”一词始于 20 世纪 40 年代晚期，用于描述美国与苏联之间的紧张关系。70 年代时，两国关系曾有所缓和，或说解冻，但是在苏联入侵阿富汗后，再加上美国的核武器计划以及在欧洲额外部署导弹，两国关系于 80 年代重新恢复紧张。

如果考虑经济总量的话，相比东欧国家而言，苏联的债务负担还不算太大。东欧国家在20世纪70年代卷入了国际债务市场的漩涡。他们借了大量的美元来购买西方的技术和消费品。在这些债台高筑的国家中，波兰可谓其中之最。到1989年，波兰的债务已经达到了410亿美元。20世纪80年代初，为了清偿债务，波兰统治者采取了大幅提高食品价格等各种严厉的措施。这些措施激起了工人阶级的抗议活动，并最终导致了爱德华·盖莱克政府于1981年被推翻。独立工会组织——团结工会随即成立。该组织的成立极大地鼓舞了苏东集团各国持不同政见者以及工人活动家。匈牙利、保加利亚以及东德都面临同样的偿债压力。经济历史学家乔万尼·阿里吉这样写到：

> 第三世界国家迅速加入了与第二世界国家（如苏东集团）竞争流动资金的行列，这进一步损害了南方（即发展中国家），帮助了西方。在充分利用了20世纪70年代资金过度充足的有利条件后，其中的一些国家也卷入了国际资金大循环中。不过他们承担的是最沉重的金融债务。当资金再次变得稀缺时（如20世纪80年代），苏东集团作为一个整体，突然感觉到了竞争的冷风吹过。就像美国在越南陷入困境一样，苏联也在阿富汗泥足深陷，同时又受到了美国军备竞赛再次升级的挑战，这使得苏东集团萎靡的结构摇摇欲坠。[9]

苏东集团开始瓦解：具有象征意义的柏林墙在1989年11月被推翻。不过，无论是苏东集团，还是苏联本身，都不是因为外力才解体的。是其内部矛盾加速了它们的解体，反过来解体也加剧了内部矛盾。苏联的产出增长持续减缓。工业一方面向武器制造倾斜，另一方面也在减少生产消费品。这加剧了苏联的物品短缺以及对进口的需求。物品短缺已经成为苏联经济的一个标志。随着时间的推移，人口城镇化和教育水平不断提高，“短缺经济”

已经越来越难以为继。为了隔绝人民与外界联系的审查制度壁垒也面临着同样的问题。人民生活水平从80年代初期就开始停滞不前。现在回想起来，在苏联体制的持续性方面，苏联领导人的自欺欺人以及对大多数西方精英的蒙蔽是多么严重。实际上，当戈尔巴乔夫1987提出根本性的改革方案来挽救这一体制时，已为时晚矣。戈尔巴乔夫引入市场机制的努力，实际上培养了后苏维埃俄罗斯时期的资产阶级雏形。这其中包括银行家、实业家以及官僚。他们都利用开放时期的机会为自己挣得第一桶金。但是对于大多数人民而言，情况只是变得更糟。迅速的通货膨胀引发了1989年7月席卷俄罗斯矿区的罢工潮，同时也唤醒了工人运动。与此同时，乌克兰等其他共和国对独立的要求最终倾覆了苏联政体。苏联于1991年12月解体。

20世纪90年代：资本主义来到俄罗斯

在苏联解体后新产生的15个共和国中，俄罗斯是最大的一个。作为一个多民族国家，俄罗斯拥有160多个民族。是一个由83个行政单位（共和国、自治州以及地区等）组成的联邦国家。俄罗斯是目前世界上国土面积最大的国家，横跨了11个时区。同时，它也分得了包括自然资源（石油、天然气、矿产和金属）以及工业资源在内最多的苏联的财富。不过俄罗斯的人口数量却在持续减少。已经从1992年的1.48亿减少到20世纪末期的1.42亿*。

从1992年开始，在苏联解体前的4年就已经埋下的资本主义种子开始发芽。后苏维埃时期俄罗斯的统治者在世界上最富有的

* 根据GDP计算，俄罗斯的经济总量不足前苏联的四分之三，而人口是前苏联的一半（前苏联人口为2.85亿；俄罗斯人口为1.42亿）。

国家以及国际组织的支持下，开始以最快的速度向资本主义过渡。其结果就是致使俄罗斯迅速陷入混乱之中。苏联贸易关系的崩溃以及迅速到来的价格自由化和私有化等“休克疗法”，引发了在和平时期前所未有的经济低潮。1990 年至 1997 年，俄罗斯的 GDP 下降了近一半。这是一次深刻的人类悲剧，几百万人陷入贫困，人均寿命骤然下降，最后一代苏联工人突然面对失业、众多的不确定性以及贫困，在 50 甚至 40 岁就开始死亡。

鲍里斯·叶利钦 1991 年 6 月当选俄罗斯总统，并于当年年底使俄罗斯脱离苏联。新的政治秩序在混乱中形成了。叶利钦作为“民主党人”，在为新宪法开路。议会不同意，他就在 1993 年解散了议会，并下令攻打议会大楼。新宪法最终通过投票被承认。但是投票中却出现了大范围的舞弊行为*。俄罗斯联邦制的性质在车臣问题上受到了检验。这个南方共和国要求脱离俄罗斯，叶利钦则以 1994 年至 1996 年的一场血腥战争予以回应。叶利钦在其两届任期中被西方冠以英雄的称号。但实际上，大多数俄罗斯人却把他当作破坏他们生活水平的祸首。1999 年叶利钦退休时，他的支持率跌到不足 2%。

从某种程度上说，俄罗斯的资本主义非常愚蠢。这是由于它已经成为世界经济金融体系的一部分，但该体系本身却开始走向疯狂。苏联时代所采取的调控一旦取消，俄罗斯便不得不忍受汹涌的“资本外逃”所带来的损失：至少有 1500 亿美元的资金流向海外，其中大部分是掠夺国有资产得来的。20 世纪 80 年代各国放松金融监管，反而创造了一个更适合旧官僚、幸运的企业家以及暴徒的体系。这些人都在俄罗斯赚取了他们的第一桶金，他

* 该宪法的通过标志着俄罗斯成为总统共和制国家。总统拥有行政权。他可以任命总理和政府，不过要经过国家议会的批准。总统有权否决议会通过的立法。与政府平行的是国家安全委员会。该委员会也是由总统负责任命的，负责安全及其他事务。俄联邦由 83 个行政单位组成，拥有各自的议会以及地方长官或总统。联邦委员会，即上议院，由这些人组成。下议院，即杜马，由选举产生。

们将几百万的资产转移到离岸税收天堂。虽然也有资金流入俄罗斯，但却远远低于流出的资金，而且大部分都属于投机借贷。

俄罗斯的灾难是有其历史背景的。在过去十年中，越来越多的国际资本不断流向“新兴市场”。而“新兴市场”正是发展中国家以及前苏东集团成员国。这些资本首先流向了东亚各经济体，但创造的却是东亚经济体所无法维系的泡沫。同样的泡沫也出现在美国不断上涨的股市中。1997 年中期，东亚各国股市和货币价值大幅下跌。现在回想起来，这可以说是金融震荡发出的第一波，而 2007 年到 2008 年才是最终的爆发。但是看起来，当时俄罗斯的政客以及他们的国际顾问们并没有注意到这种潜在的危机。陷入危机之中的俄罗斯政府不断发行短期债券*，希望能够平衡债务。但实际上，这正好是在为巨大的金字塔式骗局打地基，由于其中的资金主要来自于国际市场，所以不可避免地迎来了 1998 年 8 月的崩盘。虽然 20 世纪 90 年代俄罗斯所遭受的灾难可以归咎于苏联解体后俄罗斯自身的虚弱。但此次金融危机却可以证明，俄罗斯所融入的世界金融体系本身脆弱的性质也是一个很重要的因素。

21 世纪以后

普京在 2000 年接替了叶利钦。与叶利钦时代相比，普京领导下的俄罗斯有两点不同。第一，普京和他的同僚们，无论是前安全部门的官员，还是笃信资本主义现代化的经济学家和管理人员，都希望把国家机器从 20 世纪 90 年代的混乱中拉回到正轨。当然，和所有的精英们一样，他们也希望让自己更加富有。不过更重要的是，他们希望国家能够收到足够多的税用于统治，这正是叶利

* 国债由政府发行，并承诺支付利息。对政府而言，发行国债是一种借款的方式。对市场来说，则是一种政府以名誉担保的安全的投资形式。美国国债一直以来被视作是一种最安全的投资形式。

钦政府未能做到的。第二，这也是普京和他的同僚们非常幸运的地方，那就是石油以及其他俄罗斯重要出口品（天然气、钢铁和其他金属）的价格，在他们入住克里姆林宫的紧要关头开始上涨。此后，除了在2001至2002年有过一次停滞，这些商品的价格在2008年之前一直保持着上扬的势头。这为俄罗斯的经济复苏奠定了基础。到2006年，俄罗斯的经济已经恢复到1990年的水平。虽然普京执政加大了俄罗斯的贫富差距，但是人民平均生活水平不断提高，不仅恢复到了苏联后期的水平，甚至还有所超越。

让俄罗斯受益的商品大繁荣是在世界经济稳定发展的大环境中出现的。中国快速发展的工业化和城镇化加大了对商品的需求。印度也为此作出了一定的贡献。甚至连最大胆的预测都没有料到这种强烈的需求。虽然很多非洲国家及一些亚洲国家进一步滑向贫穷，但是大部分国家的经济水平和平均生活水平都有所改善。经济发展了，但随之而来的，却是前所未有的廉价信用的扩张。而这一切恰恰源自于最富有的国家。当波动在2007年传过整个美国房屋市场和股票市场时，一些经济学家开始对已经膨胀的信用泡沫发出警告。这些泡沫都是不可持续的。更有远见的看法则直指新一轮的金融投机行为。这种投机以抵押债务责任的形式出现，通过不透明、无监管的市场，由金融机构将大量债务重新打包以后，再互相出售。

2008年9月，这一不现实的泡沫从世界金融体系的中心纽约开始破灭。21世纪开始就支持解除市场监管并对政府干预市场加以嘲笑的美国政府，不得不组织了一次历史上规模最大的拯救金融机构的行动。世界最大的保险公司AIG集团以及处于美国房屋市场核心地位的两家公司被及时国有化。上千亿美元被注入各大银行和其他金融机构。但是余震仍旧撕毁了世界金融体系。主要国家的政府不得不掏出腰包来支持自己的银行体系，同时还要挽救其他债务缠身的小国，尤其是东欧国家。

俄罗斯与国际市场联结的比以往任何时候都更加紧密，因此也受到了更严重的影响。为了挽救金融体系的一揽子计划花掉了它十年来石油贸易积蓄的约三分之一。而油价在2008年6月达到顶峰后，又开始下滑。危机从金融业蔓延到实体经济领域。20世纪30年代以来最严重的经济不景气，也从富裕国家扩大至全世界。中国的繁荣发展出现停滞。2009年2月，100万中国的海外劳工中，有20万返回了中国。从城市到乡村，失业随处可见。俄罗斯的实体经济也受到了严重的打击，建筑业近乎停顿，钢厂和汽车厂开始解雇工人，贫穷的阴影又一次逼近了几百万刚刚因石油繁荣而脱贫的俄罗斯人。

社会变革、社会主义及苏联

在考虑为了改变社会而采取的集体性活动的前景时，有必要回顾一下过去的40年。苏联遗留的一个主要问题，就是体制对集体性活动进行压制的传统，以及对社会和政治意识造成的严重破坏。虽然如今这一阴影正慢慢退去，但俄罗斯尚未走远。

战后的苏联，任何打算组织共产党以外政治活动的人，无一例外都遭到了牢狱之灾或者被投入精神病院。这些人到了普京时代都已人过中年。处于因特网时代的我们，很有必要回顾一下苏联专政是如何对信息进行垄断的。它对媒体实施了完全的掌控。无论是传播被禁止的文学作品，还是拥有印刷设备、传单或者请愿书，下场都是一样的——严惩。戈尔巴乔夫时代以前，根本无法想象还可以进行大众集体活动或者不受国家令人窒息的干涉。在工作中，"官方"工会组织和管理者穿一条裤子，不仅拥有一般工会所具有的组织性功能，而且还充当暗中调查不同政见者的角色。

戈尔巴乔夫时期的到来，也带来了政治上的自由——集会自由、言论自由以及政治组织的自由。这是一个历史的转折点，社会活动因此风起云涌。对于很多记者和人权活动家来说，20 世纪 80 年代后期是他们的黄金时代。但是到了 90 年代，俄罗斯社会的很多方面都让人感到麻木。一方面苏联专制导致人们已经习惯了服从，另一方面经济不景气也带来巨大的影响。共产党人只是为了生存而斗争，工会通常也只是为了拖欠的工资而采取近乎绝望的请愿行动。虽然人们不支持叶利钦在 1994 年至 1996 对车臣所采取的行动，但是却没人有精力进行抗议。到了普京时代，社会活动开始复苏。但是这些活动的起点都非常低。我们不能低估那些遵守苏联遗留下来的传统的人所起的作用。

在 21 世纪仍然不能忽视的另一个苏联遗留下来的问题，是对“共产主义”一词的曲解。在苏联领导人看来，从 20 世纪 20 年代开始演化的经济体系，即绝大部分经济属于国有，才是“社会主义”。苏联的专制是以产业工人和农村农民的名义进行的。专制者认为，这种“社会主义”经济体系是为这些阶级谋福利的。在“社会主义”体制下，人们根据集体决策采取集体行动，战胜剥削，同时也分离了劳动者与国家。据此看来，1917 年俄国革命的爆发使上百万人为了重塑他们的未来而奋斗，带来了苏联的诞生，是一个伟大的历史性里程碑。尽管苏联决不是社会主义。即便是这样，对于几代俄罗斯以及其他苏联共和国的人来说，他们都生活在“社会主义”体制中。所以 20 世纪 90 年代爆发骚乱时，很多人仍对苏联时代怀有深深的眷恋。在年青一代俄罗斯人眼中，“社会主义”是与旧时代挂钩的，同时又掺杂在对社会主义未来的思考中。实际上，在俄罗斯的社会运动中，社会主义给人们带来了比以往更多的迷惑与不解。

2007 年至 2008 年爆发的国际金融危机及其所引发的经济衰退，为俄罗斯的社会活动和政治理念的发展创造了新的条件。20 世纪 90 年代俄罗斯经济下滑的时间恰好与苏联体制的瓦解不谋而合。在某种程度上，也可以说是苏联体制的瓦解导致了经济的下滑。那时人们认为资本主义不会比他们曾经的体制更差。但是

2010年以后面临的经济问题让俄罗斯人清楚地发现，这一切都是资本主义的产物。同时，这也会让他们清楚地认识到资本主义内在的危机风险。现在看起来，就在我写这本书的时候，危机将会给俄罗斯带来大量的贫穷和失业人口。但与此同时，这一困境既会破坏寻求变革的集体性活动，也会成为激发活动的动力。起因和结果都会变得越来越明朗。20年前，没有几个俄罗斯人认为世界资本主义是一个需要克服的问题，也不会有人认为人类能够摒弃资本主义这种生活方式。因为根据他们自己的经验，这完全是共产党宣传的谎言。现在，有关苏联“共产主义”与西方资本主义之间虚假的差别已成为过去，21世纪资本主义的巨大破坏力正呈现在我们面前。很难说俄罗斯人会作何反应，不过可以肯定的是，他们的反应一定不会完全一样。

第一章

从戈尔巴乔夫到叶利钦

普京时代权力、金钱和人与人之间的关系都在改变。而导致这些改变的原因则要追溯到戈尔巴乔夫进行的改革以及苏联解体后出现的经济下滑和社会混乱。本章主要介绍了苏联解体前的几年以及到1994年苏联刚刚解体后出现的社会动荡。第二章将详细介绍导致1998年俄罗斯经济危机的所有事件以及随后发生的一些情况。

苏联及后苏联时代的精英（1986—1991）

后苏联时代的资产阶级是在苏联官僚的孕育下成长的。资产阶级在1987年诞生，官僚抚育了它。1988年至1991年，是“精英政治经济集团最‘辉煌’的时期”。根据在后苏联时代初期担任过总理的叶戈尔·盖达尔的回忆，绝大多数俄罗斯的暴发户和大企业都是在此时为自己奠定的基础[1]。官僚分子将权力变成了资本主义财富。1991年苏联解体时，新贵们已经有了相当数量的商业银行。这些银行属于他们个人而非国家。他们控制着不断扩大的个人对外贸易以及大部分国内贸易，随时准备掠取俄罗斯的工业资产。

对于过渡时期，官僚们没有制订任何计划，只能靠临阵磨枪。受到严格控制的改革在1987年至1991年被危机所取代。一些官僚开始寻求政治变革；非俄罗斯共和国中从莫斯科放权中得到好处的人，开始为国家独立作准备；而另一些预见到、或是感觉到未来将属于资本主义体制的人，则开始为自己和家人在新体制下谋取权力和财富。其中还有一些人是三管齐下。虽然有些人在一开始并未及时采取行动，但是由于他们的地位可以让他们获得相关信息、权力和外币银行账号，所以当苏联体制开始瓦解时，他们也变得非常果断。

年轻的共产主义者、银行家以及官僚分子成为资产阶级

在戈尔巴乔夫经济改革的庇护下，一批人开始经商。其中包括年轻的共产主义领导、银行家以及国有企业管理者。他们将自己负责的一切都私有化了。

1986年中旬，苏联领导人将率先经商的权力给予了苏联共产主义青年团的领导。戈尔巴乔夫放弃了他失败的加速战略，这一战略希望通过强大的生产力拉动作用来解决经济问题。他转而开始推行perestroika，即经济改革。也就是说首先放宽对企业管理者的束缚，赋予他们更多的经济交流自由，从而扩大非国有经济。苏联共青团的领导们有权成立半国有或非国有的金融和贸易组织，这让他们抢得了巨大的先机。

1988年，苏联废除了一些对外贸和外币兑换的限制措施。苏联共青团商人获得了更大的优势。随后，合作社这一自20世纪20年代以来苏联最重要的非国有商业形式正式合法化。苏联共青团的领导们建立了几千家这样的组织。1988年8月，苏联部长会

议制定相关法律，又赋予了苏联共青团组织及合作社免税权及其他经济特权。同年 12 月，确定了国内免税区或称“经济特区”的合法性。到 1990 年夏天，已经建立了 11 个这样的特区。截至 1990 年，就业人口中有 9% 在私有及“混合”机构中供职。到了 1991 年，这一比例上升至 15%。最成功的苏联共青团企业应该算是梅纳捷普（Menatep），这也是后来梅纳捷普银行的基础，更是米哈伊尔·霍多尔科夫斯基帝国的奠基石。霍多尔科夫斯基是叶利钦时代实力最强的寡头。在后来普京打击寡头的行动中，也首当其冲受到了制裁。

随着经济改革的加速进行以及苏联经受的严重的经济和政治危机，“共青团经济”发展得越来越快。根据俄罗斯科学院社会研究所的估算，1988 年至 1990 年，“共青团经济”的月增长率达到了 60%。到 1989 年，很多组织的年营业额都是以百万美元来计算的。这些钱主要来自于金融交易。比如，共青团组织可以按照0.65 卢布兑 1 美元的“国家”汇率兑换外币。然后他们只要再按 18 卢布兑换 1 美元的“市场”汇率将其兑换成卢布就可以了。

苏联领导人在 1987 年至 1988 年进行的银行改革，为苏联时期资本主义的另一主要方面的发展开辟了道路。国有银行归管理者私人所有，或者合并到其他的私有银行。第一代银行家就是通过将国有资产转移到私人部门这一过程累积财富进而发家的。苏联在 1990 年至 1991 年解体时，大量的黄金和货币都是通过这些银行被克格勃和苏联共产党转移到私有部门的。三种典型的银行包括：

1. 私人拥有的“零基础”银行。这些银行是 1988 年至 1990 年间在十分仓促的情况下成立的。但是后来这些银行的拥有者都成为主要的寡头，例如霍多尔科夫斯基的梅纳捷普，弗拉基米尔·维诺格拉多夫的英科姆银行（Inkombank，建立在向共青团住房项目提供的资金基础之上），弗拉基米尔·古辛斯基的莫斯特银行（Most Bank）以及亚历山大·斯莫林斯基的首都储蓄银行

（Stolichny Bank）等。其中后两家银行是在莫斯科建筑合作社的基础上成立的。第二代“零基础”银行成立于后苏联时代初期。包括奥涅克辛银行（Oneksimbank）以及 MFK 银行。这两家银行都是由弗拉基米尔·波塔宁成立的。

2. 从国有银行中抽离出来的银行。这些银行可能附属于某些行业的分支或源于大型国有银行的分支。以圣彼得堡的俄罗斯工业银行为例，这家银行在 20 世纪 90 年代是一家非常繁荣的私有银行，后来在 2005 年以 5.77 亿美元的价格出售给大型国有银行——俄罗斯外贸银行。这也是俄罗斯最大的银行收购案[3]。

3. “口袋银行”，一般是指源于国有企业金融部门的银行。这些银行通常用于挪用国有资本，将企业的信用和资源转移到私人合作社中。

根据后苏联银行业史学家朱利·约翰逊的总结，国家通过“限制特权组织的很多营利活动”，在 1987 年至 1990 年推行了新的特权体系。私有银行“私下里参与了”这些活动，帮助他们以前的管理者获取国有资本。从而确保官僚们“稳住他们在经济变化后的地位”。并由此获得了“更分散的经济体制中的有形股份”，支持叶利钦解散苏联。[4]

在苏联为资本主义所作的准备中，第三个重要的内容是国有公司乃至整个政府机构的私有化。这些私有化的过程是由负责管理公司的人完成的。这些官僚们，也称特权阶层（nomenklatura）将这些单位变成股份公司，然后再把公司的股份放进自己或者他们下属的口袋里。有些保留国有制的公司，也通过管理合同或委托协议交由公司负责人管理。

特权阶层私有化的代表人物是维克多·切尔诺梅尔金。他在 1983 年至 1989 年担任苏联石油和天然气部长。并在 1989 年说服苏联部长会议将天然气部改为国有公司，即俄罗斯天然气股份有限公司（Gazprom）。俄罗斯天然气股份有限公司在当时和现在都是俄罗斯规模最大的公司。该公司始终保持部分国有的性质，国家对公司的影响力也很大。20 世纪 90 年代，该公司以固定价格向工业和居民提供低廉的天然气，成为经济崩溃中的中流砥柱。同时，该公司也是切尔诺梅尔金在 1992 年到 1998 年担任总理期间的根据地，更是其管理者争先恐后争夺的香饽饽。

特权阶层私有化的另一个产物是俄罗斯第二大石油公司——卢克石油公司（Lukoil）。该公司是由瓦吉特·阿列克佩罗夫在 1991 年组建的。他也因此从石油部长变成了卢克公司的首席执行官。1993 年，弗拉基米尔·波格丹诺夫如法炮制，成立了苏尔古特石油天然气股份有限公司（Surgutneftegaz）。该公司是俄罗斯六大石油公司之一。他本人从一名前石油部官员摇身一变成了公司老板。

苏联—俄罗斯：连续与间断

那么，新的俄罗斯资产阶级在多大程度上继承了苏联精英呢？当然不是百分之百，这中间存在间断性，这种间断性体现在新加入的成员中。他们原本是“偷窃”财富的罪犯，然后又将这些财富合法化。但是，就财富的来源、财富的控制者以及财富的特点来说，连续性比间断性更重要。英国学者大卫·赖恩对后苏联时代商业精英的研究表明，在主要的金融家中，有 25% 是前苏联共产党以及共青团的领导，56% 都曾在苏联国家机关工作过。在工业管理者中，这一比例较低，分别为 16% 和 13%。但在工业和金融业游说集团中，比例却略高，分别为 37% 和 56%。[5] 20 世纪 90 年代，原苏联精英成员拥有和掌握了大部分经济控制权。到了 21 世纪，他们的统治地位被削弱了。其中主要的原因是权力的自然交接以及新业务领域的诞生。

进入 21 世纪，普京和他的同僚们反复强调，财富是在 20 世纪 90 年代流失到贪婪的奸商手中的。他们把自己作为扭转这种趋势的力量。这种论点以及寡头之一的霍多尔科夫斯基的被捕，深深影响了在叶利钦时代陷入贫困的人们。但实际上，除了霍多尔科夫斯基以及少数几个人外，大部分政治和商业领导人都变得更富也更具权势，其中也包括像霍多尔科夫斯基那样在苏联时代开始敛财的人。

在政界，弗拉季斯拉夫·苏尔科夫是个最好的例子。他从1999年开始担任总统办公厅副主任，主要负责宣传“主权民主”。苏尔科夫在1987年年仅23岁的时候进入私人企业，当时他正在莫斯科文化研究所学习戏剧指挥。退学后他加入了霍多尔科夫斯基的梅纳捷普公司。直至1996年为止，他一直是梅纳捷普公司中非常重要的人物。后来他又加入了俄罗斯最大的电视频道——俄罗斯公共电视台。这家电视台后来由鲍里斯·别列佐夫斯基控制。1999年，别列佐夫斯基可能是当时克里姆林宫最有影响的人物之一，而此时苏尔科夫第一次成为“统一”竞选联盟的组织者之一。该政党其实是为了在1999年至2000年的大选中用来支持普京而成立的。随后，苏尔科夫获得了总统办公厅副主任的职务。[6]

而在商界领导人中，最好的例子则是彼得·艾文。他也是在叶利钦和普京时代暴富的寡头之一。艾文曾在苏联最大的系统研究所工作。1989年成为外交部顾问，1991年任俄罗斯联邦对外经济关系委员会主席。后又开始担任俄罗斯对外经济关系部部长。1994年，他成为阿尔法银行总裁。1998年后，阿尔法银行成为俄罗斯最大的私有银行。阿尔法银行隶属于阿尔法金融工业集团，该集团由艾文、米哈伊尔·弗雷德曼以及维克多·维克塞尔伯格领导。他们也掌控着曾经是俄罗斯第二大铝业公司的西伯利亚·乌拉尔铝业公司（Sual）以及俄罗斯最大的石油公司秋明公司（TNK）。秋明公司在2003年并入英国石油公司，成为该公司在俄罗斯的产业。普京2000年当选总统时，艾文要求他仿效智利独裁者奥古斯特·皮诺切特的做法，用法律将货币纪律并入经济之中。艾文认为，皮诺切特确实“为他的国家做了一些事”并且“试图加强法律”。但是他对皮诺切特非法杀害了几千名持不同政见者的事实却只字未提。[7]

这些资产阶级先锋在苏联精英的保护下开始为自己聚敛财富。到了普京时代，他们不仅没有保住自己的财富，反而激发了公众对强大国家机器的认同。

反对与选择

苏联的工人们虽然号称是国家的主人，但是他们由于各种压迫已经有几十年不能自由组织集体活动。当“共青团商人”变得越来越富有的时候，工人们也开始形成一股强大的社会和政治力量。1989 年6 月，由于不满物价飞涨而爆发的全苏矿工大罢工，很快便演变成表达社会和政治不满情绪的平台，而且还蔓延到矿区以外的地方。这场罢工促成了独立矿工联盟的诞生。这是自 20 世纪 20 年代以来苏联第一个独立于国家之外的工会组织。1990 年至 1991 年，在矿区仍有罢工活动爆发，而且工人运动作为一个整体已经开始常态化，但是大多数工会领导人却变成叶利钦有力的支持者，他们欢迎私有化和其他仓促的“市场改革”。

西方观察家很难接受这一现实，即好战的工人接受甚至是欢迎私有化。对于反资产阶级观察家以及那些曾亲眼目睹本国工人阶级的利益由于私有化而受到损害的观察家来说，更是觉得不可思议。很多西方社会主义者曾经以为，当俄罗斯工人运动开始后，他们会恢复国有制，抵制私有制的扩大。俄罗斯工人是否有能力这样做我们不得而知，但很明显的是，他们并不想这样做。矿工的领导以及大部分高层都倾向于分解国有资产。了解其中的原因，可以帮助我们理解后苏联时期俄罗斯工人运动中的矛盾。

苏联矿工的生活很艰苦，国有煤矿无情的纪律在世界范围内都很罕见。矿工们希望通过罢工改变社会的不公平现象，改变日益恶化的财富分配状况，取消共产党在矿区的特权。在工业政策上，他们希望能够停止按固定价格向苏联政府供应煤炭。他们认为煤炭公司可以以更高的价格在市场上出售煤炭，从而利用销售利润改善矿工的生活。如果无法同莫斯科就此进行协商，他们希望可以将煤炭出口到其他地区和国家。他们完全不了解国际竞争对他们的行业可能产生的影响，更不会知道资本主义可能会导致失业及俄罗斯经济的下滑。在他们眼里，令人憎恨的苏联体制应该灭亡了。俄罗斯的工人已经了解了一些有关资本主义的内容，但是他们能做的也仅限于此。

西方的左派不仅对工人运动能够迅速成功抱有幻想，而且对戈尔巴乔夫本人也抱有幻想。20 世纪 80 年代末期，几乎所有曾与工人运动有过瓜葛的西方政党都希望苏联能够有所革新。很多国家的共产党都欢迎戈尔巴乔夫采取的行动，并希望看到“变革的社会主义”。只有当他不打算继续维持苏联的时候，才被斥责为是个叛徒。托派分子一直主张通过“政治革命”推翻苏联的官僚统治。虽然他们中有人支持戈尔巴乔夫，也有人表示反对，但是大多数人都从中看到了苏联民主的希望。甚至在一些社会民主党内（如英国的劳动党），“改革社会主义”以及“民主社会主义”也变成了普遍的议题。

时至今日，很多人仍相信，如果戈尔巴乔夫能够继续实行他的改革，也许可以避免俄罗斯在 20 世纪 90 年代遭受的创伤。比如反资本主义记者纳奥米·克莱恩就认为，戈尔巴乔夫正“努力发展自由市场，建立强大的社会保障体系，同时令关键行业都保持公有”。他的目标是“斯堪的纳维亚模式基础上的社会民主”，但是，这一“和平且充满希望的过程”被最强大的资本主义霸权和某些国际机构“粗暴地打断并彻底推翻了”。克莱恩详细描述了美国政府和国际货币基金组织（IMF）的顾问们是如何与一小撮受意识形态驱使的官员们密谋，强迫苏联实行“休克疗法”以及入侵车臣等“恐怖的极端行为”。[8]

即使不考虑这些对叶利钦及其顾问们的指责，我也很怀疑戈尔巴乔夫是否还能有其他更好的选择。首先，没有证据表明已经将资本主义市场经济的破坏力释放出来的苏联精英有能力遏制这一势头。与此相反，在苏联1991年解体前的两年，他们就已经失去了控制能力。其次，当戈尔巴乔夫正在用他斯堪的纳维亚式的社会民主让西方崇拜者们为他叫好的时候，其政党内部的很多人正在准备用上述方式实行私有化。这不是说“休克疗法”或者袭击议会以及入侵车臣等等事件是不可避免的，而是说实际上，是戈尔巴乔夫为此铺平了道路。

苏联解体的速度很快，但是此前的几十年里，苏联的政治经济就已经开始腐烂。国际资本为了进入苏联，向妨碍它们的制度发起了猛攻，一部分苏联精英摒弃了苏联的意识形态，利用自己手中的权力确保了自己在新的资本主义秩序下的地位，并获得了相当的财富。从中，我们得出了两个结论：第一，苏联与真正的社会主义没有太多的共同之处，它不仅用恐怖的专政让人们对社会主义产生了怀疑，而且它的经济发展模式也存在着非常严重的问题。到了20世纪80年代，苏联的经济已经完全没有改革的希望了。戈尔巴乔夫和他的同盟们身陷其中，如果他们不能选择继续，那么也许就只能选择解体。苏联已经无法对抗21世纪的社会变革。第二，从世界资本主义的历史角度看，不管苏联奠基人的初衷如何，苏联毕竟完成了资本主义所需要的现代化过程，使一个，或者说一系列农业国家实现了工业化，而且也为这些国家后来重新融入国际市场作了准备。我认为，这一历史经验表明，今后的社会经济自由化运动应该把更多的重点放在以集体行动和集体组织来推动变革上，而不应由精英人士来建立新的经济秩序。

叶利钦时代的俄罗斯和世界（1992—1995）

“休克疗法”及经济衰退

1991 年 10 月，作为已上任两月有余的俄联邦总统，鲍里斯·叶利钦宣布开始实行随后被称为“休克疗法”的经济改革计划。这一计划所遵循的“处方”，是美国在 20 世纪 70 年代开始对拉丁美洲国家实行的经济“指导”，这些指导最终给这些国家带来了贫穷。所谓休克疗法是指不计社会成本，迅速推进的极端自由市场改革。休克疗法要求国家以最快的速度脱离自身原有的经济秩序，解除一切对市场运营和国际资本流动设置的障碍。叶利钦的计划主要包括以下内容：

1. 取消大部分价格管控；

2. 放开卢布汇率（允许国际市场决定卢布的汇率）并放松货币管控；

3. 迅速解除贸易和经济调控；

4. 尽最大可能以最快速度将国有资产私有化；

5. 大幅削减国家补助和财政支出。

该计划的主要推手是苏联的御用经济学家们。他们拥护芝加哥大学教授米尔顿·弗里德曼*的货币主义理论，也因此被戏称为“芝加哥小子”。这些经济学家中的领导人物是叶戈尔·盖达尔和阿纳托利·丘拜斯。叶戈尔·盖达尔从 1991 年 10 月开始担

* 货币主义经济理论，是指货币的供应是决定价格水平的关键因素。从 20 世纪 50 年代开始，米尔顿·弗里德曼以及货币主义“芝加哥学派”认为，只有通过限制货币供应增长量，才能控制通货膨胀。他们同时认为政府在经济中发挥的作用很少，应该完全交由市场来决定。并将此两种论点结合在一起。货币主义在 20 世纪 80 年代的英国和美国政府的经济政策中占有主导地位。被看作是右翼势力对社会民主党所倡导的凯恩斯需求管理政策的回应。

任俄联邦第一任副总理，并从 1992 年 12 月开始担任总理。阿纳托利·丘拜斯是俄联邦国有资产国家管理委员会主席。据说这一计划也受到了美国政府高级官员以及一些具有同样想法的美国经济学家的支持。

“休克疗法”再加上与其他前苏联国家贸易的急剧下滑，导致俄罗斯出现了和平时期其他世界主要国家从未出现过的经济灾难。1992 年至 1998 年，俄罗斯国内生产总值下降了 44%*，工业生产下降了 56%，比美国在大萧条时期的下跌水平还要高。资本投资下降至 1990 年的五分之一，食品生产跌至 20 世纪 80 年代后期平均水平的一半，粮食生产从 1993 年的 9900 万吨下滑至 1998 年的 4800 万吨，甚至低于一战前的水平。失业率激增，4 千万人被推到了贫困线以下。

1992 年 1 月的价格自由化导致很多俄罗斯人出现了最严重的“休克”。消费价格指数在 1992 年涨至 1354%，1993 年为 896%，只有在 1996 年才回到两位数。国有银行无法将人们的储蓄与价格指数相挂钩，导致财富大幅缩水。而所谓的“自由贸易”，就是人们在街上兜售自己的物品来谋生。当上百万的家庭被钉在货币主义圣坛前的十字架上受苦的时候，财政补助却源源不断流向官僚阶层。他们经营着享有高额补贴的国有企业，其中很多人正在将这些企业变成私有财产。慷慨的减税政策是为内部人士安排的。其中最令人惊讶的是，所谓的公益组织可以免税进口烈性酒和烟草。这些政策一直延续到 1995 年，帮助精英阶层垄断了主要的零售市场，同时每年消耗掉 40 亿—50 亿美元的国家预算。

1992 年由丘拜斯推行的大众私有化计划，其受益者还是精英阶层。所有的雇员都得到了代金券。从理论上讲，他们可以持代

* “休克疗法”的支持者认为，该统计数据包括已经暂停生产的闲置物品，如未使用的武器装备。这些物品应该被转化为价值而不是被当作垃圾被抛弃。这一数字也没有考虑大量的灰色经济（即未被记录的经济）。即使如此，经济的总体下滑仍是毋庸置疑的。

金券购买企业的股份，如他们所工作的企业的股份。但是那些掌握着货币资本和信息的人，可以轻而易举地骗过那些毫无金融市场经验的人。管理者将所吸收的代金券用于内部的廉价抛售或者非法传销等。在短短的一年时间里，就有 9 万家公司实现了私有化。其中大部分都是通过内部交易完成的，只有 14% 是通过公开招标或拍卖实现的。这也是官僚阶层转变为资产阶级的其中一步。[9]

“休克疗法”的支持者认为问题并非是货币主义理论所造成的，而是由于叶利钦的团队没能努力执行这一做法，还有就是他对苏联特权阶层的让步。但是叶利钦根本不可能去谴责这些特权阶层，因为这些人正是其最重要的支持者。曾撰写有关叶利钦改革的彼得·雷得韦和德米特里·格林斯基认为：

> 对于叶利钦—盖达尔改革来说，最明确和实际的做法应该是继续和发展反特权阶层浪潮，……到 1991 年秋天，已经通过选举从统治阶级手中获得了很多立法权。新精英阶层入主克里姆林宫将这次民主革命浪潮推向了顶峰……但是由于害怕来自下层的进一步变革，叶利钦选择了与特权阶层和黑手党资本家结成了战略同盟。[10]

1992 年至 1994 年，俄罗斯到处都充斥了混乱。政府由于两派的僵持而陷入瘫痪。一边是叶利钦和他的改革派。另一边是议会中的共产党人、民族主义者、官僚和区域特殊利益群体。议会反对改革计划，拒不批准盖达尔为总理。1993 年 9 月，叶利钦解散了议会，宣布由自己执政。议员们投票免除了叶利钦的职务，占领了议会。10 月 4 日至 5 日，军队和内务部的坦克向议会开火，死伤多达上百人*。12 月，全民公决通过了俄罗斯新宪法。

---

* 据官方统计，约有 187 人死亡，437 人受伤。根据独立的共产党报道，受伤人数远远高于官方统计数字。

但此次公决中涉嫌存在着超乎想象的舞弊行为。在同时举行的议会大选中，反叶利钦政党和共产党的选民们举行了抗议活动。此外，由弗拉基米尔·日里诺夫斯基领导的具有法西斯倾向的自由民主党也得到了一千多万选票。总统和议会之间的摩擦一直持续到 1999 年叶利钦退休。

国际社会对叶利钦的支持

尽管得到了主要大国和国际机构的支持，俄罗斯的“休克疗法”仍饱受争议。左派谴责美国对俄罗斯改革提供的政治和金融支持是一种为了谋求自身利益的反民主行为，完全没有考虑俄罗斯人民的愿望和利益。美国慷慨地向“芝加哥小子”提供建议和支持，并由国际货币基金组织向俄罗斯提供贷款，但其背后却有明显的政治目的。

当盖达尔、丘拜斯及其同僚加入叶利钦政府时，他们开始与一批来自哈佛的经济学家碰面。这些人中包括杰弗里·萨克斯、安德烈·施莱佛以及律师乔纳森·海。他们许诺为叶利钦政府提供建议和支持。在他们眼里，这是一个推行自由市场观念的绝佳机会。1993 年，同样来自哈佛的劳伦斯·萨莫斯被任命为美国财政部副部长，让该团队又获得一个强大的同盟。一个异乎寻常的过程诞生了，美国顾问们与盖达尔、丘拜斯及其同僚们一起研究政策措施，然后把这些措施直接写进总统令中。叶利钦担任总统期间，每一个重要的经济决策都是以这种方式实施的。议会完全是个摆设。

这个哈佛团队控制了大部分美国政府直接提供给俄罗斯的援助。截至 1996 年，他们花掉了 4 千多万美元，还负责分配了另外 3.5 亿美元。顾问们成立的组织，比如俄罗斯私有化中心以及法律经济研究所等，同时扮演着公共部门和私人部门两个角色，这些组织急于促进市场的形成。很多银行家也推波助澜，波利斯·乔丹就是其中一位。波利斯生于美国一个白俄移民家庭。这位来自瑞士信贷第一波士顿银行（Credit Suisse First Boston）的银行家回忆到，1992 年，当议会向私有化低头后，“丘拜斯开始与我接触……给我三个月时间通过快速的私有化计划打败共产党人。”乔丹和他的合作伙伴史蒂文·詹宁斯以及他们的会计师和律师团队“夜以继日地工作，只在办公室睡几个小时”。目的就是为了在与议会接触之前推行私有化计划，以抢在民主程序之前。“我祖父在内战时未能实现的目的，我们实现了，就是取消国家所有制。”此后乔丹和詹宁斯继续领导俄罗斯最大的投资银行——资本复兴公司（Renaissance Capital）。

对于很多顾问来说，除了实现自由市场的崇高理想外，还有一个最庸俗的欲望，就是赚钱。当顾问们正在为调控市场作建议时，在美国，对新生的俄罗斯股票市场进行的投资却爆发了丑闻。丑闻的主角，正是施佛莱和海。美国政府的一家协助机构提出了上诉。最终于 2004 年判决施佛莱和海合谋欺骗美国政府，并违反了利益冲突原则。哈佛、施佛莱和海分别向美国政府交纳了 2650 万美元，200 万美元和 100 多万美元。但是他们都没有认罪。[11]

虽然后来有一部分美国精英批评“休克疗法”过于极端，但是这的确非常符合 20 世纪后期的资本主义逻辑。全球金融市场的扩张在全世界范围内削弱了调控的力量，贫穷国家被迫放宽对债务、贸易和资本外逃的惩罚性条款。美国顾问对俄罗斯制度的藐视是这种趋势的必然结果。资本主义世界利用国际货币基金组织（表面上是一个非政治性的金融组织）帮助俄罗斯的极端市场主义者击败他们的国内政敌，后来又为叶利钦政权提供了经济帮助。

1991 年 12 月，叶利钦要求由世界上最富裕的国家组成的 G7 集团领导人为其提供稳定的贷款。由于担心可能会造成国内政治动乱，他又转而投向了国际货币基金组织。1992 年 4 月，俄罗斯成为国际货币基金组织的成员。同时，叶利钦也与他的执行者们达成一致，同意进行有条件的贷款。这与哈佛团队和盖达尔的计划不谋而合，即进行快速的私有化和自由化，随后再采取宏观经济稳定政策*。1992至1993年，国际货币基金组织向俄罗斯提供了15亿美元的小额贷款，1994年到1998年的年支付额则提高到了三倍。不过在国际货币基金组织的初期计划基础上，G7集团的政治领导人曾公开许诺向俄罗斯提供慷慨的支持，这些许诺公布的时间都是经过仔细斟酌的，实际上是对叶利钦的政治支持。1993年4月，叶利钦安排进行了全民公决，以表决是否支持他所采取的经济政策。在投票前的几天，美国总统比尔·克林顿反复公开承诺，将提供240亿美元的一揽子支持计划。但其实最后只支付了一半，而且还主要是以向西方公司提供出口信贷的方式进行的。

1993年12月俄罗斯大选后，国际货币基金组织改变了对俄罗斯的战略。由于日里诺夫斯基获胜，美国担心叶利钦可能不再掌权，因此克林顿的俄罗斯问题顾问斯特罗普·塔尔博特提出俄罗斯需要“更多的疗法，更少的休克”。除了已经许诺提供的贷款，国际货币基金组织开始考虑放宽条件提供更多的贷款。但是这一做法受到了来自G7组织政治领导人的压力，因为这样等于是无视该组织自身的规定来确保叶利钦政权的生存。美国作为国际货币基金组织的最大成员国，最终赢得了在俄罗斯财政问题上的争论，即应该不惜一切代价为俄罗斯提供资助。国际货币基金组织高级官员约翰·奥德林—施密，是该组织对俄政策的忠实拥护者。他后来承认，G7组织希望国际货币基金组织“在经济政策或项目都没有达到通常所要求的目标情况下，仍提供贷款以示（对叶利钦的）支持。”随后国际货币基金组织提供了两项数额巨大的贷款计划：1995年提供了68亿美元，1996年提供了101亿美元。[12]也许叶利钦用“政策”来回报货币基金组织的贷款这一说

---

* 宏观经济学是经济学的一个分支，主要研究国家总体经济状况。主要包括通过货币政策（即决定发行多少本国货币以及规定本币与外币之间如何兑换等）以及财政政策（即国家预算）稳定经济。

法有些夸张，不过他确实接受了“与通货膨胀作斗争”的条件。这就是说，当俄罗斯新贵们将他们的财产变成美元时，国内经济却需要更多的卢布。这反过来造成了俄罗斯无力支付贷款的局面，这也是导致1998年俄罗斯金融危机的一个主要原因。

资本外逃：对俄罗斯的掠夺

俄罗斯融入世界经济的最主要的代价就是在20世纪90年代遭受的巨额资本外逃。资本外逃是一种非正常的现金资本流动，主要是国内经济问题以及对政府和金融体系失去信心所致。经济学家对资本外逃的定义不尽相同，但主要是指以该国货币计算的资产转为以外国货币计算的资产，以及超出正常贸易和投资流动的资本。外逃资本包括资金拥有者因希望躲避金融风险或避税，或非法洗钱等目的而逃逸的资金。

俄罗斯的资本外逃情况包括存入外国银行账户中的石油及其他产品出口收益、躲避税收部门调查的合法及非法商业收入以及大规模盗窃国有资产和其他犯罪收入（详见下表）。其中大部分都流向了离岸免税区，还有一部分进入了富裕国家的金融和房地产市场。由于1992年至1993年经济自由化的快速推进，资本外逃可谓轻而易举。而此时还没有建立有效的市场管理规则以及适用的管理体制。

资本是如何外逃的

20世纪90年代资本外逃的主要路径包括：

- 坏账，包括不能收回的给进口商的付款或者给虚假进口合同的预付款；
- 不能收回的出口收益；

- 操纵石油或其他高利润商品出口过程中产生的保险和交通费用；
- 与其他前苏联共和国建立贸易合作关系，按卢布向这些国家出口俄罗斯的商品，然后按美元再次进行出口；
- 由大出口商控制的银行违反资本管理政策和/或在破产清算过程中违反资本管理政策。[14]

根据俄罗斯和加拿大经济学家组成的联合小组的研究，1992年至1993年，俄罗斯外逃资本总计达到560至700亿美元；1994年至1998年每年约为170亿美元。也就是说，到了1998年，共有1250亿到1400亿美元的资本流出俄罗斯。这一数字甚至超过了拉美金融崩盘时期（1979年至1987年）巴西、委内瑞拉、墨西哥和秘鲁各国外逃资本的总合。俄罗斯—加拿大联合小组还对国内资本外逃，即“美元化”进行了估算。“美元化”是指在俄罗斯本国用美元而不是卢布进行存款和交易。在俄罗斯国内，1992年流出的资本中一半是美元。在20世纪90年代的其余各年内，也占到外逃资本的三分之一甚至一半。

这些外逃的资本，在功能完备的资本主义经济体系中，应该是投资给商品生产和服务的。如果能找到留住资本的方法，那么俄罗斯根本不需要任何贷款计划，因为每年资本外逃的数量都相当于全部预算支出的一半还多。1992年至1998年，国际货币基金组织为俄罗斯提供的贷款计划为225亿美元，仅略多于每年外逃的资本数额一点。流入的资本都被资本外逃抵消了。20世纪90年代末期，资金开始流向俄罗斯。但这些资金并非为了进行生产投资，而是为了在国债市场进行投机交易。1996年，流入的资本占到外逃资本的44%，到了1997年，则达到了外逃资本的110%，不过其中三分之二都进入了国债市场。进入俄罗斯的外国直接投资微不足道，在1992年至1998年的7年时间里只有116亿美元，仅相当于6个月的外逃资本。2005年左右，一些外逃的资本开始返回俄罗斯进行石油投资。尽管如此，非法资本流出仍在继续（详见第四章）。[13]

总之，试图通过“休克疗法”将俄罗斯融入世界市场的努力，造就了前所未有的俄罗斯资本“大迁徙”。这些资本的拥有者在俄罗斯看不到快速获取收益的希望，也不相信他们的财产在俄罗斯是安全的。这不仅几乎摧毁了生产领域的投资，而且也成为一块磁石，吸引了大量投机资金流入俄罗斯。这些资本希望利用国债利率和汇率迅速获取投机利润，成为了潜在的不稳定因素。

第二章
从叶利钦到普京

资本主义重返后苏联时期以及经济萎缩将俄罗斯变成了一个典型的弱国。国家几乎完全失去了管理经济的能力，税收越来越少，既不能计划预算，更无力支付预算。犯罪团伙数量猛增，国家甚至失去了对军队的控制权。立法和行政机构中充斥着强大的私人利益集团，它们不仅阻挠新法律的通过，甚至还蓄意破坏法律的执行。1994 年至 1996 年的两次政治事件——车臣战争和总统选举都是在这样的背景下发生的。为了赢得战争和大选，叶利钦与实力最强的银行家和实业家达成了协议，使这些人成为了臭名昭著的寡头——他们在政治上支持叶利钦，作为回报，得到了大量的国有资产。本章将着重阐述此协议及其后果、20 世纪 90 年代俄罗斯的人口下滑以及 1998 年金融危机的原因和结果。

虚弱的国家和强大的寡头（1995—1996）

俄罗斯在车臣进行的战争非常残酷。其目的在于阻止这个拥有一百万人口的共和国从俄罗斯独立出去。但实际上，从俄罗斯

18 世纪进入高加索开始，车臣一直在抵抗俄罗斯的统治。这场在仓促中发起的战争，自然也无法取得胜利。车臣在斯大林时代遭受了非常残酷的镇压。斯大林在 1944 年下令驱逐车臣及其邻国印古什的所有人口。1991 年 9 月苏联解体时，车臣曾宣布独立。但是叶利钦并未接受。1994 年 12 月，车臣首都格罗兹尼发生了恐怖爆炸，随后俄罗斯发动了灾难性的夺城之战，虽然以失败告终，但是几千人因此丧生。车臣战争凸显了俄罗斯国家的羸弱。一些指挥官和士兵拒绝作战；一些人用武器与罪犯作交易，这些武器最终都落到了车臣人手中；还有一些人则对贫民进行了野蛮的袭击。可靠的数字表明，共有 5 至 10 万人死于这场历时 20 个月的战争。俄罗斯最终也未能获胜。[1]

与此同时，叶利钦也在继续为他的政治生涯作斗争。他的第一任任期将在 1996 年中举办大选时结束。但是早在 1995 年初，政治精英和他的国际支持者就开始担心他无法连任。经济危机和车臣战争使得叶利钦的支持率下滑至一位数。同时，共产党候选人根纳季·久加诺夫获得了众多国有工业团体的支持，对其形成了巨大的威胁。在职领导人通常可以通过国家支出来影响选民的态度，但这正是叶利钦最大的问题。国家几近破产，无力增加税收。到 1996 年大选时，税收占 GDP 的比例只有 29%，而在 1992 年的时候还有 44%（不过 GDP 本身也已经锐减）。即便如此，也只能收上来三分之二的税，而且其中还有一半是以期票而非现金交纳的。1996 年，有 26 名税务稽查员被杀害。[2]

通常，陷于困境的政府有三条明确的借钱途径：国际金融机构、银行和国债市场。在前面已经提到，国际货币基金组织加强了对俄罗斯的贷款计划。国内短期国债市场业已启动。尽管如此，叶利钦集团仍需要资金充裕的后盾来帮助他。一方面政府需要现金支持，另一方面，选举以及媒体宣传都需要资金。叶利钦集团因此与俄罗斯最有实力的银行家和实业家们达成了协议，不仅正式确立了他们的政治影响力，而且也促使他们成为政治寡头。这些人凭借“贷换股”把持了俄罗斯丰富的自然资源产业，因此同意团结起来支持叶利钦连任。

政治寡头

“贷换股”计划是由弗拉基米尔·波塔宁设计的。波塔宁是与俄罗斯政坛联系最紧密的银行家之一。他 1983 年至 1990 年在苏联外贸部担任过高级官员，并利用关系开办了自己的贸易公司——俄罗斯国际控股公司（Interros）。此外，波塔宁还拥有奥涅克辛银行，并与米哈伊尔·普罗霍罗夫合办了 MFK 银行。1995 年，波塔宁提议政府向他自己的及其他的金融和工业集团出租石油公司和其他国有公司，以换取贷款。叶利钦的私有化战略顾问阿纳托利·丘拜斯批准了这一计划。1995 年便开始“拍卖”参加者的名额。整个过程非常不透明，外国投标者被排除在外，未获批准的俄罗斯公民也无权加入，贷款没有还，国家也失去了这些公司。其中最大的丑闻就是霍多尔科夫斯基的梅纳捷普以 8.6 亿美元换取了 33% 的尤科斯石油公司的股份，同时还租用了额外的 45%。梅纳捷普扮演的是拍卖商的角色，同时又以一个皮包公司为掩护，成为唯一的竞拍者。整个过程违反了诸多竞拍条款。一家竞争公司还指责拥有梅纳捷普 10% 股份的财政部对这笔交易进行了投资。波塔宁下属的银行也大捞了一笔，以 1.25 亿美元获得了西丹克石油公司（Sidanco）51% 的股份，又以 1.7 亿美元的价格获得了诺里尔斯克镍公司（Norilsk Nicke）38% 的股份，这家公司是全世界最大的镍、铂、钯生产商。[3]

鲍里斯·别列佐夫斯基是“贷换股”计划的另一大受益人。他曾经是一名数学家，后来成为汽车销售商。他的公司以 1 亿美元的价格得到了西伯利亚石油公司（Sibneft）51% 的股份。别列佐夫斯基早在 1993 年至 1994 年就进入了叶利钦的小圈子。1996 年 2 月在瑞士达沃斯召开了世界经济论坛，这一聚集了世界各地政治家、银行家和实业家的国际盛会上促使他采取了行动。别列佐夫斯基和其他俄罗斯当权者十分关注久加诺夫在俄罗斯群众中的支持率，随着叶利钦政权的没落，国际精英认为久加诺夫很可能成为下一任总统。这让别列佐夫斯基非常担心。他和其他俄罗斯寡头由此达成了“达沃斯协议”：搁置因争夺财富而产生的争议，帮助叶利钦在6月的投票中获得连任。因为“贷换股”丑闻而被政府解聘的丘拜斯出面负责选举活动。对于选举而言，媒体是至关重要的，而俄罗斯的两家国家电视台一家是早已被别列佐夫斯基控制的国有俄罗斯公共电视台（ORT），另一家是属于弗拉基米尔·古辛斯基的独立电视台（NTV）。在寡头们的各种支持下，叶利钦挺进了7月份的第二轮投票，并以微弱的优势击败了久加诺夫。[4]

叶利钦第二届任期开始后，俄罗斯的财产所有权也逐渐明晰。经过了1989年至1991年的“共青团”私有化、1992年至1993年的内部交易，以及现在的“贷换股”之后，大部分盈利的企业都已经掌握在寡头们的金融和工业集团的手中，苏联时期的管理者也摇身一变，成为所有者。到了20世纪90年代末，大的私营业主通过买卖掌握了大约35%的俄罗斯工业。这种所有制结构，比西欧或者美国，甚至韩国的财团（Chaebols）都更为集中。[5]随着大量的财富从国家手中转移到极少数人手中，上万人陷入了贫困。作为一个福利国家，政府原本应该帮助他们，却由于缺乏资金而无能为力。这就是向资本主义转型的真正悲哀。

从来都不具人文关怀的西方金融精英，非常严厉地批评了俄罗斯的私有化。他们指出，自然资源公司的市场价值与这些公司的实际售价之间存在着巨大的差异。金融分析家估计，俄罗斯天然气工业股份公司的市场价值至少是1992年至1993年其股票私有化价格的100倍甚至更多。1997年，他们估计俄罗斯最大的17家石油公司的市场价为170亿美元。但是这些公司在私有化过程中，只付给国家（包括贷换股）不到14亿美元。[6]这一比较说明，俄罗斯为了寡头的利益牺牲了自己的财政。然而，俄罗斯仍处在从苏联经济的转型中，市场发展程度非常低。分析家所提供的数字都是市场雏形中可能具有的市场价。俄罗斯很多商品的价格和财产价值都不能与西方国家相比。因此，很多寡头虽然经营有方，但是在为“贷换股”筹款中却困难重重。他们中的一些人甚至只能从国库中骗钱。比如，以减价出售国库券的方式支付交易金额。

这一情况导致了广泛的争论，主要内容就是抱怨私有化过程“不公平”，这一论点反映了西方商业集团希望从俄罗斯赚取利益的目的。这也一直贯穿在西方媒体的报道中。西方企业并不关心俄罗斯的政府和国家是否贱卖了国有资产，而是更希望建立金融市场和所有制规则，让他们能够参与进去，更好地从中获益。当然，最好的办法就是由他们自己来撰写这样的规则，就像哈佛和盖达尔团队所做的那样，或者向国际货币基金组织那样，该组织的方法在经济上和道义上都占有绝对优势。但是俄罗斯精英们所考虑的却并非如此：“贷换股”拍卖计划就是针对与本国寡头达成交易所特别设计的。因此，西方银行和石油公司都被排除在外，自然也没有机会像以往那样提供比寡头们更高的报价。如果西方公司加入拍卖的行列，将会有更多的资金流入俄罗斯国库，但是俄罗斯石油行业也会像哈萨克斯坦一样受到国际石油公司的控制，那么俄罗斯人也会像哈萨克斯坦人一样从中得不到任何好处。对西方企业“公平”，就是对俄罗斯人民“不公平”——在这种情况下，俄罗斯人民从 1994 年至 1995 年进行的任何形式的石油和金融公司私有化中都将得不到任何好处。当我们看到西方对俄罗斯金钱和权力之争进行的评论时，永远需要把这些问题考虑进去。

犯罪和腐败

俄罗斯国家濒临瓦解，犯罪活动层出不穷，耸人听闻的消息源源不断。限于篇幅，这里只能略作解释。当时俄罗斯国家机器出现故障，私人商业活动不断增加，为收取保护费和其他类型犯罪的孳生提供了温床。执法机关岌岌可危。无论是街头叫卖的小贩还是银行家甚至企业家，但凡开始商业活动，都需要努力保护自己的财富。没有行之有效的司法体系，所以必须找出一种执行商业合同的方式。社会学家瓦迪姆·沃尔科夫指出，20 世纪 80 年代后期出现了“暴力企业家”。这些人向商人提供人身保护并“执行合作关系”。他还展示了犯罪组织是如何成为“暴力管理机构”，并与他们的客户发展出日益复杂的合作关系。合法企业不仅支付保护费，还利用犯罪团伙解决纠纷。犯罪团伙的来源通常是体育俱乐部或者阿富汗战争老兵协会，而不是传统的苏联罪犯。实际上，很多传统的罪犯都无法适应新的环境。

从 20 世纪 90 年代中期开始，实力最强的犯罪团伙摇身一变，成为合法的资产阶级。在这方面，沃尔科夫以“乌拉马许”团伙（uralmashskie）为例进行了说明。这个团伙通常在叶卡捷琳堡的乌拉马许军工厂附近活动。犯罪团伙成员获取合法财富后，在 1999 年前成立了政治组织，并在地区议会中开展活动。制铝业中也出现了相似的过程。20 世纪 90 年代中期，为西伯利亚炼铝厂提供保护的团伙之间爆发了“铝之战”，15 人因此丧生。但是很多团伙成员随后都成功转型为合法的商人或政治家。安纳托利·贝科夫就是一个非常典型的人物。他最初是西西伯利亚克拉斯诺亚尔斯克铝厂的保安，后来一跃成为该厂的主席。他在当地的政治生涯一直很成功。不仅如此，他还是俄罗斯拳击联合会的主席，直到 2002 年才东窗事发，被判谋杀。

虽然商匪勾结的现象被认为是俄罗斯所独有的，但是在“铝之战”发生时及此后，负责大部分金属出口的西方贸易公司也不可避免地卷入其中。美国 AIOC 公司的代表被绑架后遭到了杀害。英国国际集团（Transworld）到 20 世纪 90 年代已经成为俄罗斯铝业最大的出口商，虽然该公司所有者坚称他们对犯罪活动一无所

图 2－1　一名妇女向研究人员展示残留的亚雷什—马尔德村。这座位于车臣的村庄于 2006 年 12 月被战争摧毁，现已无人居住

知，而且也没有这方面的证据，但是该公司合作伙伴柏科夫却在公司刚刚出售其俄罗斯业务后就被判有谋杀罪。[7]

西方评论家通常认为俄罗斯的犯罪活动具有明显的后苏联特征：前官僚阶层与罪犯相互勾结使国家陷入犯罪的泥沼。史蒂芬·汉德尔曼在他的书中总结说，这种“同志罪犯”“令所有其他俄罗斯社会力量都相形见绌。”在作者看来，这不仅有些言过其实，而且作为一种西方观点，推卸了“休克疗法”理应为俄罗斯社会混乱承担的责任。犯罪活动猖獗是经济情况的必然结果，因为资本主义所带来的就是软弱无力的调控体制。在监管乏力的衍生品市场中大量涌现的诈骗活动就是一个鲜活的例子。即便是俄罗斯黑帮成员也很难想象怎样偷取 4.5 亿美元的巨款，但是塞缪尔·伊斯雷尔三世做到了。他利用的正是缺乏监管力度的衍生品市场。伯纳德·马多夫也以同样方式席卷了500亿美元。

由此产生的另一个问题就是腐败。这也是西方竞争对手最常用来指责俄罗斯经商者的理由。与哈佛和盖达尔小组一起参与“休克疗法”的瑞士经济学家安德斯·阿斯朗德认为，“寻租者”，也就是从控制现金流中而不是从传统商业活动中谋利的前官僚阶层，是影响前苏联经济改革成功的主要障碍。其他持有相似观点的右翼经济学家则将此扩大化，总结为国家所固有的“掠夺之手”。这些论断都来自于他们坚信西方资本主义规则和方法可以在一夜之间影响前苏联各国，而这也正是“休克疗法”所采取的基本方式。但是，他们却没有认识到，实际上资本主义在俄罗斯还只是个雏形。西方市场经过两百多年发展而形成的市场规则在这里并不存在，关系网才是苏联解体后重建精英阶层的主要力量。在这样的环境中，讲究个人关系，因而导致腐败蔓延，都是很自然的。三是在前面提到的“贷换股”拍卖中，西方企业只从自身利益的角度出发来对待俄罗斯商业的运行模式。对于大量从俄罗斯和其他新兴市场中谋利的流动资本来说，最重要的就是以美国或英国模式为基础建立资本市场。本地的原有所有制结构或关系网，无论是否腐败，都是挡在路中间的障碍。西方商业利益集团只希望按他们自己的想法重塑俄罗斯市场，并不关心这是否适合俄罗斯的本国经济状况、是否能惠及其人民。其中的原因，就是他们要获得最大的利益回报。在大多数情况下，西方媒体也仅仅是从腐败如何影响西方企业在俄罗斯的活动这一角度来进行报道的。[9]

“解体的社会”

20世纪90年代的通货膨胀、工厂倒闭以及家庭贫困，给数万人的心理和身体都带来了巨大的伤害。苏联时代遗留下来的保障和福利体系早已千疮百孔。这一经济社会灾难也是导致罕见人口灾难的主要原因。俄罗斯人，特别是男性，平均死亡年龄与过去相比急剧提前。平均寿命是衡量人的健康和福利的最佳指标。1990 年至 1995 年，俄罗斯男性的平均寿命从 63. 8 岁降低到 57. 5 岁；女性从 74. 4 岁降低到 71. 0 岁。不过情况很快又有了改善，到 1998 年，已经回升了之前减少的一半。然而到了 21 世纪 10 年代，又开始下滑。另外，像许多工业化社会一样，在死亡率上升的同时，出生率却持续下降。死亡人口超过了出生人口。人口总数从 1993 年 1. 486 亿下降至 2008 年的 1. 42 亿。[10]

人口下滑的主要原因是长期形成的。20 世纪 60 年代，苏联的平均寿命几乎达到了与美国相同的水平，但是到了 1984 年，却落后了 8 年。死亡率一直在不断上升。其中一个主要问题就是苏联的医疗卫生体系。虽然在消除传染病方面做得很好，但是却没有提供有效的预防措施。另一个问题就是酗酒。同西方国家一样，俄罗斯的男性也多死于呼吸和循环系统疾病，但是死亡年龄更轻。20 世纪 80 年代中期戈尔巴乔夫推行的严格的禁酒运动造成了死亡率下降，反过来使 20 世纪 90 年代的死亡率上升显得更触目惊心。但是导致危机的核心问题还是苏联解体及随后的一系列变化所带来的社会动荡。根据联合国儿童基金会的统计，20 世纪 90 年代，俄罗斯的死亡人口总数超过了 2500 万。事故、伤害、自杀、中毒、溺水等意外事件以及心脏病所导致的死亡人数迅速上升。研究认为，这些以及酒精中毒和肝硬化导致的死亡，都与酗酒密不可分。已经消失几十年的肺结核在前苏东集团国家重新出现，以及艾滋病和新的抗药性强的疾病的泛滥，都是导致死亡率上升的原因。[11]

从 20 世纪 90 年代开始，流行病分析学以及人口统计学研究都将经济转型所导致的生理和心理疾病以及意外死亡作为研究课题。但是顽固维护“休克疗法”的人却始终不愿意承认这一点。2009 年，英国研究者对所有前“共产主义”国家的经济过渡及其对死亡率的影响进行了研究，结果发现了死亡率与大规模私有化计划之间的联系。正是这些计划增加了失业人数、不确定因素以及死亡率。这一研究表明，在平均寿命最低的五个国家中，包括俄罗斯在内的四个国家都实行了大规模私有化。但是在平均寿命最高的五个国家中，只有一个实行了类似计划。英国研究者认为，大规模私有化以及“休克疗法”都是导致死亡率增加的因素。其他的因素还包括“巨大的社会心理压力”，无法接受良好的医疗服务，社会不平等加剧，社会瓦解以及严重的腐败。[12]

与人口学灾难一样，20 世纪 90 年代的社会灾难也具有两个显著的特征。首先就是俄罗斯社会不平等程度加剧。研究者发现，俄罗斯社会的不平等情况以前所未有的速度发展着，堪比最不平等的拉美国家。1992 年，收入最低的 10% 的人口的收入是收入最高的 10% 的人口收入的八分之一。但是到了 2000 年，就只有十四分之一了。截至 2000 年，4200 万人（占总人口的 29%）生活在贫困线以下。[13]第二个特征是，在贫困不断扩大的同时，功能完备但缺乏效率的苏联社会福利体系也遭受了沉重的打击。1990 年至 1995 年，实际教育投资减少了 40%，卫生投资减少了 30%。出现了混乱的权力分散现象。

公共部门工资贬值、欠发工资的情况随处可见。教师和医生不得不放弃了自己的职业。政府废除了苏联普及中等教育的承诺，手头拮据的校长们采取了择校政策，这使很多孩子都失去了上学的机会。医院不得不减少了原有的免费项目，开始对药物收费，贫困驱使医务人员开始习惯性地收取额外费用。1996 至 1997 年，社会福利跌到了谷底。此后，议会否决了过于极端的市场改革，欠发工资的情况得以减少。[14]

最后一点就是“休克疗法”。尽管这种方法具有巨大的杀伤力，但是却并未触及后苏联体系中最关键的部分。重要的社会公益部门都保留了下来：天然气、电力、水、公共交通以及其他市政服务部门仍继续免费向市民提供服务（政府在 21 世纪 10 年代中期曾试图分解这些部门，但是却激起了后苏联时期规模最大的社会运动，详情见第九章）。此外，一些工厂也躲过了关门倒闭的大潮。不过其中苏联式的工作关系也保留了下来：只注重生产目标的专制管理、家长式的劳资关系以及非物质性福利（如价格低廉的食品、子女教育福利、医疗福利以及假期等）。这种旧的生产关系逐渐让位给更加典型的资本主义生产关系，但转变的速度十分缓慢。因此一些研究人员认为，俄罗斯是否已经彻底向资本主义过渡还需仔细斟酌。[15]

改革的利弊

即使到了现在，国际上仍在激烈争论“休克疗法”及其在苏东各国产生的影响。阿斯朗德作为一名“休克疗法”经济学家，在21世纪初曾多次撰书，坚持认为“休克疗法”对于前苏联各国来说是一剂良方。虽然最终这一疗法失败了，但原因要归结于执行决心不够。他认为“休克疗法”对俄罗斯人民所造成的伤害是必要而且正当的。但在作者看来，这是完全不人道的。他在书中写道：“对于社会和个人来说，强烈的冲击非常必要……居然有这么多的人在如此之长的时间里抵制变革，这非常令人震惊。”[16]

俄罗斯及其他国家的著名经济学家都对“休克疗法”提出了质疑。约瑟夫·斯蒂格利茨就是强烈反对“休克疗法”的经济学家之一。他在1997年至2000年曾担任世界银行首席经济学家，并获得过诺贝尔奖。他认为，贫穷和不平等现象的加剧是俄罗斯政府和国际货币基金组织最严重的失败之一。他将俄罗斯“休克疗法”所产生的灾难性影响和中国经济改革中几亿人生活水平得到改善进行了对比。俄联邦共产党领导人同样做过这种对比。此外还有俄罗斯温和派改革经济学家莱奥尼德·阿帕尔金。此人支持戈尔巴乔夫的改革，但是反对叶利钦的过激政策。他们都指出，中国的改革首先从农业开始，而俄罗斯的这一经济部门正是被“休克疗法”所摧毁的。斯蒂格利茨认为，中国从集体生产转向“个人负责”制的运动是“部分私有化”，从而能够做到逐步引入市场机制。“中国渐进式的方法避免了”俄罗斯改革中“肆意泛滥的通货膨胀陷阱”。[17]

与中国相比，戈尔巴乔夫的改革措施就更显得杂乱无章了，其“休克疗法”给俄罗斯带来的破坏也显得更加突出。从20世纪80年代初期开始，中国共产党的领导人选择分阶段地对外开放。而那时，几乎所有的苏联领导人仍笃信苏联经济应该继续保持与世界经济隔绝的状态，他们变成了自己宣传内容的受害者。一方面，中国领导人极力避免重蹈苏联国家机器崩塌的覆辙，另一方面，他们密切监督着快速工业发展所带来的经济变革。中国的发展速度一直很快，直至2009年世界经济滑坡时才有所减缓。

不过，过于突出中国的成功和俄罗斯的失败至少有两方面的问题。首先，这种看法过于美化中国的发展，只字未提其他可能采取的发展道路。其次，这种看法也忽视了这两个大国的根本不同。正是由于这种不同，资金可以流入中国，但是却流出了俄罗斯。中国的人口数量几乎是俄罗斯的10倍，而且迄今为止其中大部分仍生活在农村地区。因此，尽管中国人相对贫困，但是购买力却比俄罗斯大得多。更重要的是，中国的劳动力储备远远多于俄罗斯，而且更便宜。100多万人从农村进入城镇，成为工业扩张的主要动力。从国际资本的角度上看，这是中国最主要的资源。2006年，世界银行在报告中指出，按人均附加值计算，俄罗斯的劳动生产率高于印度和中国。但是“这两国低廉的劳动力成本使俄罗斯处于劣势地位。一个俄罗斯工人只能创造出印度或中国工人一半的产出。”[18]

20世纪90年代国际投资开始寻求更高的回报时，中国和俄罗斯的情况一目了然。俄罗斯的权力机制一片混乱，而且在投资者看来，与中国相比，俄罗斯劳动力少，要价也高。此外，俄罗斯不仅人口稀少，而且土地广阔，人口居住分散，这更加凸显了国家的虚弱。在俄罗斯和中国与资本主义世界经济接轨的条件下，这些客观因素再加上两国各自不同的政策，造就了中国和俄罗斯政治经济结果的不同。

叶利钦连任和金融危机（1996—1999）

实际上，1998 年横扫俄罗斯货币市场的危机是 1997 年东亚金融危机的延续。而这些又都是 2007 年至 2008 年国际金融震荡的前奏。为这些事件打下伏笔的，是那些最发达国家的低利率政策。这一政策促使投资者将几十亿资金转向新兴市场：首先是拉美国家，随后由于 1994 年墨西哥金融危机爆发又逐步转向东亚国家。股票价格、债务水平以及汇率随之节节上升。1997 年 8 月，泰国金融系统崩溃引发了席卷东亚金融市场的危机。见风使舵的资金以比进入市场时更快的速度迅速撤离。美国经济学家保罗·克鲁格曼关于亚洲各国情况的描述也同样适用于俄罗斯：

> 这些国家之所以变得更加脆弱，其中一个原因是由于他们开放了自己的金融市场，他们实际上变成了更好的自由市场经济，而不是更差，（而且）他们可以利用国际借贷者的青睐获得来自其他国家的数量可观的借贷。

俄罗斯的债务主要源于其软弱无力的国家政权。1996 年大选后，主要政府管理职位都落入了寡头（别列佐夫斯基，国家安全委员会成员，1998 年开始担任独联体执行秘书长；波坦宁，曾担任过一年副总理）以及极端自由市场改革者（丘拜斯，1996 年 7 月开始担任总统办公厅主任，从 1997 年 3 月开始担任主管经济政策的第一副总理；波利斯·涅姆佐夫，负责社会政策以及能源管理）之手。切尔诺梅尔金仍担任总理。他们所要面对的，是不断加深的危机中最主要的三个方面。

1. 欠费现象随处可见：政府和中央银行受到国际货币基金资助的大力支持，奉行其“与通货膨胀作斗争”的信条，采取货币紧缩措施，致使经济关系紧张。政府给企业的补助、企业的发票、账单以及上百万人的工资都出现了经年累月无法支付的情况。各种非现金支付形式进行的支付，比如物物交换、相互抵消、期票或当地政府担保等急剧增加。政府统计表明，1992 年，非现金支付占全部交易不到 10%，但是到了 1998 年，却达到了 54% 至 70%。报纸上通篇报道工厂用鞋子支付工人工资，而公司则用库存的机器零件支付账单。温和派改革经济学家尼古拉·什梅廖夫曾经计算过，1992 年至 1995 年间，物价上涨了约 8500 倍，但是全部货币流动只增加了 230 倍。即使考虑到工业的崩溃，1996 年的货币流通量也比所需货币量低 15 至 20 倍。[20]

2. 国家无力维持账面平衡。国家收税困难，而欠费危机以及税法混乱则使之难上加难。虽然名义上税率出奇地高，但是特殊利益集团经常免税，其总额甚至超过了财政赤字。1993 年开始起草的新税法没有获得议会的批准，直至 1999 年才成为正式通过的法律条文。政府由于认同国际货币基金组织的政策，在任何情况下都不多印货币，所以只能更加依赖货币基金组织的贷款，并通过发行短期国库券（简称 GKOs，见词汇表）来筹集资金。国库券总量从 1994 年的 30 亿美元，飙升至 1998 年年中危机前的 700 亿美元。

3. 在俄罗斯国内银行和外资银行的推波助澜下，投机泡沫越来越大，但最后却只能由国家来承担后果。随着利率的增加，国库券的收益（向投资者支付的定期利息）也在增加。国家不得不发行新的国库券来支付这些利息。外国银行进入后，购买了大约三分之一流通中的国库券，同时与俄罗斯银行签订了外汇远期合同，保护自己可能因卢布贬值而遭受的损失。根据货币基金组织的反通胀原则，俄罗斯中央银行反复强调不会让卢布贬值，并在1997年至1998年间抽调了储备金中的大部分来确保卢布在国际外汇市场中保持高位。俄罗斯各银行都认为这一政策不会改变。

1997年11月，东亚的经济波动以及上述国内因素给俄罗斯带来了灾难。外国银行出售了所持有的50亿美元的国库券，从仍处于雏形阶段的莫斯科股市中撤出。莫斯科股市主要由寡头公司的小控股公司组成，外国银行撤资后，股市陷入了长达一年的下跌之中。石油及其他商品的价格不断下降，俄罗斯本就不足的税收继续减少，政府举步维艰。1998年3月，叶利钦用毫无经验的自由市场倡导者谢尔盖·基里延科接替了切尔诺梅尔金的总理职务。1998年4月至6月，在经历了短暂的改善后，税收又开始减少。国库券市场变成了国家财政的累赘，由此产生的负债已经占到了联邦政府支出的40%。政府不得不向海外募集资金。7月，国际货币基金组织宣布由世界银行和日本向俄罗斯提供总价值227亿美元的一揽子救助计划。

但是如果继续保持卢布虚高以及通过国库券向银行系统注入更多的资金，政府所面临的将是更大的破产风险。必须有所放弃。8月17日，政府宣布了以下内容：

1. 允许卢布兑美元汇率下降。

2. 冻结以卢布结算的国债，对国库券进行改革（实际上就是减少或延迟支付利息）。

3. 冻结部分私有部门外债。最重要的是，其中也包括为了保护外国投资者免受贬值影响而签订的外汇远期合同。

与国际市场接轨的进程因此中断，刚刚起步的俄罗斯经济又陷入了一年的萧条期。很多俄罗斯银行曾打赌国家不会改变政策，但是他们输了，因此就只能破产。这些银行大多中止了与中央银行的业务往来，将其尚可继续运营下去的业务转给新的“桥梁”

银行。外国银行的情况同样如此，他们手中握着大量缩水的国库券以及无法履行的外汇远期合同，损失最大的是瑞士信贷第一波士顿银行，约合9.8亿美元。[22]

危机迫使人们重新审视国际货币基金组织以政治为目的所进行的贷款计划。在联合国贸易和发展会议上，经济学家们对国际货币基金组织进行了谴责，批评他们导致俄罗斯政府陷入盲目追求货币和汇率目标的死胡同。反通胀政策创造了“欠债文化以及大量错综复杂的三角债”，最终只能“品尝自己酿下的苦酒”。“国际投资者的盲从行为”也产生了很大的影响。《金融时报》认为国际货币基金组织不应该为了把卢布保持在“不可持续的”汇率水平上而借钱给俄罗斯。经济学家哈里·沙特认为，这种错误的贷款，再加上国际货币基金组织没有坚持进行外汇管控，只能：

> 使国内利率保持在不可思议的水平上。这反过来也使汇率维持在虚高的水平上……由于利率高达40%至100%，政府国库券的持有者可以获得暴利。但与此同时，当地企业垂死挣扎，这使政府被推向了更加难以偿还债务的境地，公务员和退休人员拿不到工资和退休金，几百万人陷入贫困，很多儿童因此夭折。[23]

经济危机后，叶利钦被迫放弃“休克疗法”。他撤销了基里延科的总理职务，希望让切尔诺梅尔金回来。议会拒绝了这一提议。作为国家官僚和改革经济学家中的温和派，外交部部长叶夫根尼·普里马科夫成为总理。就在他当选的同时，群众正因为存款损失和物价波动导致的危机而怒火中烧。1998年10月，工会发动了抗议活动。几百万工人进行了罢工，其中至少一百万人参加了游行。普里马科夫压缩了不断上涨的政府开支，希望能够解决无法支付工资和福利的情况。在9个月的时间内，政府支付了

24 亿美元欠发的工资、养老金和社会福利，占全部预算支出的 12%。[24]这一措施为普里马科夫赢得了支持，但是叶利钦集团正苦于寻找 2000 年大选接班人，他们在 1999 年 8 月撤去了普里马科夫的总理职务。普里马科夫下台后，由谢尔盖·斯捷帕申接任。但是 3 个月后，他就被普京所取代。

第三章

权力和金钱：经济基础

在普京的两届任期中（2000 年至 2008 年），俄罗斯经济发生了变革。国内生产总值（GDP）增加了约 70%。在 2005 年到 2006 年期间不仅恢复到 20 世纪 90 年代苏联解体前的水平，而且还有所超越。本章将详细介绍这次经济繁荣的情况，并展现俄罗斯是如何通过出口石油和其他产品来促进经济繁荣的。第四章将介绍在石油和天然气行业，国家和私有资本关系的改变。第五章将介绍各经济部门的繁荣发展以及随后重新出现的萧条局面。

经济变化

在石油的影响下，俄罗斯国家财政情况出现了逆转。普京开始任职时，俄罗斯大约欠“巴黎俱乐部”国家和准国家债权人（即外国政府、国际货币基金组织及世界银行）470 亿美元。到 2006 年，俄罗斯不仅还清了这些债务，而且对外国银行等个体债权人的债务也从 840 亿美元缩减到 350 亿美元。根据国际标准，这些债务已经无足轻重。2000 年至 2007 年，俄罗斯外汇及黄金储备增加了 17 倍，达到 4780 亿美元，成为中国和日本之后的第三大外汇储备拥有国。2004 年，俄罗斯成立了“稳定基金”。该基金以长期投资为目的，由离岸石油出口收益组成。这是世界上最大的主权财富基金*。2007 年，该基金已达到 1500 亿美元。2008 年 1 月，该基金拆分为“储备基金”和“国家福利基金”。这两个基金的钱该用到何处成为俄罗斯政客们争论的焦点。[1]

另外一个由繁荣发展带来的改变就是人们的生活水平。按美元计算的平均工资增加了五倍多。大部分俄罗斯人在很多方面已经恢复到苏联后期的生活水平，在某些方面甚至还超过了当时的水平。但是贫富差距却在加大，地区间的差距也在继续扩大（这些问题将在第七章中进行讨论）。不过，对大部分家庭来说，普京执政所带来的是生活水平的不断提高。俄罗斯的卫生、教育和福利体系开始走出 20 世纪 90 年代灾难所带来的阴影。

人民生活水平的提高是普京执政时期政治体制发展变化的两个主要因素之一，这也是普京在近期大选中成为最受欢迎的领导人之一的原因。另外一个影响政治体制的因素是政府面对的来自政治和社会两方面的反对。

2008 年，在国际金融危机和石油价格大幅下跌的冲击下，俄罗斯金融体系摇摇欲坠，经济陷入萧条。很多此前 7 年所建立的成就毁于一旦。2008 年，俄罗斯投入 2100 亿美元支持货币和银行体系。这一数额超过了石油收益的三分之一。实体经济也开始为石油繁荣时期的单一化付出代价。同世界其他国家一样，信用和房产泡沫也随着石油繁荣的结束迅速破灭。就在作者撰写此书时，这种情况仍未彻底结束。

表 3－1 显示的是 20 世纪 90 年代经济和生活水平的下降及 21 世纪初经济和生活水平的恢复情况。第二栏显示的是 GDP 的增长

---

* 主权财富基金属于国有基金，主要用于长期投资，因此区别于中央银行为了稳定货币和管理流动性而设立的外汇储备基金。

情况（需要注意的是，1992 年苏联解体前，俄罗斯的 GDP 数字并非其经济活动的确切体现）。第四栏是人均 GDP。该统计旨在反映国家的财富水平，由欧洲重建和发展银行（EBRD）的经济学家计算。由于是按照美元进行计算的，所以在卢布贬值后，该数值在 1998 年明显下降。最后三栏的统计数字反映了人民生活状况：平均工资，贫困人数以及失业人数（根据国际劳工组织的定义）。

表 3-1　GDP 和人民生活水平：20 世纪 90 年代处于下滑阶段，21 世纪开始增长

年	实际 GDP（同比）	GDP（卢布，10 亿）	人均 GDP（美元）	人均月工资（美元）占人口比	低于最低生活标准比例（%）	失业人口比例（%，根据 ILO 标准）
1989	1.6	0.6	6202.8	无	无	无
1990	-0.3	0.7	8034.9	无	无	无
1991	-5.0	1.4	279.6	22.0	11.7	无
1992	-14.8	19.0	565.1	无	33.5	5.2
1993	-8.7	171.5	1135.5	无	31.5	5.9
1994	-12.7	610.7	1867.5	无	22.4	8.1
1995	-4.0	1428.5	2116.1	103.0	24.8	9.5
1996	-3.6	2007.8	2655.5	无	22.1	9.7
1997	1.4	2342.5	2750.3	无	20.7	11.8
1998	-5.3	2629.6	1802.2	无	23.3	13.3
1999	6.4	4823.2	1346.6	无	28.4	13.0
2000	10.0	7305.6	1788.7	79	29.0	10.5
2001	5.1	8943.6	2123.4	112.4	27.5	9.0
2002	4.7	10817.5	2379.8	138.6	24.6	8.0
2003	7.3	13201.1	2982.8	179.4	20.3	8.6
2004	7.1	16778.8	4058.0	237.2	17.6	8.2
2005	6.4	21665.0	5360.5	301.6	17.7	7.6
2006	7.4	26882.9	6941.9	391.9	15.2	7.2
2007	8.1（估算）	32988.6	9062.0	532.0	13.4	6.1
2008	7.0（预计）	41256.1（预计）	无	694.3	10.5（估算）	6.3

开始复苏

俄罗斯经济复苏的原因是什么？表 3 – 1 显示，俄罗斯经济从 1997 年开始停止下滑，但是从 1998 年国际金融危机爆发后又开始下行。卢布贬值对老百姓的影响非常大。进口货物价格飙升，大多数存款人都更倾向于美元储蓄，只有 20% 的人口在银行开设卢布账户。但是那些只开立了一个账户的人，都遭受了非常惨重的损失。而那些借了美元赚了卢布的人突然发现，他们所担负的债务翻了四番。尽管如此，卢布贬值及政府采取的其他措施都有效地刺激了经济恢复。首先，卢布贬值帮助了原材料出口商（石油、天然气和金属公司），而这些都是经济的主要支柱，这些产业的产品的美元价格骤然间上涨为用卢布支付的成本（劳动力及运输等）的 4 到 5 倍。其次，卢布贬值也帮助了生产制成品以及包括食品加工和服装等在内的消费品的俄罗斯公司：与他们竞争的进口商品价格由于卢布贬值而不断攀升。那些既没有原材料生产商也非金融中心的地区的经济也开始逐渐赶上来。[2]

最重要的是经济开始走出物物交换和欠税不缴的怪圈。而这正是 20 世纪 90 年代导致俄罗斯经济停滞不前的两个主要因素。很多经济学家认为，俄罗斯中央银行在不经意间发挥了关键性的作用。中央银行囊中羞涩，缺少用于支付政府债务的外币，因此就用卢布来兑换出口商的外币收益（主要是美元，这也是大部分国际货物销售合同的结算货币）。在此之前，法律规定出口商必须将收益的 50% 兑换成卢布。但是由于允许出口商通过“自己”的银行和俄罗斯境外银行进行兑换，该规定形同虚设。1998 年 9 月，中央银行下令以上出口商的 50% 收益必须在俄罗斯指定地点进行兑换，中央银行拥有优先权。该措施旨在重建央行的外汇储备，但同时也造成了巨大的波动，大量卢布进入出口商在俄罗斯境内的银行账户。为此，美国经济学家迈克尔·伯恩斯坦及阿尔文·拉布什卡认为，企业出口收益开始成为税收渠道。税收水平在1999年至2001年趋于稳定，但是随后又开始下滑。[3]

所有这些因素都旨在促使经济恢复，但是与能够刺激经济发展的不断上涨的石油价格相比，这些都显得无足轻重了。1998年，国际原油价格下跌至约12美元/桶，为25年以来的最低水平。但是到了2000年，价格几乎翻了一番。2001年至2002年期间，又回到了22至23美元/桶的水平。此后石油价格一路飙升，在2005年甚至冲破了50美元/桶的大关。2008年，石油价格更是达到了100美元/桶，甚至冲到了130美元/桶。与其他因素相比，这才是俄罗斯经济繁荣最重要的原因。20世纪80年代，俄罗斯的石油产量为5.5至5.6亿吨/年，但是到了1998年至1999年，却仅有3.05亿吨/年。此后开始稳步增加，到2007年，达到4.91亿吨/年。[4] 这使得几十亿石油美元涌入俄罗斯。普京则通过对寡头的控制，将这些美元都收入了国库。俄罗斯经济繁荣也为其他商品市场提供了发展。俄罗斯与欧洲签订的长期天然气销售合同与石油价格相挂钩，因此天然气收入也出现了井喷。此外，中国及其他亚洲经济体的快速发展促使石油价格上涨，同时也推动了对金属的需求。因此，21世纪初，俄罗斯铁矿石、钢铁、铝、镍及稀有金属的出口收益也很可观。

表3－2显示了石油和天然气在俄罗斯出口中的核心地位以及它们为国家所创造的财富。

表3－2　　石油和天然气的作用

	2000	2001	2002	2003	2004	2005	2006	2007	2008
石油和天然气出口									
俄罗斯石油平均出口价格（美元/桶）	24.0	20.9	21.0	23.9	34.1	45.2	56.2	64.4	91.2
占能源出口比例（%）	无	51.2	52.4	54.2	54.7	61.1	63.3	61.5	65.9
总出口额（10亿美元）									

续表

	2000	2001	2002	2003	2004	2005	2006	2007	2008
石油	25.3	25.0	29.1	39.7	59.0	83.4	102.3	121.5	161.1
石油产品	10.9	9.4	11.2	14.1	19.3	33.8	44.7	52.2	79.9
天然气	16.6	17.8	158.9	20.0	21.8	31.7	43.8	44.8	69.1
现金增长量									
外汇及黄金储备（10亿美元）	27.97	36.6	47.8	76.9	124.5	182.2	303.7	477.9	427.1
稳定基金（10亿美元，年末）	—	—	—	—	18.7	42.9	89.1	156.8	225.1*

* 2008年，稳定基金拆分为储备基金和国家福利基金，截至2008年末，已经分别拥有1371亿美元和880亿美元。

资料来源：俄罗斯中央银行网站（出口总额），世界银行及俄罗斯经济报告第一号和第十六号（其他所有数据）。

从俄罗斯有产阶级的角度来说，普京很好地处理了石油带来的巨额财富。他的主要成就包括：

1. 从所有制和税收两方面恢复了对石油和天然气部门的国有控制权，有效地稳定了国家财政。

2. 21世纪初，虽然仍有新的资本外逃，但是已经收回了部分外逃的资本。另外，与叶利钦时代相比，吸引了更多的外国投资。

3. 资本流动为俄罗斯证券市场的发展奠定了基础。这方面在叶利钦时代也是非常薄弱的。

4. 1998年后，银行系统逐渐恢复。寡头们的“口袋银行”、被美化了的国库运行以及私有化机制都被真正的银行所取代。银行得以开展与世界其他资本主义国家银行一样的业务：从国际市场借钱，吸引储蓄，贷款给公司和个人客户。

5. 非石油经济部门，包括房地产、汽车和其他消费品市场以及金融服务得以发展，吸引了欧洲公司的注意。就人口来说，俄罗斯市场还远未得到开发，而且与欧洲市场相比具有更大的潜力。

如果没有石油价格的上涨，如果石油价格没有加强俄罗斯和其他石油生产国在国际经济中的地位，这些变化都不可能发生。

石油力量对比的变化

俄罗斯复苏后，成为继沙特阿拉伯后的第二大石油生产国。石油价格稳定上升，也增强了石油生产国在谈判中的地位。同时，世界经济力量对比也发生了变化——以前是由北美和欧洲的私人国际石油公司掌握主动，现在逐步转为由石油生产国的国有石油公司掌握。20 世纪 70 年代曾发生过一次权力向国有石油公司倾斜的情况，当时一些石油生产国将石油国有化，石油输出国组织（欧佩克）* 通过提高价格来应对国际经济危机。20 世纪 80 年代，天平又重新向私有国际石油公司倾斜。21 世纪初，天平再次向相反方向移动，再一次向国有石油公司倾斜。

20 世纪 70 年代以前，私人国际石油公司拥有绝大部分世界石油储备（即地球上能够生产的石油）和绝大部分的产出。研究显示，截至 2005 年，没有任何外资介入的国有石油公司拥有 77% 已确认的世界石油储备，部分或全部私有化的俄罗斯公司则拥有 6%。埃克森美孚（ExxonMobile），英国石油公司（BP），雪佛龙（Chevron）以及荷兰皇家壳牌集团（Royal Dutch - Shell）这四家最大的私人国际石油公司，根据储备计算，分别排在第 14 位，第 17 位，第 19 位和第 25 位，远远落后于他们在中东、俄罗斯、非洲以及拉丁美洲的竞争对手。[5]世界天然气储备分布也相当不均衡：俄罗斯（25%），伊朗（16%）和卡塔尔（14%）三个国家占据了全球天然气总量的一半以上。

为此，私人国际石油公司加紧寻找能够弥补他们储备不足的

---

* 欧佩克作为石油垄断组织，由 6 个中东石油生产国，4 个非洲石油生产国以及委内瑞拉和厄瓜多尔组成，各成员国就石油产量配额达成一致。这些国家的石油产量占全世界的三分之一强。前苏联及现在的俄罗斯为了保留独立谈判权，没有加入该组织。

方法。这一行动也得到了政府的支持。各国政府继续通过减免税收等措施为石油和天然气企业提供补助。政府在这方面的补助达到了每年 2000 亿美元。相比之下，向可再生及核能源提供的补助只有 330 亿美元。疯狂寻找石油的行为不仅花费了大量金钱，还带来了许多负面影响。这些公司开发了加拿大的沥青砂，用于制造石油产品，进而对当地环境造成了破坏。他们还在尼日利亚的尼日尔河三角洲地区引发了内战，并跟随美国和英国军队侵入继沙特阿拉伯和伊朗之后的世界第三大石油储备国伊拉克。

对于石油生产国来说，由于私人国际石油公司掌握着先进的技术，所以仍然需要他们。由于能轻而易举获得的石油日渐枯竭，储备越来越难开采，因此这些技术就显得更为珍贵。尽管如此，在 21 世纪初，在私人国际石油公司储备减少、石油价格上涨的情况下，包括俄罗斯在内的石油生产国政府获得了独一无二的有利的谈判地位。石油生产国希望在世界范围内改善合作条件，并基于这些条件允许私人国际石油公司加入到他们的石油生产活动中。

图 3－1 权力和金钱：2006 年，弗拉基米尔·普京（左，总统）与铝业大亨奥列格·德里帕斯卡在越南召开的商业会议中

拍摄：俄新社

这也是俄罗斯政府与外国石油公司发生争端，以及与尤科斯及其他俄罗斯私人石油公司矛盾的核心。但是这是一个普遍的国际现象。2007 年，委内瑞拉国有石油公司单方面增加了其在由外国控制的奥里诺科油田中的份额。2007 年至 2008 年，利比亚重新与法国、意大利以及西班牙石油公司签订了协议，为自己的国有石油公司在本国的项目中争得了更大的份额。由于这些行动都是由对美国有政治敌意的政府所采取的，所以新闻记者们总是强调这是“石油国有化”。不过就算是美国政府的朋友，也希望能够从石油收益中多分一杯羹。以阿尔及利亚为例，2007 年，该国撕毁了与西班牙能源集团雷普索尔公司（Repsol）签订的关于开发天然气田的合同，决定自行开发，以获取更大的利润。哈萨克斯坦是前苏联各共和国中第二大石油生产国，相比俄罗斯，该国对美国及欧洲公司更为友好。但是在 2007 年，哈萨克斯坦与各外国公司就有关里海的卡沙甘油田的产量分成协议重新进行了谈判。外国公司需要支付更多的税金，而作为哈萨克斯坦国有石油公司的哈萨克斯坦国家天然气公司（Kazmunaigaz）则可以获得更多的分成。虽然一些关注石油业的非政府组织认为哈萨克斯坦国库还是没得到公平的份额，但是毕竟大幕已经拉开，石油生产国无论有何政治倾向，都在力争获得更大的份额。[7]

对俄罗斯石油和天然气的需求

私人国际石油公司的没落也折射出 21 世纪初期资本主义发生的巨大变化。随着最近几十年石油经济的发展，为了寻找新资本生长点以及应对全球气候变暖，很多受资本主义强国政治控制的地区的石油和天然气储备已被消耗殆尽。私人国际石油公司储备枯竭就是一个重要的标志。此外，富裕国家也无力减少他们每年向少数几个石油生产国购买的石油和天然气数量，但是他们认为其中大部分国家都不可靠且满怀敌意。因此，在他们看来，俄罗斯 1992 年从苏联独立出来为他们提供了极大的便利：这是一个既非中东国家和也非欧佩克的能源供应来源。从 1998 年开始，随着石油需求增加和价格上涨，以及俄罗斯逐渐走出低谷开始提高石油产量，富裕国家意识到，俄罗斯是一个越来越重要的非欧佩克石油来源。同时，他们也开始考虑俄罗斯的石油产量增加是否可以维持更长的时间。

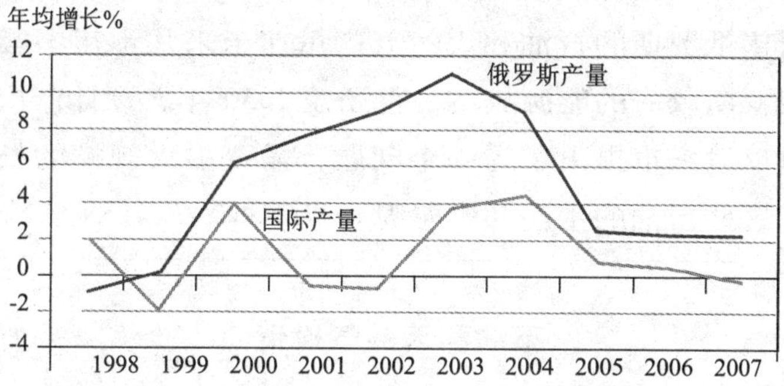

图 3－2　俄罗斯及国际石油产量增长情况（1998—2007）

资料来源：《英国石油公司国际能源统计回顾》。

1998 年到 2004 年，国际石油产量的增加速度就像蜗牛爬一样缓慢。其中一个原因是私人国际石油公司对投资总是犹豫不决。与此同时，俄罗斯及其他前苏联共和国的产量却在快速增加。这 7 年里，在全球石油供给增加的部分中，有 60% 都来自于前苏联各共和国，其中最主要的是俄罗斯、哈萨克斯坦以及阿塞拜疆。俄罗斯的产量连续十年稳定增长，从 1998 年的 3. 04 亿吨（占全球总产量的 8. 6%）提高到 2007 年的 4. 91 亿吨（占全球总产量的 12. 6%）。俄罗斯和国际石油产量情况见图 3－2。

在今后很长一段时间内，前苏联各共和国都将一直是最大的非欧佩克石油来源，也是欧佩克成员国以外的最大的石油生产地区。但是在未来几十年中，欧佩克成员国占世界总产量的比例也会逐渐增加。经济合作与发展组织的经济学家在 2006 年曾提出，由于欧佩克成员国可以集体决定“无需快速提高产量”，即限制生产以从较高的石油价格中获取利益，因此这的确是“需要考虑的问题”。他们认为，“增加对欧佩克特别是中东欧佩克成员国的依赖的可能性”使得扩展包括前苏联各共和国在内的非欧佩克成员国的油气供应变得“更加重要”，因为只有这样才可以削弱欧佩克的力量。[8]

应作何结论呢？不管富裕国家如何高谈阔论要减少高碳能源生产，也不管克里姆林宫如何宣称要减少对石油出口的过度依赖，双方仍希望俄罗斯的石油和天然气产量在未来几十年中能够继续增加。俄罗斯政府的能源战略一直涵盖2030年，预计产出将持续增加。这反过来也提出了另一个问题：需要多大规模的长期投资才能确保这些石油的生产和供应呢（见下框）？

石油和天然气投资

围绕生产以及管线基础设施展开的讨论有望使石油天然气公司与俄罗斯政府以及国际机构间的紧张关系得到缓解。21世纪初，俄罗斯石油公司以最快的速度利用苏联时期就已经勘探和开采的油田以及基础设施轻而易举地生产出了大批石油，因此也推迟了新油田的勘探开发。而勘探新油田是需要付出昂贵成本的。1999年至2003年，油田资本支出增加了3倍。但是国际能源组织的报告称，这些支出中的大部分都用于采摘“低处的果子”，也就是提高现有油田产量中了。[9]该组织所代表的是石油消费国的利益。

这就是所谓的赤裸裸的利益驱使。产量增长最快的是尤科斯和西伯利亚石油公司两家公司。这两家公司的拥有者都是金融家，他们担心自己的财产所有权无法受到法律的保护。事后证明，他们是正确的。批评家严厉指责这些公司采取的是刀耕火种的原始方式。阿尔法银行的分析家认为，利用

"激进复苏"技术新增现有油井的出油量是在"牺牲未来以换取短期成果"。他们还指出，在领先世界5年后（1999—2004），俄罗斯的产量增长将在2005年后回落2%至3%。2005年至2007年，资本支出继续增加，但也只是为了弥补飙升的成本而已。这种方法只能推迟而不是改变由于油田枯竭而带来的自然产量下降。同时还要在管线上进行投资。[10]

天然气行业也面临同样的问题。俄国天然气股份有限公司在西西伯利亚最大的天然气田从20世纪90年代就已经开始出现自然产量下降。俄罗斯天然气股份有限公司在2001年开发了新的扎波利亚尔（Zapolyarone）天然气田，才得以维持原有产量。但是俄罗斯天然气股份有限公司和政府迟迟下不了决心把资源投向西伯利亚北部的亚马尔半岛。这是在较长一段时间内，在储量上唯一可以取代西西伯利亚天然气田的项目。毋庸置疑的是，这个项目需要200多亿美元的投资，而且还涉及如何在人烟稀少的北极圈南部安置人员以及在冻土中建造管线的问题。[11]在作者撰写此书时，由于经济不景气导致天然气需求下降，对亚马尔半岛项目的迫切需求也得到了缓解。如果对能源的需求以及能源价格持续下滑，关于长期投资的需求就可能会变得不那么迫切，但绝不可能消失。

同时，俄罗斯天然气股份有限公司和石油公司有关投资天然气管线基础设施的争论也使俄罗斯严重的环境问题进一步恶化。如果管线到位，石油公司也可以生产出数量可观的天然气，其中包括会随着石油从地下逸出的伴生气，而这些伴生气现在只能作为废气在井口燃烧掉。伴生气燃烧是石油业最"脏"的一种做法。天然气的主要成分为甲烷，其产生的温室效应高于二氧化碳。但是建造基础设施转移、储存伴生气或将其送回地下不仅费力而且成本高昂。所以燃烧伴生气已经成为降低石油生产成本的国际惯例。2007年，普京称俄罗斯每年要燃烧200亿立方米的伴生气，因此必须停止这种做法。但是事态却在向更坏的方面发展。研究人员通过卫星成像报告发现，俄罗斯可能已经超过尼日利亚，成为世界上第一大伴生气燃烧国。2004年，俄罗斯燃烧的伴生气可能达到了50亿立方米，甚至超过了法国的天然气消费总量。[12]

俄罗斯和资源诅咒

石油繁荣加强了俄罗斯的实力，也让经济天平倾向了俄罗斯及其他能源出产国，但同时也掩盖了这些国家其他经济的软肋。农业、机器制造以及加工业的问题尤为严重。经济学家已经开始质疑，俄罗斯是否会陷入“自然资源诅咒”之中。所谓自然资源诅咒是指，丰富的自然资源*可以产生短期效益，如巨大的出口收入，但是有可能破坏长期经济发展。经济学家对“自然资源诅咒”的定义不尽相同，但通常包括以下三个方面：

1. 出口收入对自然资源的依赖使国家经济受制于外部因素，尤其是当这些收入的水平未知时风险更大。

2. “荷兰病”**，即自然资源对其他经济部门产生的副作用。巨额出口收入加强了本国货币，导致制造业和农业更加缺乏竞争力，并增加了国家对自然资源的依赖性。

3. 一系列对社会和政治体制的影响，包括社会不平等、腐败以及“寻租”（在俄罗斯是指精英们努力控制出口收入）现象的进一步恶化。有一些人还认为，石油收入会对民主建设产生

---

* 自然资源是指由大自然提供并且具有较高市场价值的资源，如石油、天然气、金属和矿产等，也包括咖啡等农作物。更广泛的自然资源还包括土地和其他可再生资源。

** 之所以称为荷兰病是因为这种情况在荷兰比较典型。

危害。[13]

俄罗斯具有独特的历史文化，因此我们很难将俄罗斯与其他石油国家（以石油出口为经济基础的国家）相提并论。20 世纪 20 年代至 40 年代，俄罗斯经历了快速的工业化，成为世界政治和军事强国。而其他从近期石油繁荣中受益的国家，如沙特阿拉伯、伊拉克、利比亚、印度尼西亚、委内瑞拉、尼日利亚等，工业化程度较低，而且都没有成为世界强国。虽然如此，上述三条在某种程度上仍适用于俄罗斯。首先也是最重要的是，在人均生活水平由于石油繁荣而大幅提高的同时，各种不公平现象以及腐败也在增加。如果按照狭义经济指标来衡量，俄罗斯已经陷入了“自然资源诅咒”之中。石油和天然气销售带来的出口收入比例不断上升，剩下的部分则是其他原材料出口，主要是金属出口。在此情况下，卢布很有可能成为强劲的可兑换国际货币，进一步恶化俄罗斯制造业和农业在竞争中所处的劣势地位。

俄罗斯采取了经济学家提出的对巨额石油美元进行管理的最佳实践方法，即将其作为离岸基金进行运作，抵御未来石油价格下跌带来的损失，或用于政府主导的开发项目。2008 年，为了稳定金融系统，俄罗斯使用了很大一部分的离岸基金，但是在刺激其他经济领域发展以及解决不公平现象方面，俄罗斯已经错过了石油繁荣带来的最佳时机。普京在 2008 年就已经认识到了这一点。他曾说过，俄罗斯“尚未成功打破以能源和商品为基础的发展惯性”。他还说，国家被“官僚和腐败压弯了腰，缺乏改革动力”。

西方批评家则将俄罗斯的“自然资源诅咒”与其国家领导的资本主义发展模式联系在一起。有人认为，国家过多介入石油和天然气部门，加剧了这种“诅咒”。因为这样为腐败和官僚们的“寻租”行为敞开了大门。这也是在暗示俄罗斯应向外国公司开放石油和天然气产业。经济学家彼得·拉特兰则认为，这可能会增加国际私人石油公司的收入，“但是能让俄罗斯工人和消费者受益，降低腐败程度吗？”“邻国阿塞拜疆和哈萨克斯坦已经采取了这种方法，但采取的绝不是民主问责制的模式。”[14]

关于“自然资源诅咒”的讨论指出了包括俄罗斯在内的各石油出产国过分强调能源出口给本国带来的损害。在作者看来，目前的看法忽略了两个问题。首先，俄罗斯或其他国家的自然资源，并非永远属于私有资本或为其谋取利益的国家机器。如果有产阶级的出现是一种必然，那么有关“自然资源诅咒”的讨论则仅仅局限于考虑各国政府如何解决因有产阶级对资源的控制所产生的问题，如社会不公以及腐败等。那些乐观的人则认为，社会可以做得更好，可以限制资产阶级对于资源的垄断，因此完全可以在集体管理和集体拥有资源的情况下找到解决这些问题的有效方法。

其次，俄罗斯之所以成为石油国家，不仅因为自然资源出口为其精英阶级提供了财富和权力，而且也因为北美和西欧的石油及天然气消费国在以更快的速度消耗这些能源，同时他们也在鼓励中国、印度等新兴工业化国家走石油和天然气集约化发展道路。但是有关“自然资源诅咒”的讨论，通常认定世界经济对石油、天然气和其他自然资源的需求会持续上涨，从而导致能源大国对出口的依赖达到一种病态的程度。这一点是有问题的。为什么？公认的原因有两个，第一，大量消耗石油和天然气的资本主义发展模式在未来几十年中将带给环境带来可怕的不可预知的影响。其次，长期经济发展需要强调节约能源以及发展非碳能源。

就长期而言，富裕国家必须进行彻底转变，尽可能降低气候变化的风险，减少对碳氢化合物的需求，不再投资碳氢化合物的生产。我很怀疑资本主义国家是否会作上述调整，因为能源集约型工业发展模式可以给他们带来巨大的收益。这也是为什么环境学家认为目前碳定价和碳税收计划的制订步伐走得太慢。既然资本主义无力面对这些问题，那么它应该被更公平的社会形式所取代。而我们一定可以在这种改变中发现最终解决“自然资源诅咒”的方法。

第四章

权力和金钱：国家、寡头与石油

普京和他的同僚们把俄罗斯带出了20世纪90年代的混乱局面，并实现了权力的集中。为了全部有产阶级的利益，他们针对叶利钦时代的寡头们展开了行动。该过程在2003年至2005年因为尤科斯公司事件达到了高潮。“军警系统高级官员”（siloviki，政府中的前军队及安全官员，见词汇表）在其中发挥了很大作用。他们加强了国家对石油业的管理及税收政策，并以此重新定义了俄罗斯与前苏联邻国的关系。但是下面会讲到，他们只是些希望按资本主义路线发展俄罗斯经济的人，和市场改革派同出一辙。西方媒体一直很少报道这二者之间的合作关系。20世纪90年代，媒体夸大报道腐败和犯罪，到了21世纪初，又开始夸大安全部门对国家权力的掌控。一些报纸描绘了一幅幅骇人听闻的画面，俄罗斯政权被当作了“间谍”政权。伦敦《每日电讯》警告说，“歹徒和恐怖分子的冷酷狡诈”已经与俄罗斯的“超级霸权”资源结合在了一起，“严重威胁着我们的生活”。[1]与此形成鲜明对比的是，普京并非依靠克格勃特工，而是依靠叶利钦的盟友、“军警系统高级官员”以及“市场改革派”才成功上位并超越叶利钦，下文将对此进行叙述。普京在国家机器中利用“军警系统高级官员”扭转了20世纪90年代带来的破坏。但是俄罗斯作为一个国家，还远远称不上是“超级霸权”。

来自克格勃的人（1992—2002）

1991年苏联解体时，克格勃雇佣了大约50万人，监视苏联公民和外国政府仅是其工作的一部分。他们还负责管理苏联几千公里的边界线；协调镇压持不同政见者；以及确保交通连接线和国家通讯的安全。在苏联这个限制自由和剥夺公民信息权的专制社会中，克格勃肩负着巨大的责任。20世纪80年代早期，克格勃打击“经济犯罪和腐败”的任务与其他苏联精英的利益发生了冲突。其中最著名的就是他们对苏联领导人列昂尼德·勃列日涅夫的女儿加丽娜及其犯罪同伙的调查。[2]最后克格勃占据了上风。勃列日涅夫1982年逝世后，他所担任的苏共总书记一职由尤里·安德罗波夫接替。安德罗波夫此前担任克格勃领导人长达14年之久。安德罗波夫对苏联黑手党的整肃由统治阶级的最上层发起，这也是戈尔巴乔夫改革的前奏。

克格勃领导人和其他政府领导、苏共高层以及军方目睹了这些改革产生的影响，忧心忡忡。1991年，乌克兰及其他苏联共和国宣布独立后，安德罗波夫的继任克格勃领导人弗拉基米尔·克留奇科夫和国防及内务部长还有其他保守派曾打算停止这一进程。1991年8月19日，他们成立了“国家紧急情况委员会”，宣布罢免正在休假的戈尔巴乔夫的职务。只有戈尔巴乔夫和他最忠实的维护者一直坚持他没有参与其中。但实际上，他在三个月前就赋予了克格勃新的权力，而且有大量证据表明他不仅知道政变计划，还明确表示了同意。但是政变失败了。抗议者们袭击了坐落在克格勃莫斯科总部外的克格勃创始人菲利克斯·捷尔任斯克的雕像，这也成为政变失败的象征。1991年10月，戈尔巴乔夫撤销了克格勃，取而代之的是三个独立的机构。在后苏联时代的俄罗斯，这三个机构又被外国情报服务局、总统安全服务局以及安全部所代替。俄罗斯联邦安全局（FSB）从安全部发展而来的，经过几次重组后，最终于1995年成立。[3]

叶利钦黜免了克留奇科夫和其他一些“契卡成员”（chekisty，在克格勃或联邦安全服务局工作，或曾经工作过的人员，见词汇表）。但是他巧妙地设置了一个庞大的组织来维护他的权力。这也进一步证明了他所宣称的“民主”不过是个空壳。安全部门高级官员都谋得了很高的职位。亚历山大·克尔巴科夫曾是总统卫队的负责人。这支4000人的队伍是从克格勃下面的一个部门发展而来的。1993年至1996年，亚历山大·克尔巴科夫在克里姆林宫组成了“厨房内阁”，监督着叶利钦的一举一动。直到叶利钦第二次任期开始后，他的职位才被解除。叶夫根尼·普里马科夫于1996年至1998担任外交部长，于1998年至1999年担任总理。他也是从外国情报服务局进入政府部门的。外国情报服务局的前身就是克格勃下属的外国情报局。

20世纪90年代初期，私人财富急剧增加，很多人对国家无节制地加以掠夺，这些都对克格勃官员以及其他苏联精英产生了巨大的影响。他们自然也想从中分一杯羹。他们的社会关系、对体制深刻的理解以及在收集信息方面所接受过的培训，让他们在这方面获得了优势。适者生存，显然他们比其他人都合适。这些“契卡成员”从商的主要途径有以下几条：

1. 苏联解体前，克格勃官员就开始参与特权阶级私有化——在国有机构上嫁接出私有经济机构（详见第一章）。20世纪90年代，一些“契卡成员”成立了半私有化的合作组织——ANT，秘密出口苏联武器。叶利钦时代初期，法律禁止了克格勃官员开展类似活动。[4]

2. 一些高级“契卡成员”不再为国家工作，而是在寡头们的帝国中效力，进行安全和信息工作。这些寡头通常表面上竭力倡导“民主”，但私下里却聘请最厉害的“契卡”成员为他们工作。菲利浦·博布克夫曾担任克格勃外国情报局局长，擅长追捕苏联持不同政见者。他在弗拉基米尔·古辛斯基的莫斯特银行中负责研究部门的工作。阿列克谢·孔道罗夫也曾在外国情报局工作，1994 年至 2003 年，他进入霍多尔科夫斯基的尤科斯石油公司，后来又作为俄共代表进入议会。其他前情报机关人员也大多从事相关的自由职业。[5]

3. 大部分中低级的契卡成员则进入银行或企业的安全部门或私人保安公司。1995 年，前克格勃人员大约占保安公司人员的一半，其他还包括前内务部和军队官员（2002 年，私人安保机构管理机构估计，俄罗斯共有 28 万注册安保人员及相当于该数字一半的未注册人员，不到美国的七分之一）。[6]

4. 其他“契卡成员”则是简单的直接经商。亚历山大·列别捷夫就是一个很典型的例子。他在 20 世纪 80 年代一直从事外国情报工作。2008 年，他拥有多家银行和租赁公司，此外还拥有俄罗斯国有航空公司——俄罗斯航空公司 30% 的股份以及俄罗斯天然气股份有限公司 1% 的股份。在俄罗斯富豪榜上排名第 39。此外，别列捷夫还拥有《新报》49% 的股份。这是俄罗斯唯一一家有影响力的反对派报纸。2009 年，别列捷夫购买了伦敦的《标准晚报》。[7]

毫无疑问的是，“契卡成员”经商的主要动机还是贪婪。但这并不是全部。他们中的很多人都认为自己是国家利益的拥护者。私人保安公司企业联合会主席艾格尔·戈洛夏波夫在接受西方记者采访时，是这样说的：

> 20 世纪 90 年代时，我们只有一个目标：生存下来并维持我们的技能。我们从没觉得自己和俄罗斯联邦安全局（FSB）的人有什么不同。我们和他们分享一切，我们只是以另一种方式为国家效力。我们随时准备接受召唤。[8]

这听上去的确很真诚。不过如果一定要说“契卡成员”拥有共同的意识形态，则略微有些夸张。但是从戈洛夏波夫提到的为国家服务的观点中，可以看出，他们都愿意接受资本主义作为社会体系而存在。本书作者听到和看到无数次这样的情况，所有“契卡成员”——上至普京，下至普通保镖，都曾在公开或不公开的场合中赞扬过资本主义，但却从未听他们表示过对苏联国有化的拥戴。

从叶利钦到普京的权力交替

普京当选总统并非通过克格勃的阴谋，而是叶利钦腐败的下属造成的。1991 年，普京退出克格勃，进入“后备役”。这位未来的总统从东德回来后，回到了他的家乡圣彼得堡。他成为阿纳托利·索布恰克管理团队的一员。索布恰克是一名右翼“市场改革派”，1991 年至 1996 年担任圣彼得堡市市长。1996 年，索布恰克以微小的弱势未能获得连任。曾担任叶利钦总统办公室主任的帕维尔·博罗金鼓励普京到莫斯科去。来自圣彼得堡的经济学家、克里姆林宫监察局局长阿历克谢·库尔德林帮助普京找到了工作（库尔德林从 2000 年开始担任俄罗斯财政部长）。普京升得很快：1998 年 5 月，他被任命为博罗金的第一副主任；同年 6 月，被任命为俄罗斯联邦安全局局长。

此时，叶利钦集团的成员正在为 2000 年总统大选苦心寻找接班人。对这个接班人来说总理的职务最合适不过了。1999 年 5 月，叶夫根尼·普里马科夫被解除了总理一职，他与莫斯科市市长尤里·卢日科夫共同组成了针对叶利钦集团的议会反对派。谢尔盖·斯捷帕申接替普里马科夫担任总理。他也是接替叶利钦的人选之一。但是随后他就被普京所取代。克里姆林宫的观察家们一致认为，普京会得到叶利钦同僚中实力最强的一些人的全力支持。这些人包括别列佐夫斯基、叶利钦的女儿塔季扬娜·季亚琴科、准女婿瓦连夫·尤马舍夫以及接替博罗金担任总统办公室主任的亚历山大·沃洛申。[9]

普京担任总统初期，主要依靠以下三类人完成了对国家机器的改制[10]：

1. 经他任命担任重要职位的“军警系统高级官员”。

2. 他在圣彼得堡的前同事，特别是市场改革经济学家和管理者。

3. 叶利钦政府中的“旧人”，但是这些人在普京第一任任期中就被慢慢清除掉了。其中最有名的是沃洛申，他最终在2003年退出了政府。

“军警系统高级官员”们和普京一起迅速崛起。其中包括艾格尔·谢琴。20世纪80年代中期，谢琴在莫桑比克和安哥拉担任军事翻译。这一职位通常只能由克格勃官员担任。20世纪90年代初期，谢琴在索布恰克的团队中工作。1996年随普京来到莫斯科。普京当选总统后，谢琴一直担任总统办公室副主任。他也是推行石油和天然气资产国有化运动中的主要人物。2008年，他被任命为能源和工业副部长。

另外一个重要人物是维克多·齐可索夫。他从1975年开始在克格勃工作，1992年至1998年担任俄罗斯联邦安全局圣彼得堡分局局长。他也是普京1998年担任俄罗斯联邦安全局局长后带进莫斯科的。2000年，他被任命为驻西北联邦区总统代表，2003年开始担任俄罗斯毒品流通监管局局长。在苏联时期，齐可索夫曾在克格勃工作，负责监视持不同政见者。1996年，他负责监督对亚历山大·尼基金所提起的诉讼。该诉讼可谓臭名昭著。因为这位海军上尉揭发了在巴伦支海的核污染情况。[11]

“圣彼得堡帮”在普京的领导下负责经济政策。他们在普京的团队中是不容忽视的，曾接替普京担任过总统一职的德米特里·梅德韦杰夫也在此列。其他人还包括格尔曼·格列夫，他在20世纪90年代曾在索布察克市政府中担任过法律顾问。后来在普京任总统期间（2000—2007）担任经济发展和贸易部长，负责私有化政策及其他市场化改革。2008年，他接任俄罗斯最大的银行国有俄罗斯联邦储蓄银行（Sberbank）主席一职。库德林是“圣彼得堡帮”成员中任期最长的。在作者撰写此书时，他仍在担任俄罗斯财政部长一职。

很多人认为，普京担任总统令国家重新恢复了在20世纪90年代失去的力量。“军警系统高级官员”不仅发挥了关键作用，而且，在这一过程中，也变得比经济改革派更为强势。夸张的错误报道随处可见。记者爱德华·卢卡斯就认为克格勃因此“掌握了俄罗斯的权力”。尤里·费尔世蒂斯基是别列佐夫斯基最亲近的副手。他曾撰文，描写了俄罗斯“秘密警察”为了夺取对“俄罗斯及其资源的绝对控制”而采取的“试验”行动[12]。就此，我有以下几点看法：

1. 任何一个西欧和北美民主国家都没有经历过俄罗斯在20世纪90年代时的经济危机和严重的税务危机。这些导致俄罗斯国家无法行使在资本主义社会中典型的国家权力，如为经济提供发展框架以及保护私有财产等。对寡头的打击行动以及国家增加其在石油和天然气部门的权力，正是为了解决以上这些极端问题才出现的。

2. 即使在对寡头进行打击后，与那些为西方大国提供石油、进行政治合作的国家相比，国家在俄罗斯石油和天然气部门的作用仍显得无足轻重。在沙特阿拉伯、科威特以及墨西哥，全额国有公司占据着绝对的主导地位。真正令西方精英不满的是，俄罗斯完全无视私有业主的物权。

3. “军警系统高级官员”对国家控制权和国家行动的选择完全出于本能。他们对这些做法的忠诚度和美国共和党对“自由市场”信条的笃信程度一样，没有任何意识形态上的差异。而正是这些号称支持自由市场的共和党人，在2008年美国资本主义出现重大危机的时候，采取了一系列历史上规模最大的政府接管行动，接管了包括美国国际集团（AIG）保险公司在内的多家公司，此外他们还采取了历史上最大的由国家支持的银行救助行动。

4.“军警系统高级官员”并没有涉足经济政策中的重要领域，如市场自由化等，这些是完全交给经济改革派的。这两派之间的冲突往往是因为各自的利益受到了威胁，而并不涉及原则问题。两方一直认为国家的任务是为了给俄罗斯资本主义提供最佳的运行条件。

“军警系统高级官员”带给俄罗斯的威胁，绝不是全盘的“苏联式”国有化或“集权主义”，而是可能对21世纪新兴的俄罗斯资产阶级采取过去苏联式的管理和控制方式。

普京巩固对权力的控制

在普京担任总理的六个月以及成为总统的前两年，他的首要任务是集中国家权力，恢复对俄罗斯天然气股份有限公司等主要纳税人的管理，扩大老百姓对政府的支持，以及在必要的情况下排除消灭政治反对派。

普京接任总理前的10天，与车臣接壤的达吉斯坦共和国受到了伊斯兰武装的入侵。这给了克里姆林宫很好的机会。在一个月内，他们就发动了第二次车臣战争。普京亲临前线，并在电视中发表了态度强硬的讲话。这些都为他赚得了人气。在此情况下，别列佐夫斯基的政治操纵者们在亲克里姆林宫议会党的基础上，成立了统一俄罗斯党。成立该党确保了在1999年12月议会大选以及2000年3月总统投票中的胜利。同时也为普京当选总统提供了政治基础，而这恰好是叶利钦所缺少的。一旦开始选举，普京就可以扭转俄罗斯联邦的离心运动，让地方政府和政治领导人听从中心的指挥。他把俄罗斯分成7个联邦区，并任命了驻各区的总统代表。其中大部分都是“军警系统高级官员”的代表和成员。这一措施令83个联邦主体全部服从于中央政府。在第六章中将会进一步讨论这一政治过程。下面将着重介绍为了加强国家对俄罗斯天然气股份有限公司的控制而展开的斗争。俄罗斯天然气股份有限公司是俄罗斯最大的公司。从它下手也是普京从寡头们手里夺回他们在20世纪90年代掠夺走的自然资源财富的第一步。

在第一章中已经提到了俄罗斯天然气股份有限公司的独特地位。当石油大亨们从出口中牟取利润的时候，俄罗斯天然气股份有限公司则将大部分产出无偿或者以低廉的价格提供给国内用户，有力支持了国家经济。作为回报，国家给予了慷慨的政治优惠和商业机会。受益者包括公司老板切尔诺梅尔金、继任者列姆·维亚希列夫及整个管理层。但是在1998年至1999年期间，叶利钦政权的政治瘫痪致使国家对该公司的控制出现了危机。首先，切尔诺梅尔金失去了总理一职，总统梦也因此破灭。紧接着，1999年，维亚希列夫离开克里姆林宫集团，加入到由卢日科夫和普里马科夫领导的反对阵营中。在切尔诺梅尔金政府时期，国家将在该公司38%的股份托管给了维亚希列夫。克里姆林宫担心国家可能再也收不回这些股份。1999年6月，就在普京被任命为总理的前夕，维亚希列夫策划了公司股东大会，限制国家在董事会中的权力，反抗政府的干涉。8月，普京担任总理后，“军警系统高级官员”就开始劝阻维亚希列夫放弃他的反对立场。

反对派的另一个主要武器是独立电视台（NTV）。该电视台后来成为唯一的非国家电视频道。电视台是由另一个寡头弗拉基米尔·古辛斯基控制的。他给了他杰出的记者团队极大的自由，让他们可以提供相对客观的新闻报道。大多数人都可以轻松接触到这些报道。这与另一家电视台——公共电视台（ORT）对卢日科夫和普里马科夫发起的诽谤运动形成了鲜明的对比。公共电视台的控制权是由国家和别列佐夫斯基掌握的。在普京2000年5月7日宣布就任总统后的几天内，他的政府就对古辛斯基的商业帝国发起了攻击，其中也包括独立电视台。全副武装的公诉人突袭了古辛斯基控股的媒体公司万能媒体（Media Most）的办公室。

理由是他违反了电视公司私有化的有关规定。6月13日，公诉人逮捕了古辛斯基并以涉嫌诈骗和违反税法等罪名将其关押了三天。这是一个非常关键的时刻：新任总统对寡头们发出了警告，无论是私营业主还是国有公司的领导，没有人是不能动的。

在普京到来以前，维亚希列夫对古辛斯基是非常友好的。但是现在他忽然加入了反对者的队伍。造化弄人。1996年至1997年，俄罗斯天然气股份有限公司为了感谢古辛斯基支持叶利钦再次赢得大选，购买了万能媒体30%的股份，并为独立电视台提供担保，向瑞士信贷第一波士顿银行贷款2.62亿美元。当克里姆林宫开始对古辛斯基采取行动时，俄罗斯天然气股份有限公司曾利用这些关系向其施压。古辛斯基被投入监狱后，他签订了一份协议，将万能媒体和独立电视台的实际控制权交给了俄罗斯天然气股份有限公司的子公司——俄气传媒（Gazprom – Media）。他后来从俄罗斯逃往西班牙，一直在那里过着流亡生活。这不仅标志着古辛斯基帝国的终结，同时也标志着自20世纪90年代中期就开始统治俄罗斯的克里姆林宫—寡头联盟的瓦解。此后很快，别列佐夫斯基也在2000年10月被普京逐出。他卖掉了自己在公共电视台的股份，同时将他在西伯利亚石油公司的大部分股份卖给了罗曼·阿布拉莫维奇，随后前往伦敦居住（阿布拉莫维奇在20世纪90年代后期投入别列佐夫斯基门下，已经成为俄罗斯最富有的人之一。并在2003年入主切尔西足球俱乐部）。

2001年1月，普京与寡头们举行了会面，制定了新的游戏规则：寡头们必须投资经济，交纳税金，而且不能过问政治。国家不再提供特别优惠，国家也将与所有寡头保持相同的距离。[13]这当然并不意味着克里姆林宫要停止与寡头的合作，不再为他们提供优惠待遇。不过20世纪90年代所建立的那种关系将一去不复返。政府的支持率在1998年至1999年跌到了谷底，不过已经开始回升。政府不仅重新获得了公众的支持，而且通过处理古辛斯基，也表明了政府不会再听命于超级富翁。政府已经准备好拿回叶利钦拱手牺牲给寡头们的税收和财产。

克里姆林宫—古辛斯基—俄罗斯天然气股份有限公司事件提出了个没有解决的问题。第一，独立电视台是否仍将继续向大部分俄罗斯家庭提供不同角度的新闻。克里姆林宫曾经作出过承诺，但是并未兑现。2001 年 4 月，已经交由俄罗斯天然气股份公司掌握的电视台董事会，决定由银行家波利斯·乔丹替代叶甫根尼·基舍列夫担任董事长一职。叶甫根尼·基舍列夫是电视台最有声望的男主持人。三分之一的独立电视台记者为表示抗议提出了辞职。电视台打算将古辛斯基的股份卖给美国媒体巨头特德·特纳的企图也失败了，最终，俄气传媒完全控制了这家电视台。虽然独立电视台的新闻失去了它的优势，但是仍保持着相对的独立性。2002 年 10 月，车臣武装分子将莫斯科杜布罗夫卡一家剧院的观众劫为人质，执法机构对剧院发起突袭，造成了至少 129 名平民丧生。NTV 对此进行的批评性报道遭到了普京公开的强烈指责。此后，电视台采取了顺从的态度和自我审查措施，包含争议内容的新闻此后几乎销声匿迹。[14]

第二个问题则是更深层次的问题。就是对自然资源收入的控制。克里姆林宫处理了古辛斯基，切断了与别列佐夫斯基的来往，已经做好了斗争准备。俄罗斯天然气股份有限公司只不过是个开始。在鼓励维亚希列夫将古辛斯基赶出公司后，克里姆林宫对他如法炮制。维亚希列夫在 2001 年 5 月退休，被“圣彼得堡帮”的阿列克谢·米勒取代。米勒曾担任过一段能源部副部长。2001 年 9 月，米勒完成了将维亚希列夫的老部下全部清除出公司管理层的任务。他们用曾在圣彼得堡和普京一起工作过的“契卡官员”和金融家取代了这些人。普京在更大范围内向腐败阴谋宣战了。11 月，普京对俄罗斯天然气股份有限公司在西伯利亚的员工进行了演讲。在演讲中，普京提出，为什么生产单位竟以如此低廉的价格将天然气销售给贸易中介商，让私有公司以俄罗斯天然气股份有限公司为代价换取高额的利润。总统甚至发问“差价去哪儿了？现金在哪里？”低价销售资产的人都被解除了职位。俄罗斯天然气股份有限公司石化分公司西伯利亚—乌拉尔石油化工公司（Sibur）的老板雅克夫·戈尔多夫斯基在2002年1月被投入监狱，9个月后他放弃了，以低廉的价格将公司出售，此后才得以被释放。维亚希列夫的儿子尤里也被解除了职位，此前他负责该公司利润最大的出口部门。那些以低价卖给高级管理层公司的资产，现在都被要求归还给俄罗斯天然气股份有限公司。[15]

到2002年年中，克里姆林宫已经将俄罗斯天然气股份有限公司这个潜在的敌人变成了自己强大的堡垒。下一个目标就是石油。

国家收回对石油和天然气的控制（2002—2007）

普京对寡头们采取的行动在2003年达到顶峰。其标志性事件是逮捕了米哈尔·霍多尔科夫斯基，拆分了他的石油公司——俄罗斯最大的石油公司尤科斯公司，并将其资产收归国有。国家要在更大范围内掌管经济部门，同时“军警高级官员”也将在政府机器中发挥更大的作用，该行动就是这一战略转移过程的核心。国家对20世纪90年代的偷税漏税行为进行了非常严厉的打击，有效增加了税收。一个主要产油国没有自己的标志性国有大石油公司的不正常情况终于得到了改变。俄罗斯石油公司（Rosneft）在吸收了尤科斯公司的资产后，成功转型成为最大的国有石油企业。克里姆林宫让外国公司认识到，他们在俄罗斯的合作伙伴不复存在，与俄罗斯邻国关于天然气供应的谈判也将更加困难。

尤科斯事件

对尤科斯公司的打击行动始于2003年7月。政府首先逮捕了霍多尔科夫斯基控股的梅纳捷普公司的执行总裁普拉东·列别杰夫，其罪名是在1994年窃取一家化工公司的股份。随后又以两桩谋杀案逮捕了梅纳捷普公司的安全负责人。2003年10月，霍多尔科夫斯基的私人飞机刚在新西伯利亚落地，荷枪实弹的安全人员就将其团团围住。以诈骗、挪用公款以及逃税等罪名将其逮捕并提出起诉。虽然并不清楚克里姆林宫最初是否打算解散尤科斯，但是随后事情慢慢开始向这个方向发展。11月，阿布拉莫维奇的西伯利亚石油公司撕毁了以30亿美元与尤科斯合并的合约。这份合约是在霍多尔科夫斯基被逮捕前刚刚达成的。12月，税务部门要求尤科斯支付总计35亿美元的欠税及罚款。2004年，又要求其为其余各年支付了135亿美元，这些做法有效地阻止了尤科斯的日常经营。实际上，公司在收到冻结主要业主资产的命令后，就无力再支付任何经营所需资金了。2004年12月，作为尤科斯皇冠上的宝石，规模巨大的产油公司尤甘斯克公司（Yuganskneftegaz）因破产被拍卖售出。2005年5月，霍多尔科夫斯基和列别杰夫被判处9年监禁。前尤科斯公司副总裁谢尔盖·阿列克萨尼扬被投入监狱后还遭到了极其不公正的待遇。他被诊断患有艾滋病后的14个月内，监狱方面都拒绝对其进行治疗，而且也无视欧洲人权法庭对此事的判决。其余大部分尤科斯公司的股东和管理人员都逃离了俄罗斯。

对尤科斯的打击看起来并不是事先计划好的。霍多尔科夫斯基被捕几个月后，公司开始在新的私人所有制结构下继续运行。普京团队的成员却另有打算。2004年，他们开始研究将公司资产转为国有。谢琴作为俄罗斯权力最大的“军警界官员”加入俄罗斯石油公司董事会。该公司是俄罗斯唯一一家大型国有石油公司。

2004年7月，谢琴成为董事会主席。同年9月，政府宣布俄罗斯石油公司将与俄罗斯天然气股份有限公司合并，建立世界级的能源公司。这家公司将成为接管尤科斯公司资产的有力候选人，与沙特的阿美公司（Saudi Aramco）以及埃克森美孚公司等世界大公司抗衡。但是事与愿违。尤科斯公司流亡他乡的管理者们在美国提起了诉讼，给拍卖该公司最重要的资产——尤甘斯克油气公司笼罩上了一层阴影。这也给俄罗斯天然气股份有限公司带来了顾虑。该公司有相当大的一部分股东来自海外，而且连通过间接方式参与尤甘斯克公司的拍卖都办不到。最终尤甘斯克公司以930亿美元的价格通过不知名的皮包公司卖给了俄罗斯石油公司。

俄罗斯石油公司和俄罗斯天然气股份有限公司作为普京第二任任期中两个最强大的派别，开始向对方开火。2005年3月，在激烈的互相指责中，两家公司的合并计划失败了。俄罗斯石油公司在谢琴的支持下，取代俄罗斯天然气股份有限公司，成为国有能源行业的一面旗帜。2005年9月，俄罗斯天然气股份有限公司开始回击。公司从阿布拉莫维奇手中买到俄罗斯石油公司的控制权后，在石油业立足。2006年，两家公司都通过在国际市场出售公司股份获得了几十亿美元的收入。随后，俄罗斯石油公司展开了大规模的疯狂收购，购买了原本属于尤科斯公司的生产公司、石油精炼厂以及贸易公司。2007年，俄罗斯石油公司成为俄罗斯最大的石油生产商。虽然两家公司一直在竞争，但更重要的是，由于他们的联手，原本向寡头们倾斜的天平逐渐恢复了平衡。20世纪90年代最大的四个寡头——霍多尔科夫斯基、别列佐夫斯基、波坦宁以及阿布拉莫维奇被踢出了石油领域。俄罗斯的石油及天然气业为国有的俄罗斯石油公司、俄罗斯天然气股份有限公司以及克里姆林宫派所拥有的苏尔古特油气公司、卢克公司，还有俄罗斯和英国合资的秋明英国石油公司（TNK—BP）所占据。[16]

民意调查显示，大多数俄罗斯人既不支持对尤科斯公司采取的袭击，也并非漠不关心。在一份调查中，有67%的人认为这只是对20世纪90年代廉价销售的国有资产进行了“某种形式的重新国有化”。[17]资深政治家们在电视上对这种强烈的感受表示支持，不过他们没有引用西方媒体已经重复无数次的断言，即尤科斯公司事件是向“自由市场”展开全面打击的序曲。实际上，对霍多尔科夫斯基采取的行动是在持续的私有化浪潮中进行的：在石油领域，政府在2000年至2003年先是卖掉了奥纳科石油公司（Onaka）和斯拉夫石油公司（Slavneft），然后又进行了秋明英国石油公司的合并。随后，2004年9月，又将国家在卢克公司仅剩的7.6%的股份以20亿美元的价格卖给了康菲公司（ConocoPhillips）。在2005年至2008年，当国家在权力和市政服务等“战略”领域中的作用逐渐加强的同时，大规模的私有化进程也在进一步加深。对尤科斯公司的打击是为了重新安排权力与金钱的关系、明确规定寡头们的活动范围。对于俄罗斯的国家政府来说，财产权并非像在西方国家一样神圣不可侵犯，而是有条件的。通过一系列政策，逃税得到了抑制。向反对派政党提供资金，或在未获国家批准的情况下开发私有石油管线等战略性项目都是政府不能容忍的，霍多尔科夫斯基恰恰两项都占了。

霍多尔科夫斯基作为所谓的反独裁主义英雄，很受一些美国和欧洲政界人士的欢迎。他甚至在狱中还在公开信里提出自由资本主义的口号。但是我们不能不注意到在俄罗斯和国际市场之间搭建主要桥梁的那些银行。在油价持续攀升、利率不断下降的情况下，他们迫不及待地把钱投入到俄罗斯。石油储备是金融分析家对石油公司进行判断的主要依据。尤科斯公司的巨额储备让银行排着队想把钱借给它。但是当这些储备突然由俄罗斯石油公司接管后，这些银行也陆续从尤科斯公司面前消失了。

2003年12月，尤科斯公司的管理出现了断层。公司失去了霍多尔科夫斯基，但是仍希望保持私有制体制。由法国兴业银行带领的财团借给尤科斯公司10亿美元。根据当时的市场标准，这可以说是一笔巨额交易。一年后，尤科斯公司未能抵挡住国家的攻势，也因此无法偿还此笔债务。银行只能索赔以尤甘斯克公司名义进行的担保。但是这家公司当时已归俄罗斯石油公司所属。俄罗斯石油公司已经成为在莫斯科的西方银行最渴望争取到的客户，而俄罗斯石油公司也需要借贷几十亿资金来购买尤甘斯克公司。为了撇清与尤科斯的关系，各家银行互相倾轧。汇丰银行将其在尤科斯的债务卖给了由俄罗斯石油公司的商业伙伴经营的对冲基金。2005 年 9 月，由荷兰银行和英国巴克莱银行牵头的财团与俄罗斯石油公司达成了 20 亿美元的交易，为该公司在西方市场销售其股票铺平了道路。而俄罗斯石油公司在为了购买尤甘斯克进行借贷时违反了早期贷款协议这一改变国际借贷规定的事实，却悄悄地被人淡忘了。

税收大战

尤科斯事件向其他石油公司传递了一个清晰的信号：他们今后需要缴纳更多的税金。高级政府官员不仅暗示会重新审定 20 世纪 90 年代的私有化活动，而且明确表示，他们将限制叶利钦时代盛行的避税计划。

第二章已经讨论过 20 世纪 90 年代俄罗斯在税收方面所遇到的困难。1999 年，曾经被议会搁置了很多年的新税法终于成为正式法律。同时，重新引入了 20 世纪 90 年代中期被废除的对石油、天然气及金属征收的出口税。在普京的第一任任期中，他就对税收体系实施了进一步的重大改革。2002 年 1 月，又引入了矿产开采税。由石油、天然气和矿产生产商根据实际产量支付。该税种用以取代各种矿区土地使用费，旨在打击避税行为。普京的税务改革也起到了集中税收的作用：税收从地方财政收入变为联邦政府的收入。[19]

政府和税务部门的目标是要遏制利用转移定价进行的避税

行为。转移定价是指为了避税，同一公司的一个分支机构以低于或高于市场价格的定价向另一分支机构收取费用的行为。20世纪90年代大多避税行为都是按此进行的（有些公司的名字都是假的，价格也只是象征性的）。比如秋明的伊凡石油公司以4.5美元/桶的成本生产的石油，可以以5美元/桶的价格卖给卡尔梅克（俄罗斯近岸避税天堂之一）的伊凡商贸公司。伊凡商贸公司再以20美元/桶的价格卖给瑞士伊凡商贸公司。这家公司将承担对冲风险，负责安排运输。而最终受益的商贸公司实际上也是石油生产公司的拥有者，但是大部分的税是由秋明的伊凡石油公司所支付的，而卡尔梅克伊凡商贸公司300%的增高标价实际上是几乎完全免税的。随着石油控股公司（如尤科斯和西伯利亚石油公司等）的形成，生产和贸易公司都归在了同一家企业下，但是仍保留了转移定价和其他“最优纳税法”。作者在2000年采访霍多尔科夫斯基时，他曾激烈地为这种做法辩护。当时，尤科斯公司照此做法，以市场定价二十分之一的价格从其子公司购买石油。这种做法被当局认为是合法的。直到2005年，开始对尤科斯公司开展打击行动后，俄罗斯法庭才开始对这种行为进行调查。[20]

2005年，世界银行的经济学家们估计，俄罗斯的转移定价成本占其GDP的2%。即在2002年至2003年，达到了年均60至90亿美元。* 俄罗斯国家审计委员会估计石油公司的合法避税每年大约有20至40亿美元。[21]俄罗斯税务局在要求尤科斯公司支付拖欠税款的同时，也开始检查其他石油公司的纳税情况。这些公司都高调表示，他们将支付未决的追讨，并在需要的情况下，自愿放弃避税措施。寡头观察家们注意到，由阿布拉莫维奇管理的西

---

* 这些经济学家们注意到，转移定价非常普遍，以至于影响了俄罗斯的官方GDP数据。他们估计，GDP中来自于石油和天然气行业的11%及来自于其他行业的2%都应该被归为“贸易”行业，因为这些GDP实际上是来自于贸易行业而非生产企业。

伯利亚石油公司在为股东省钱方面，要优于尤科斯公司。阿尔法银行的分析家估计，在2001年避税高峰期时，西伯利亚石油公司仅为其总营业额的9%缴纳了税金，尤科斯公司缴纳了15%，秋明缴纳了21%。对国家最忠诚的卢克公司和苏尔古特油气公司分别交纳了31%和25%。[22]

2004年3月，霍多尔科夫斯基还在等待审判，阿布拉莫维奇的西伯利亚石油公司就接到了要求支付2000年至2001年10亿美元欠税的通知。不过后来据报道只需要缴纳一半。经济学家尼科莱·佩特拉科夫指责西伯利亚石油公司通过卡尔梅克进行转移定价，另外还利用残疾员工联合会进行避税。秋明英国石油公司收到了由于2001年10亿美元退缴税产生的账单，这些账单均与秋明公司在与英国石油公司合并前的债务有关。税务部门也没有放过对国家最忠诚的石油公司。审计委员会汇报说，卢克公司在2001年石油销售收入中的75%是通过在卡尔梅克以及哈萨克斯坦的拜科努尔的贸易公司获得的。当时该公司已经自愿缴纳了其自称通过拜科努尔而省下的1030亿美元的税款。[23]

这些是如何改变了权力与金钱的关系呢？主要有以下三点：

1. 石油和天然气行业开始缴纳大量现金作为税款，为国家财政提供了坚实的基础。这是从20世纪80年代后期以后首次出现的情况。

2. 仍有避税空间。

3. 资本外逃作为20世纪90年代衰落时期俄罗斯经济的梦魇，在石油繁荣时期仍在继续。

在普京的第一任任期中，石油和天然气行业的纳税情况持续改善。在2003年至2004年，纳税额几乎翻了一番（见图4－1）。

这些收入为普京第二任任期时的国家财政奠定了坚实的基础。由于普京大力加强国家机器并从地方上收权力，因此更多的税收直接进入到联邦财政之中。联邦税收从2004年的2.3万亿卢布上升到2006年的近6万亿卢布。而向地方政府缴纳的税金则从1.7

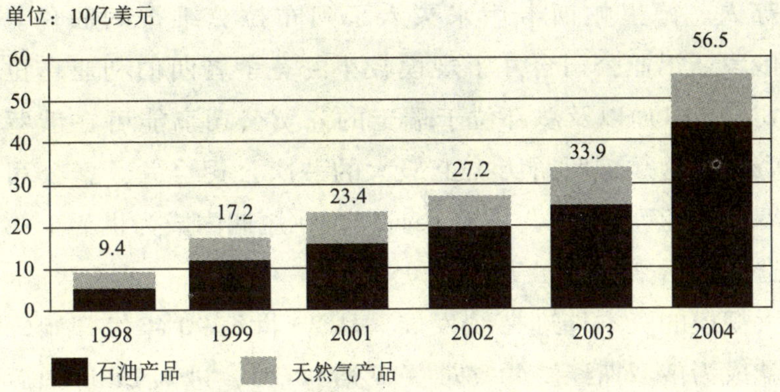

图 4 - 1　1998 年至 2004 年石油和天然气税收增加情况

资料来源：VEDI（http：//vedi. ru）。

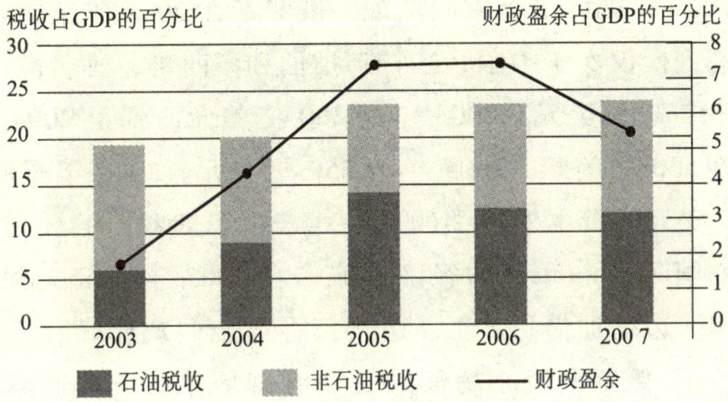

图 4 - 2　石油收入促进财政盈余的增加（2003—2007 年）

注：仅包括联邦财政，不包括地方财政。

资料来源：财政部，阿尔法银行研究中心。

万亿下跌到 5 千亿卢布。[24]图 4 - 2 显示了税收进入联邦财政的增加情况，以及石油所占的份额。同时也显示了财政盈余（即支付了全年开支之后政府口袋里剩下的钱）的增加情况。这些钱中的大部分都给了石油稳定基金。

避税情况依旧存在，传统的转移定价仍在进行。比如，俄罗斯铝业公司（Rusal）从 2000 年成立以后就开始通过转移定价进行避税。俄罗斯铝业公司集中了那些克里姆林宫最喜欢的亿万富翁所控制的铝业资产。其中包括奥列格・德里帕斯卡和阿布拉莫维奇等人。德里帕斯卡后来买入了阿布拉莫维奇的股份。2006年，俄罗斯铝业公司合并了规模较小的竞争者西伯利亚乌拉尔铝业公司（Sual）以及总部位于瑞士的商贸公司嘉能可在俄罗斯的铝业资产。这是俄罗斯历史上最大的一次公司合并。新公司命名为俄罗斯铝业联合公司（UC Rusal），在短期内成为世界上第一大铝制造商，后来一直居于第二位。

大规模的资本外逃持续发展。从20世纪90年代开始，资本外逃就成为俄罗斯经济的灾难（见第一章），进入21世纪后，虽然俄罗斯经济已经开始复苏，投资资本也在逐渐进入，但资本外逃仍十分严重。美国非政府组织“全球金融活动”（Global Financial Initiative）的经济学家们发现，俄罗斯在2002年至2006年的资本外逃规模仅次于中国、沙特阿拉伯和墨西哥，排名世界第四。2002年为170亿美元，2003年为380亿美元，到了2004年，已经上升到530亿美元，2005年为550亿美元。2006年有所下降，为160亿美元。资本外逃中的重头戏来自于俄罗斯的公司。评级机构惠誉国际（Fitch）的经济学家们在2005年曾撰文称，俄罗斯的公司一边增加借贷，“一边将留存盈余向离岸转移，远离政府的管控。”俄罗斯急剧增长的石油财富是导致资本外逃的主要原因。对中东石油生产商的研究已经表明，资本外逃是随着石油价格而增加的。另外一个因素就是尤科斯事件。财产所有者们都惧怕继续增加税收，所以急于将资金转移到国外。[25]

铝业中的转移定价

俄罗斯铝生产商通过把现金流集中在贸易公司而非生产部门这一措施，有效减轻了税收负担。这一做法又称为转移定价。

制铝业的主要原料是氧化铝。提炼氧化铝需要利用铝土矿、电以及劳动力。虽然俄罗斯铝冶炼厂一直要依靠进口氧化铝来进行生产，但是西伯利亚的廉价水力却为他们提供了得天独厚的条件。

根据转移定价策略，氧化铝被购入后，直到其被加工时，都是贸易商的资产。当铝制成后，也仍旧是贸易商的资产。这两项资产都会出现在贸易商的资产负债表上。生产商只拿加工费，他们既不需要购买氧化铝，也不用亲自进行销售。

这一策略是美国人在 1979 年至 1981 年创造出来的。但其初衷并非了避税，而是为了让贸易公司能够掌握更大的流动资金控制权。在此期间，经济衰退伴随着飞涨的能源价格，导致美国西北部地区的铝制造商们面临着破产的危险。通过这一方法贸易商们可以获得现金。他们向加工者（冶炼厂）支付费用，独自承受铝销售带来的成败。他们成功了。

20 世纪 90 年代初期，转移定价开始在俄罗斯盛行，这给税收带来了严重的后果。国内铝需求急速下降，破坏了铝的供应。西方贸易商迅速看到了出口俄罗斯铝的商机，利用他们获得的贷款让市场向对他们有利的方向倾斜。

贸易商在俄罗斯对制铝业采取了这一策略，即买入铝土后交给俄罗斯冶炼厂进行加工，支付加工费后得到制成的铝。生产商的成本得到了大幅削减，但同时利润也急剧降低。随之而来的是税额的下降。环球公司（Trans World）、AIOC 及嘉能可（Glencore）等西方贸易公司承办了大部分的俄罗斯铝出口业务。这些公司有力地控制了冶炼厂。直到 20 世纪 90 年代后期，俄罗斯商业集团有能力成立自己的离岸贸易公司后，这一局面才得以改变。他们开始自己对铝业开展收费行为，把先前流入西方贸易公司的收入聚集到自己的离岸公司。

1999 年，德里帕斯卡开始与环球公司及其合作者争夺对铝业的控制权。他说："那些离开转移定价就无法运行的公司，应该把他们的工厂卖掉。"他所属的西伯利亚铝业公司甚至还开展了反对此行为的活动。但是在与阿布拉莫维奇联合成立俄罗斯铝业公司后，他却利用在英属维尔京群岛注册的俄铝贸易公司（Rual Trade）等一系列离岸贸易子公司向西方银行贷款资助转移支付。

转移支付让公司可以减少纳税，也为俄罗斯铝业公司的主要股东，也就是德里帕斯卡和阿莫拉维奇带来了收益。银行愿意利用源源不断的离岸收益作为贷款担保，但征税者却损失惨重。以最大的冶炼厂克拉斯诺亚尔斯克铝冶炼厂为例，在该厂成为俄铝子公司的第一整年度，即2001年，其用于纳税的收入是3.97亿美元。也就是每吨铝纳税461美元。当年的国际市场价格为每吨1300美元到1500美元。

2003年，乌云笼罩着尤科斯公司，转移支付策略也面临着危机。亲普京的统一俄罗斯党的副主席弗拉迪斯拉夫·列斯历克认为，财政每年损失的1.76亿美元中，大部分都来自俄罗斯铝业公司及其竞争对手俄罗斯乌拉尔铝业公司。在他提出废止转移支付后，他在议会中只获得了自己给自己投出的一票。铝业已经成功游说了政府。在20世纪80年代协助发明转移支付的美国咨询公司能源产业公司（Resource Industries）也在向政府进行游说的行列之中。

到2005年铝价开始暴涨的时候，俄罗斯铝业公司的营业额已经达到66.5亿美元，收益为16.5亿美元。与此相比，2002年营业额仅为39亿美元，收益为8.4亿美元。不过营业额中的60%都留在了离岸公司，由该公司的贸易分公司负责对铝业收费。俄罗斯铝业公司俄罗斯分公司的营业额不可能超过6.2亿美元，所以他们所缴纳的利润税也只有1.49亿美元。

2008年7月，俄罗斯审计署提议取消对跨境收费行为的减税优惠。审计署署长谢尔盖·阿加普佐夫认为这一项每年就要花费约4.1亿美元。

无论超出的营业额去向何处，俄铝公司所属的北乌拉尔铝土矿产区的工人们都没有获得应有的待遇。2008年3月，他们中的123名矿工在矿下进行了长达一周的静坐。工人们要求提高50%的工资，停止周日的义务劳动。俄铝公司声称矿工的月平均工资为3.5万卢布（相当于1250美元），但是工会坚持采掘工的工资只有2.6万卢布，即930美元。有记者报道称，其他地下采矿工人在扣除罚金等之后拿回家的只有1万卢布，即360美元。争论一直持续，尚未得到解决。[26]

重新签订与外国公司的协议

国家从寡头手中夺回对石油财富的控制权后，开始收回对外国石油公司所作的妥协。这种努力是俄罗斯扭转国际形势的一个重要举措（见第三章），其中最关键的目标涉及萨哈林二号油田以及俄罗斯远东天然气项目的生产分享协议。俄罗斯对20世纪90年代所提供的异乎寻常的慷慨条款都进行了重新谈判。2007年，带头开发该项目的壳牌（Shell）公司，在政府和调控部门施压前，自觉退出了该项目，并安排将50.1%的份额卖给了俄罗斯天然气股份有限公司。

萨哈林岛位于莫斯科以东9900公里。这里是未来几十年亚洲主要的石油和天然气产地。日本、韩国以及中国台湾这些没有大油气田的地区都涌向了萨哈林岛，中国亦是如此。萨哈林岛的资源开发大部分是离岸项目，最早始于苏联时期。20世纪90年代开始又开展了六个开发和生产项目。其中根据产量分成协议（PSA）开发的萨哈林一号和二号进行得非常快。萨哈林二号产量分成协议是俄罗斯和壳牌公司领导的财团在1994年所签署的，该财团还包括美国的马拉松石油公司（Marathon Oil）以及日本的三井和三菱财团。

产量分成协议是双方签订的商业协议。根据该协议，可以在固定期限内对油气田进行开发。通常，国家保留对资源的拥有权，投资者（即萨哈林二号协议中的财团）负责开发生产。双方要为该项目投入或借入大部分资金。在大型项目中（萨哈林二号是迄今为止最大的项目），首先进行的是开发阶段，通常需要几年时间和几十亿美元的资金，随后才能产出数量可观的石油和天然气。在下一阶段，也就是开始生产的最初几年，产量分成协议一般允许投资者拿走大部分的收益（也称“成本油”），用于支付所产生的成本。此后的收益（“利润油”）则由投资者和国家根据约定好的公式分成。但是作为俄罗斯签订的第一份此类协议，萨哈林二号的产量分成协议完全违背了典型的产量分成协议内容。这份协议是在1994年签订的。当时的俄罗斯几乎回到了一穷二白的时代，因此协议内容无一例外的倾向于投资者。“你可以在俄罗斯拿到最好的产量分成协议条款”。财团首席执行官斯蒂芬·麦克维如是说。而这通常会损害国家的利益。批评家指出：

1. 该协议违背了通常的准则，即一旦弥补了成本，就应该将“利润油”中的协议部分分给所在国。与此不同的是，该协议规定财团不仅要收回成本，而且还要额外收回其资本的17.5%。

2. 与大部分产量分成协议不同，该协议没有规定项目初期每年可作为“成本油”的上限数量。

3. 与大部分产量分成协议不同，该协议没有明确规定计算成本油和利润税时所包括的支出金额。

4. 该协议不仅没有规定固定期限，而且如果财团希望，还可以在25年后予以续期。

5. 大部分产量分成协议通常都涉及勘探、开发以及生产。但是萨哈林二号田的勘探工作在签订协议前就已经完成了。

萨哈林二号产量分成协议遭到了国家审计署和很多叶利钦政敌的强烈批评。1995年通过了产量分成协议法，给此后的协议规定了严格的限制。2004年至2005年，由于尤科斯公司事件，俄罗斯统治阶层开始考虑收回国家在萨哈林二号田的损失。此时，壳牌公司已经提高了自己在项目中的股份，并从马拉松公司手中接管了项目运营权。壳牌公司声称俄罗斯能从该协议中获得好处。不过能源经济学家伊恩·拉特利奇却认为恰恰相反，在他看来，产量分成协议对俄罗斯“不利”。政府的耐心面临严峻的考验，因为他们知道，今后很多年政府只能从萨哈林得到一两个铜板的好处。政府终于失去了耐心。财团第二阶段的成本直线上升，从2004年的100亿美元，涨至2005年年中的220亿美元。其中包括建造管线、油港以及气体液化厂。产量分成协议没有严格限制成本，也没有明确规定通常应该十分精确的计算方法。这就是说政府可能要经过更长时间才能得到收益。激增的成本反映了人工和材料费的急剧上涨，同时也说明财团低估了科技方面的挑战。[27]

2006年，俄罗斯监管机构不断对财团施压。审计署批评财团在供应商选择方面存在问题。环境管理机构延迟发放许可。2006年11月，壳牌公司被彻底打败了。虽然仍保留了产量分成协议，但是财团50.1%的股份都卖给了俄罗斯天然气公司。各方广泛报道了壳牌公司与政府间达成的秘密协议，其中包括对具体成本数字的妥协。大量的西方媒体对政府提出了指责，但是产量分成协议的天平还是倾向了政府。

2007年，由外国投资者在东西伯利亚经营的伊尔库茨克天然气田也受到了来自监管部门的压力。该项目的经营者最终也不得不屈服。只不过这次换成了英国石油公司。2007年6月，英国石油公司同意接受俄罗斯天然气公司作为主要股东参加该项目。此项目中的关键问题是，英国石油公司曾经希望把伊尔库茨克的天然气出口到高回报的远东市场。但是该公司发现，俄罗斯天然气公司并没有准备考虑放松对天然气出口的垄断。2008 年中产生的进一步争论是围绕着秋田—英国石油公司展开的。这家石油公司是在 2003 年合并了寡头拥有的秋田石油公司和英国石油公司在俄罗斯的资产后成立的。最终，抽调到公司的英国石油公司职员被遣返回国，由英国石油公司任命的总裁罗伯特·达德利也遭到替换。

尽管如此，在俄罗斯石油和天然气领域的外国投资并未间断。但是即使是细心的读者，由于被国有化威胁的报道所吸引，也很容易忽略这一事实。2006 年至 2007 年，石油和天然气部门占据了外来投资的绝大部分，达到 850 亿美元。外国股东在俄罗斯天然气公司、俄罗斯石油公司及其他公司中的股份也直线上升。战略投资者，即外国石油公司仍保持着很高的热情。为了回应关于伊尔库茨克天然气田和秋明—英国石油公司的争执，英国石油公司宣布公司将增加对俄罗斯的战略关注，同时任命德国前总理格哈特·施罗德为秋明—英国石油公司董事长。施罗德是普京的好朋友。2006 年后，俄罗斯石油公司的德国合作伙伴巴斯夫股份公司（BASF）、意昂电力集团（EON）以及鲁尔天然气公司（Ruhrgas）都在尤兹诺—罗斯科天然气田中占据了一定的股份。2007 年，尤科斯公司的资产在破产法庭被拍卖后，埃尼石油天然气公司（Enineftegaz）以 68.3 亿美元的价格抢购了一系列的油气田。这家公司是意大利能源集团埃尼公司（Eni）和意大利国家电力公司（Enel）麾下的控股公司。不过该交易和这些公司与俄罗斯石油公司所建立的长期联系是分不开的。他们还达成了有关重新购买股权的协议。[28]

俄罗斯政府确保了自己在石油和天然气行业的主导作用。不过对于外国公司，它并没有像对待国内寡头那样冷酷无情。

“能源武器”

石油繁荣导致西方精英在对待俄罗斯的态度上分成了两派。有石油财富撑腰，普京和他的同僚们以强硬的姿态回应了美国的政治和军事扩张企图，也导致政治关系陷入僵局。不过经济关系却非常和睦：只要油价一直上涨，俄罗斯就可以保留“新兴市场”的地位，而且是非常具有吸引力的一个市场。尤其是在2005年至2007年，资本如潮水般涌入俄罗斯。

普京和美国及其同盟国直接的政治关系已经开始恢复正常。2001年9月11日在美国发生恐怖袭击后，俄罗斯同意不再阻止美国在中亚建立军事基地；美国也对俄罗斯在车臣的行为视而不见。但是此后很快，华盛顿继续对东欧采取军事和外交干预，并在2002年单方面撤出了反弹道导弹条约，同时还鼓励波罗的海各国及东欧国家加入北大西洋公约组织。2004年至2005年，美国支持格鲁吉亚和乌克兰申请成为北约成员国。这两个国家在经历了“玫瑰革命”和“橙色革命”后，由亲西方的政府开始掌权。这进一步激怒了俄罗斯。2007年1月，普京公开指责美国企图制造“单极世界”。这无疑是火上浇油。不过尽管外交政策波荡起伏，每年进入俄罗斯的贷款和投资仍在不断增加。

西方国家的态度在能源领域的分歧尤为严重。国际石油公司都渴望加强与俄罗斯的关系。如上所述，他们甚至希望可以在商业上进行让步从而获得联合开发能源的机会。但是西方政治机构却担心俄罗斯会利用能源实现其战略或政治目的——也就是所谓的“能源武器”。俄罗斯“作为能源超级大国的崛起”，会产生重要的长远影响。欧洲各国“在对俄罗斯说‘不’之前，必须三思”。这是马歇尔·戈德曼就能源问题向美国总统提供建议时所说的。[29]这些担心主要体现在天然气贸易领域。为了明白其中的道理，可以先想一想石油与天然气的不同之处。石油是液体，较天然气更方便运输。因此通常石油可以在统一的国际市场上进行销售。但是天然气是在压力条件下通过管道运输、储存或进行液化的。购买管道天然气需要长期协议，合同一般为 25 年。20 世纪 70 年代，德国帮助建成了大型的天然气管道，可以将天然气从西伯利亚运送出来，并开始向苏联购买天然气，通过这些管道进行运输。其他欧洲国家随后也加入到这宗最大的西方与俄罗斯之间进行的贸易中。几十年过去了，天然气贸易对双方而言都变得愈发重要。这不仅成为俄罗斯天然气公司最主要的收入来源，而且到 21 世纪初，也担负着欧盟四分之一天然气的供应任务。

虽然天然气贸易满足了欧洲能源公司的需要，但是却让政客们忧心忡忡。21 世纪初，越来越多的欧洲委员会报告和媒体文章敦促欧洲降低对俄罗斯天然气的依赖。不过关于建立管线从其他渠道引进天然气的提议都失败了。一方面，可以提供天然气的国家，如土库曼斯坦、伊拉克及伊朗等国对欧洲的政治态度并不比俄罗斯更友好。另一方面，出于多种原因，这些国家也不认为签订长期协议就值得他们投资几十亿来建造管线。欧洲的担心可能会慢慢退去，但是真正需要担心的是俄罗斯天然气供应导致的政治和经济问题。不过相比起欧洲来说，也许前苏联的各个成员国才更需要担心。

苏联在 20 世纪 70 和 80 年代的工业扩张，主要是为了获得便宜的天然气。苏联解体后，俄罗斯的邻国发现他们过度依赖从俄罗斯进口天然气。特别是乌克兰，所需的天然气中超过四分之三都来自俄罗斯，或者是通过俄罗斯的管道进行运输的。为此，乌克兰在 20 世纪 90 年代积累了巨额的债务。但悲剧性的是，或者说具有讽刺意味的是，在苏联解体后，俄罗斯向欧洲供应的 80% 的天然气都需要通过乌克兰进行运输。所以每次就价格产生争端，俄罗斯威胁要切断对乌克兰的供应时，最后都不得不作罢。因为它需要乌克兰帮助其确保足额准时地向欧洲运送天然气。

21 世纪初发生的两件事，使俄罗斯与其邻国间的天然气争端陷入了危机。首先，欧洲天然气价格急剧上涨（天然气价格是与石油挂钩的），俄罗斯天然气公司管理层要求不再向前苏联客户提供优惠。这些折扣金额已经达到几十亿美元。其次，“颜色革命”导致俄罗斯与格鲁吉亚和乌克兰政府之间的关系非常紧张。与此同时，俄罗斯却向白俄罗斯提供了更多的优惠，以换取该国天然气管线中一半的份额。在双方讨价还价的过程中，俄罗斯在2004年和2007曾中断过向白俄罗斯的天然气供应。同样的情况在2006年也在乌克兰发生过。由于争执不下，2005年俄罗斯还中断过向格鲁吉亚提供天然气。

2009年1月，世界经济萧条局面初见端倪，俄罗斯天然气公司的销售额全面下滑。乌克兰深陷严重的经济和政治危机。俄罗斯和乌克兰之间关于天然气价格的争论突然失控。俄罗斯天然气公司切断了向乌克兰的供应。乌克兰不仅推迟付款，而且还威胁要挪用提供给欧洲的天然气。经过复杂的“谁应该做什么”的争论后，乌克兰全境的天然气输送系统关闭了两周时间，导致欧洲17个国家出现天然气短缺，巴尔干半岛则完全失去了天然气供应。

这种情况下，笃信俄罗斯会使用“能源武器”的欧洲政客们更加深信他们被这一武器击中了。不过这种说法还是缺乏依据。随着石油繁荣的结束以及价格开始暴跌，俄罗斯天然气公司不仅没有减少对欧洲出口的依赖，反而变得依赖性更强。为什么要激怒你最好也是最大的客户呢？也许是因为对俄罗斯天然气公司拥有最终决策权的克里姆林宫决定，不惜以惹恼欧洲为代价也要对乌克兰进行惩罚。不过即使是基辅，其动机也在于金钱而非权力。在经济萧条的情况下，各国政府都会向其经济实力较弱的邻国施压，这次也不例外。莫斯科希望结束向乌克兰提供廉价天然气的历史。而有亲北约倾向的乌克兰总统维克托·尤先科，却简单地将国家推入了争端之中。莫斯科对此的反应与众多接受资本主义并希望融入世界市场的国家一样。这种逻辑，而不是利用“能源武器”对抗欧洲的说法，也许能够更好地解释俄罗斯在“天然气之战”中的表现。

第五章

权力和金钱：从石油繁荣到萧条

俄罗斯的石油繁荣为经济复苏打下了基础，不过这个基础还不太牢固。制造业和加工业开始复苏，其中不仅仅是管道建造等与石油有关联的产业开始振兴，机器制造业和其他制造业也开始兴旺。零售业和汽车制造、日用品、食品等面向消费者的产业逐步繁荣。资本市场和银行也获得了坚实的基础。不过也有不尽如人意之处，其中最值得注意的一点是，俄罗斯各公司债台高筑。2008 年，石油价格达到顶峰之后开始下滑。石油繁荣也难以为继。资本开始流出，股票市场暴跌。2008 年 9 月的国际金融危机使得俄罗斯无法再利用贷款促进工业增长。2009 年，俄罗斯深陷衰退。本章的第一部分主要描述石油繁荣，第二部分则着重讲述萧条时期的情况。

石油繁荣（2002—2007）

普京在 2000 年就任总统时，俄罗斯的资本主义是一个相当奇怪的混合体。石油、天然气和金属成为高盈利产业。20 世纪 90

年代经济上存在的不合理之处也得到了纠正。1998 年货币贬值后，欠薪危机也逐渐消退，税收开始增加。然而部分经济仍没有起色。在苏联解体 8 年之后，俄罗斯仍缺乏其他资本主义国家所拥有的、为经济融资的体系结构，即有效的银行和股票市场体系。虽然也有银行，但多数只是寡头们不稳定的资金流转渠道。也有股票市场，但可用的股票很少。最成功的公司都由少数个人通过不透明的海外体系所把持。

资本市场

在普京的第一任任期中，随着针对寡头的战役愈演愈烈，石油收入开始流动，俄罗斯开始建立真正的资本市场。* 21 世纪初，最大的几家公司开始大量发行股票。这些股票即可以在俄罗斯本土交易所交易，也可以在伦敦、纽约和法兰克福的交易所交易。一些银行开始像其他资本主义国家的银行那样开展业务，即从存款者手中吸纳存款，用来为公司和家庭提供资金。

表 5 - 1 显示了俄罗斯股票市场的成长过程。2000 年，上市公司的总市值**只有 400 亿美元，仅相当于伦敦交易所的 1%。但是，到了 2005 年，俄罗斯资本总额增长了十倍，达到了 4000 亿美元。在 2006 年至 2007 年，资本总额又一次实现了飞跃，达到 1.2 万亿美元。俄罗斯股市指标 RTS 指数反映的是报价股票的价值变动情况，而不是它们的总额。后两栏反映的是增加的可交易股票的数量，记录的是新上市股票的交易以及这些股票交易的融

* 公司融资方法主要分为两种，即股票和借款。股票通常是私下交易或者在证券交易所交易。私人企业为筹得额外资金，通常会发行自由交易的股票。借款可以直接从银行获得，但是公司、国家政府和地方政府也会发行债券（主要是有期限的可赎回债券）。资本市场就是股票、债券以及其他反映其价值的金融工具交易的地方。

** 公司的市值指的是一个公司的股票总值，即股票交易的平均价格乘以总股数。表 5 - 1 列出的是俄罗斯证券交易所上市的所有公司的市值的总和，其中包括政府及其他较大的持股者所持的股票。

资总额。

表 5-1　　2000 年至 2008 年俄罗斯股票市场

年份	年终市场资本总额（十亿美元）	RTS 指数（%）	普通股发行情况	
			发行数目	融资总量（百万美元）
1996	—	142	1	111
1997	—	98	—	
1998	—	-85		
1999	—	197	1	52
2000	40	-18	1	323
2001	71	81	—	—
2002	102	38	2	220
2003	172	58	1	14
2004	206	8	5	620
2005	400	83	12	4926
2006	966	71	15	17654
2007	1216	19	29	32862
2008	350	-72	4	1690

来源：德意志银行，莫斯科；Finam 网站（www. fin - rus. com）（关于市值）；RTS 网站（关于市场表现）；乌拉尔西伯利亚银行估算（关于普通股发行）。

俄罗斯公司和银行在发行股票之余也大量发行债券，其中既有可以在国际上交易的欧元债券也有卢布债券。2003 年至 2007 年，卢布债券的市值增长了 25 倍，到 2008 年年中时达到了 390 亿美元，地方政府发行的债券也实现了类似的增长，达到 90 亿美元。[1]

俄罗斯大型国有公司对国内资本市场的发展及其与国际市场的融合起到了很大的推动作用。2005 年，在俄罗斯天然气公司和俄罗斯石油公司的合并案叫停之后，俄罗斯政府开始实行新计划，将更多的俄罗斯天然气公司的股份买给国外买家。首先，政府将自己持有的股票增至 50.1%，以保证对公司的控制权。随后，2005 年 12 月份，政府取消了 20 世纪 90 年代所设的限定，根据这一限定，俄罗斯天然气公司的股票只能在国内交易，国外的买家只能购买少量的在国际市场交易的特殊股票。* 大型国际银行、信贷公司、养老金基金公司争相购买俄气的股票。他们确信这家由“圣彼得堡帮”和契卡成员掌管的公司能给他们的投资带来巨大的利润。在短短数月内，俄气的市值上升至2500亿美元，比其2003年的10倍还多，俄气也成为世界第三大公司。2006年年中的时候则是俄罗斯石油公司上市，这一次是在伦敦和莫斯科的市场安排了首次公开募股（IPO）**。虽然没有达到预期的效果，但是仍然募集到了105亿美元的资金，是之前一年俄罗斯所有IPO融资总额的两倍。2007年5月，俄罗斯国有银行，同时也是俄罗斯第二大银行的俄罗斯联邦对外贸易银行（Vneshtorgbank）也分别在伦敦和莫斯科进行了类似的首次公开募股，融资80亿美元。

2006年至2007年，俄罗斯公司在股票市场的融资大多来自于国外的投资者。高层政治家经常说要创造一个持股的中产阶级，只是说比做要容易得多。以俄罗斯石油公司为例。首次公开募股之后，俄罗斯国内有15万人持有俄罗斯石油公司的股票。2007年6月，在莫斯科，几千个股东出席了俄罗斯石油公司的首次股东大会。在这次大会上，公司董事长伊格尔·谢钦首次公开亮相，他同时也是一名最优秀的契卡成员和政府办公厅的副主任。但是，他在会议上几乎招架不住小投资者们愤怒的抗议。投资者称他们把存款投进石油产业，但得到的分红却少得可怜。汉斯·于尔格·鲁德洛夫是巴克利投资公司（Barclays Capital）的董事长，

---

* 21世纪初，由于这一限定，俄罗斯天然气工业股份公司在国际发行的股票的价格为国内股票价格的10倍。在限定取消后，两者价格趋于一致。对于西方投资者来说，这意味着巨额的利益，他们早已通过各种灰色渠道染指俄罗斯国内发行的俄气股票了，这些灰色渠道指表面上遵守俄法律，实际上违背法律的行为，通过这些渠道，西方投资者持有间接反映国内发行的俄气股票价格的金融工具。

** IPO，也即首次公开发行股票，是指一个公司之前由私人或政府持有的股票首次在公开股票市场流通。

他在石油公司的董事会中代表西方的金融机构。他强烈支持谢钦，敦促投资者要有耐心。股东们回应说，他们将钱存在银行账户得到的回报可能还要多些呢。[2]

随着资本市场的扩张，俄罗斯的银行体系也在更加坚实的基础上开始复苏。财政部长阿列克谢·库德林以及央行总裁谢尔盖·伊格纳提夫等政府中的市场改革派均认为，健康的银行体系对于俄罗斯资本主义的发展是至关重要的。首要的任务就是吸引储蓄者。这个任务比较棘手，1998 年的危机使人们对银行产生了深深的怀疑，他们现在不会轻易将钱存进银行了。中央银行试图加强监管，但是利用银行管理资金的商业集团强烈反对这一措施。法律上的漏洞使拥有者可以隐瞒身份，使运转不良的银行避免破产。俄罗斯直到 2004 年才实行最低资本要求（许多国家均采用这一监管标准），而且还是只针对新成立的银行。尽管如此，随着石油繁荣的到来，一些银行看到从事真正的银行业务也是有利可图的，这其中包括国有银行俄联邦储蓄银行（Sberbank，前苏联储蓄银行）、俄联邦对外贸易银行（Vneshtorgbank，前苏联对外贸易银行）、俄罗斯天然气工业银行（Gazprombank）、莫斯科银行（Bank of Moscow）以及私人银行阿尔法银行（Alfa）和兴盛银行（MDM）。2003 年是关键的一年，俄罗斯在这一年开始引进存款保险。2004 年 7 月，一阵微型的挤兑风潮奠定了银行体系的基础。一些小银行关闭了，但是最大的私有银行阿尔法银行却从流言中挺了过来，变得更加强大。[3]

此后，银行业迅速扩张。2000 年至 2007 年，银行资产占 GDP 的比重从三分之一上升至三分之二，贷款组合占 GDP 的比重从 12% 上升至 39%。针对个人客户的贷款业务方兴未艾。此前 20 世纪 90 年代中产阶级的贷款数额小到可以忽略，而且大多是从外国银行进行贷款。2005 年至 2007 年，闸门打开了。2005 年 1 月至 2007 年 6 月，银行针对个人的贷款额度达到 1270 亿美元，抵押贷款额达 350 亿美元，汽车抵押贷款额达 260 亿美元。这与国际上的信贷泡沫有很大的关系。银行宣称利率为20%—30%，但通过各种费用将实际利率提高到50%—70%。这种情形一直持续到监管者施加压力为止。与美国相比，俄罗斯的坏账数目微乎其微，但却在不断增长，直至2008年金融危机爆发。资产泡沫业已形成。虽然大多数俄罗斯人还不能进行抵押贷款，但是房地产价格在2006年上升了40%，在2007年上升了30%。俄罗斯房地产价格最高的时候达到了纽约和伦敦的水平。[4]

这仅仅是石油繁荣和信贷泡沫吗？事实远非如此。

1. 随之而来的还有消费风潮。普通人开始以前所未有的方式进行消费。数百万人挥金如土，用于购买汽车和日用品以及度假。2000年至2006年，俄罗斯可支配收入的年均增长率为11.4%。俄罗斯的食品零售商虽然还赶不上沃尔玛和特易购，但水平也相当于拉美国家的大型零售商。

2. 一旦公司和家庭有钱进行消费，就会促进制造业、贸易、建筑业等的发展。GDP的增长向国内生产的产品和服务业转移。2008年，在繁荣即将结束时，世界银行的经济学家断言，“可以明显看出，从资源性产业向贸易和建筑业的转移”。2003至2007年，建筑业和零售业的年均增长率分别为14%和13%，远远快于经济总体的增长率。制造业也开始扩张。2006年至2007年，炼钢和冶金设备的生产猛增，同时供建筑业使用的起重机、推土机、卡车的产量也迅速增加，而且供国内使用的橡胶和塑料制品产量也增加了。

3. 俄罗斯的生产率迅速提高，这在许多经济学家看来是经济增长最重要的方面。生产率的提高部分是由于20世纪90年代闲置的产能得到了利用。高生产率带来了高产量。[5]但是虽然2007年时几个大型农业集团公司已经合并，开始进行投资，但是农业仍然没有起色。

政府与私人资本的联盟

利用俄罗斯的经济繁荣，普京和他的同僚们开始重新寻求政府与私人资本的联盟。看起来他们是在进行探索，而不是事先规划好的。在5个方面，趋势开始逐渐明朗：

1. 在战略性产业方面（如武器制造等），他们沿用在石油和天然气领域使用的办法，开始创立强大的国有企业。

2. 在其他重要的经济领域，他们采取政府与剩余寡头合作的方式。

3. 在能源、市政服务及其他领域，政府继续推进私有化和自由化进程。

4. 政府鼓励与国外投资者的联盟。

5. 普京集团的朋友和同盟们开始在私营商业方面变得活跃。

将"战略性"资产置于国有公司的控制之下的行动从石油产业扩散至其他经济部门。俄罗斯原子能出口公司（Atomstroieksport）是一家专门从事核能建设的公司，在2004年被俄罗斯天然气工业银行收购。2005年国有俄罗斯联合工业集团公司（Oboronprom）控制了直升机和航空制造公司，机器制造公司和金属公司也被其他国有公司所控制。以谢尔盖·切梅佐夫为首的俄罗斯国家技术集团公司（Russian Technologies）于2007年11月成立。谢尔盖是普京的朋友和同事，这家公司不久就成为国有公司的领头羊。虽然俄罗斯国家技术集团公司的核心业务是高技术领域，但是它控制了超过400家公司，其中包括武器出口公司、机器制造公司和化学产品制造公司，同时，它还接管了大型私营公司，如钛生产商俄罗斯阿维斯马钛镁联合企业（VSMO - Avisma）和伏尔加汽车制造厂公司（Avtovaz）等（见下文）。[6]

此外还有幸存下来的寡头集团公司。这些公司迅速融入国家经济发展计划中。例如，由奥列格·德里帕斯卡控股的基本元素公司（Basic Element）掌管着俄罗斯铝业公司以及保险、建筑和制造等行业的一些公司。基本元素公司在政府出资的工程中扮演了很重要的角色，这些工程中包括为2014年冬奥会做准备的索契建设工程，以及东西伯利亚安加尔斯克地区的工业复兴工程。德里帕斯卡同时还控制着该地区的水力发电和铝业资产。在此类投资中，政府与寡头们的合作不断增加，这与20世纪90年代形成鲜明对比。那时寡头们很少投资自然资源以外的产业，而且将收入都留在了离岸避税天堂。

克里姆林宫和其所支持的寡头们也将势力范围扩大到了地方，将地方精英们挤出了最赚钱的行业，打破了地方封闭的格局。位于乌拉尔地区北部的乌德穆尔特共和国就是一个很好的例子。乌德穆尔特的明星企业是乌德穆尔特石油公司（Udmurtneft）和贝尔卡姆奈夫特石油公司（Belkamneft）。2000年，乌德穆尔特公司由乌德穆尔特共和国和一众离岸公司共同拥有。这些离岸公司明显处于乌德穆尔特总统亚历山大·沃尔科夫的商业伙伴控制之下。贝尔卡姆奈夫特石油公司的拥有者包括乌德穆尔特共和国、附近的巴什科尔托斯坦共和国的巴什石油公司以及一些与维克托·科罗沙夫茨夫有关的离岸公司。科罗沙夫茨夫是统一俄罗斯党在乌德穆尔特地区的领导人。但是，这些地方寡头们将财产变卖给了国家级的寡头。2001年，米哈伊尔·弗里德曼的阿尔法集团收购了乌德穆尔特石油公司，贝尔卡姆奈夫特石油公司也被与莫斯科市长尤里·卢日科夫有联系的俄罗斯系统金融股份公司（Sistema）收购。2008年年末，在所有权进一步改变之后，贝尔卡姆奈夫特石油公司被德里帕斯卡的集团公司吞并。同时，乌德穆尔特石油公司在2006年被出售。其中，俄罗斯石油公司购买了51%的股份，中国石化购买了49%的股份。这笔交易得到了普京的强烈支持。失去财产的地方寡头们继续行动，他们开始涉足石油产品、贸易领域，以及建筑和房地产领域。他们与地方政府的密切联系使他们在这些领域更具竞争优势。[7]他们对土地的贪婪攫取引发了与当地社区之间的冲突（见第九章）。

尽管西方媒体一直认为普京正在走回国有化的老路，但他仍完成了叶利钦没有完成的私有化和自由化进程。其中包括世界历史上规模最大的一次私有化进程，即拆分国有电力垄断企业统一电力公司（United Energy Systems）。统一电力公司以超过 400 亿美元的价格卖给了俄罗斯国内和国外的买家。同时，电力市场也完成了自由化进程。到 2008 年 6 月统一电力公司解体为止，这一过程花费了 5 年的时间。整个过程是在阿纳托利 · 丘拜斯的监管下完成的。丘拜斯是 20 世纪 90 年代主要的私有化主义者。此后，俄罗斯的电力公司由外国公司和本国公司共同控制。外国公司包括意昂集团（E. ON）、意大利国家电力公司、富腾公司（Fortum）等，本国公司包括卢克石油公司、俄气、诺里尔斯克镍业公司等。电力市场的自由化催生了提高电力、天然气和水价格的计划，以及市政服务私有化计划，本书将在第七章和第九章对这些计划进行详细讨论。

普京还鼓励与国外资本联盟。汽车产业就是一个很好的例子。政府在与进口产品竞争方面所给予国内汽车制造商的帮助十分有限，而且欢迎外国制造商们进入。2000 年后，俄罗斯的汽车销量为每年 80 万辆左右，受到了来自进口二手车的激烈竞争，这些进口二手车的销量在 2002 年达到了 50 万辆。政府对进口车征收 25% 的关税，但是喜欢进口车的消费者情愿支付这笔额外的费用。2006 年，进口车的销量首次超过俄罗斯国产车，达到 120 万辆，其中包括在俄罗斯本土生产的 25 万辆外国型号汽车。政府改变了策略，告诉进口商，如果他们愿意在俄罗斯本土建厂，且年产量超过 2.5 万辆，就可以不用缴纳进口税。这引发了一股争抢狂潮。福特、丰田、日产在圣彼得堡附近建立了工厂。雷诺开始在莫斯科附近莫斯科人汽车厂的旧址上建立罗根汽车制造厂。大众也打算在卡卢加建厂。[8]

另一个与国外资本联盟的例子是位于陶里亚蒂的伏尔加汽车

公司，伏尔加曾是俄罗斯，同时也是世界最大的汽车生产厂商之一。20 世纪 90 年代，伏尔加公司落入寡头和犯罪分子的手中。在苏联时代后期，鲍里斯 · 别列佐夫斯基与伏尔加的主管弗拉基米尔 · 卡丹尼科夫建立了亲密的伙伴关系。别列佐夫斯基的罗格瓦茨汽车销售公司成为伏尔加生产的拉达汽车的唯一经销商。工厂也吸引了犯罪分子，他们掠夺并出售汽车。陶里亚蒂成为一些俄罗斯最有势力的黑帮聚集的地方。根据警方在 1996 年的调查，有 65 起买凶谋杀管理者和经销商的案件，据推测均与争夺伏尔加产品的黑帮斗争有关。当强力部门在政府中崛起的时候，伏尔加自然成为他们的目标。2005 年，国有公司国家军售公司（Rosoboroneksport，俄罗斯国家技术集团公司前身）通过收购取得了伏尔加的控制权，并将 25% 外加 1 股的股票提供给西方的战略伙伴。雷诺在这场激战中获胜，以超过 10 亿美元的价格购买了这些股票。[9]

2000 年以来，另一个重要的趋势是普京的伙伴们在私营商业上的成功。以格纳迪 · 季姆琴科为例。截至 2008 年年中，他的贸易公司贡沃尔集团（Gunvor）运送的俄罗斯石油和石油产品份额达到 30%，2007 年总营业额达到 470 亿美元，这使得贡沃尔成为世界第四大石油贸易商。贡沃尔出口除卢克石油公司以外俄罗斯所有大型石油公司生产的石油。2007 年《福布斯》杂志估计，季姆琴科的财产达到了 25 亿美元。20 世纪 90 年代末期，季姆琴科与普京同在圣彼得堡的贸易公司工作，他还赞助了这位未来总统的柔道俱乐部。季姆琴科坚决否认他与普京过去的友谊为贡沃尔带来了成功。他说，贡沃尔的迅速崛起是由于公司针对客户的工作效率很高。

2008 年，俄罗斯银行（Bank Rossiya）因为与普京的多重非直接联系引起了媒体的关注。这家银行迅速成长为俄罗斯第 36 大银行。银行最大的股东是当时的亿万富翁尤里 · 科瓦尔恰克（持股 28.3%），另一位大股东是尼古拉 · 沙马洛夫（持股 12%）。

他们在20世纪90年代都是普京的商业伙伴。季姆琴科和普京一个表亲的儿子米哈伊尔·舍洛莫夫分别持股9%和12%。银行董事会中另一个普京的伙伴是马蒂亚斯·沃宁，他曾是秘密警察，供职于东德的国家安全局。20世纪90年代，沃宁负责开办德累斯顿银行在圣彼得堡的分行。在2006年之前，他负责"北溪"工程，这是由俄气和欧洲能源公司共同出资建造从俄罗斯到德国的输油管道的项目。* 俄罗斯银行成功获取了前国有企业的资产，这一点引起了公众的议论。普京的对手们认为，俄罗斯银行的赢利是以政府的损失为代价的，尤其是俄气的损失。2004年至2005年，通过一系列复杂的交易，俄罗斯银行取得了索戈兹（SOGAZ）保险公司的控制权，这家公司原先属于俄罗斯天然气股份有限公司。索戈兹公司又购买了莱德尔金融公司（Lider）。这家公司负责俄罗斯最大的私营养老金基金"俄气基金"（Gazfond）的投资工作，该基金也是俄气的子公司。2008年5月，索戈兹公司又从俄气传媒公司手中购买了《艾泽斯提亚报》的大量股份，控制了这家报纸，而《艾泽斯提亚报》是俄罗斯经营最好的报纸之一。[10]

众多百万富翁

到石油繁荣快结束的时候，俄罗斯的有产阶级已经成形了。除了一干众所周知的亿万富翁之外，俄罗斯还有众多的百万富翁。2008年的金融危机产生了一定的影响，但并未完全摧毁他们的财富。

* 沃宁的情况是一个例外。德国商界通常避免使用曾在前东德国家安全局任过职的人，这与俄罗斯形成鲜明对比。在俄罗斯，在克格勃工作的经历通常会成为人们职业生涯的财富。沃宁说，他是在1991年10月遇见普京的，但是《华尔街日报》的调查显示，两人在20世纪80年代曾在德累斯顿见过面，当时他们分别服务于自己的机构。

2008年3月，繁荣处于顶峰的时刻，《福布斯》杂志列出的富豪排行榜中有87位俄罗斯的亿万富翁。排名前十的均是在20世纪90年代暴富的寡头，而传闻被克里姆林宫给予特别的商业机会的那些人中，只有少部分人出现在这一排行榜中。

2009年的福布斯富豪排行榜中，俄罗斯亿万富翁的人数降至32人，他们的财富总额也从4710亿美元降至1020亿美元。奥列格·德里帕斯卡（2009年的财富估计值为35亿美元）从第一的位置滑落至第十，取代他的是米哈伊尔·普罗霍夫（95亿美元）。罗曼·阿布拉莫维奇（85亿美元）位列第二。鲁克石油公司的老板瓦吉特·阿列克佩罗夫（78亿美元）取代了谢韦尔钢铁公司的阿列克谢·莫尔达索夫（43亿美元），位列第三。

根据凯捷公司的世界财富报告，2007年俄罗斯的百万富翁的人数上升至136000人，每100万人中百万富翁的数量是96人，美国的这一数字为989人，中国为31人，印度为11人。如果将隐藏的财富估算在内，百万富翁的人数还要更多。亿万富翁通常是大的自然资源公司的大股东，而百万富翁大多集中在金融部门。

根据《机构投资者》的报告，2007—2008年间，俄罗斯银行家的薪水暴涨。伊戈尔·塞克特曼是猎头公司“罗斯专家”（RosExpert）的常务董事，他说，据他所知，“一些人两到三年内就赚得1000万美金外加认股权”。当美国银行家埃里克·考夫曼离开瑞士联合银行集团去掌管俄罗斯最大的私营银行阿尔法银行的投资业务时，外界传言他的年薪达到2000万美元，他则认为这一数字“被夸大了”。

2007年夏末，俄罗斯“三套车—对话”投资公司（Troika）在历史胜地卡洛明斯卡娅庄园举办了一次聚会，公司首

> 席执行官鲁本·瓦丹彦乘降落伞降落，提前分发了1000万美元作为红利。
>
> 百万富翁们通常将自己的孩子送去伦敦，在那里工作或读商业管理学位。他们社交日程中的重要事件之一就是参加名为“莫斯科行动”的派对，门票是400英镑，派对上有女孩儿们身着比基尼从天花板降落，倾倒着香槟。[11]

巨额跨境债务

据国际货币基金组织的估算，在石油繁荣期间，流入新兴市场国家的资本急剧增加，数额从2002年的900亿美元增至2007年的6000亿美元。俄罗斯是主要的受益者之一。国际清算银行的经济学家在一份调查中发现，这些都属于“热钱”。其特点是，尽管许多新兴市场国家拥有可供投资的储蓄，这些资本仍会以银行对银行间贷款的方式流入。[12]这些资本的流动受到了美国和日本的低利率的驱动，属于不可持续的信贷泡沫的一部分。该泡沫在2008年破灭，引发了世界经济危机。

图5－1显示的是中央银行记录的流入与流出俄罗斯私营部门的资本净值（国有部门情况与此相反）。其中包括以贷款形式流进或流出的资本、投资以及其他金融交易，也包括国际收支平衡表中的净误差与遗漏项目以及未回流贸易进款，这两项通常被认为是外逃资本。20世纪90年代，以此方式计算的资本流的净值为平均每年负200亿美元，这主要是由资本外逃造成的。2000年之后，资本外逃现象仍在继续（见第四章），但同时大量资本也开始进入俄罗斯，因此资本外流净值大幅下降。2006年至2007年，与其他新兴市场国家一样，流入俄罗斯的资本也在迅速增加。但是2008年华尔街破产后，俄罗斯资本外流净值比前两年流入的

资本净值之和还要多，而且大部分资本外流发生在该年的最后一个季度。

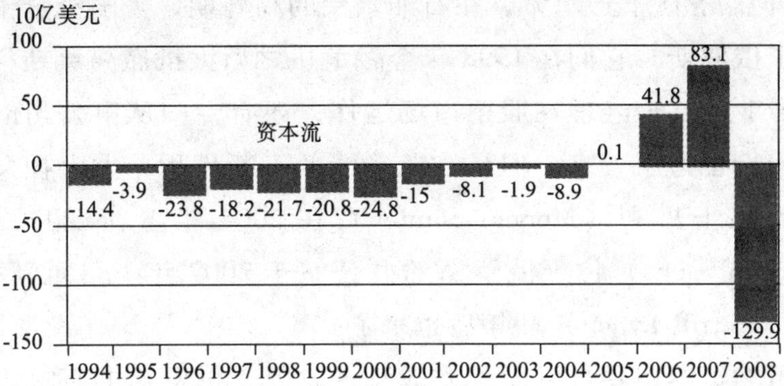

图 5－1　俄罗斯私营部门资本流入流出净值（1994—2008 年）

资料来源：俄罗斯中央银行网站。

在石油繁荣期间，资本几乎都是以债务而非投资的形式流入俄罗斯的。据世界银行的经济学家估计，2005 年债务占俄罗斯流入总资本的比例超过四分之三，到 2008 年初，这一比例甚至超过了六分之五。俄罗斯中央银行和政府采取了最佳市场实践方法，积累了近 6000 亿美元的外汇储备，仅次于中国和日本，排名世界第三。但俄罗斯公司和银行从国外所借的债务也达到了相同的规模。

债务总额增长迅速。到 2002 年底，俄罗斯公司债务额为 338 亿美元，银行债务额为 142 亿美元。到 2008 年 9 月，分别增长至 2996 亿美元和 1982 亿美元。国外的债主变得越来越慷慨了。在石油繁荣初期的几年，银行会在利率之外再向俄罗斯借贷者收取 3—4% 的费用作为银行收入，这一费用最高时达到 5%，通常情况下为 3%。银行仍坚持使用复杂的安全体系，要求直接偿付借款（例如，将石油出口收入转到指定的海外账户）。到繁荣期快结束的时候，外国银行排着队将数十亿美元的借款扔进俄罗斯的公司和银行，期限更长，条款也更加灵活，通常收取的费用还不到 1%。[13]

随着这股巨大的借贷狂潮的到来，外国银行在俄罗斯银行体系的持股率也不断提高。2002 年外国银行的持股率为 9%，到 2007 年已经上升至 22%。在石油繁荣的高峰期，美国投资银行又回到了俄罗斯。它们在 1998 年金融危机之后大批撤离莫斯科，只留下专业的基金经理在股票市场运作，还有专门从事公司借贷的欧洲银行也留了下来。但是，随着债务不断累积，大人物又回来了。摩根士丹利（Morgan Stanley）在 2004 年重新现身，高盛（Goldman Sachs）位于俄罗斯的办公室于 2007 年 1 月重新开张，美林（Merrill Lynch）一年后也来了。[14]

虽然资本主要是以债务方式流入，但是俄罗斯的直接投资也在增长。增长率已远高于 20 世纪 90 年代几乎微不足道的水平。基金公司在俄罗斯的投资占新兴市场国家总投资的比例也在增加，从 2001 年的 3% 增加至 2007 年的 10%。虽然这一比例数值排在巴西和印度之后，甚至也远远低于中国，但也相当不错。据中央银行估算，在石油繁荣期的顶峰，有数百亿美元的投资流入俄罗斯，2006 年为 324 亿美元，2007 年为 525 亿美元。这些投资大部分都投入到了能源领域。如第四章所述，最大的几笔投资包括德国意昂公司的 55 亿美元和意大利国家电力公司的 22 亿美元，这两笔都投入到了电力公司，另外还有来自意大利的 58 亿美元的投资，投入到了尤科斯的天然气资产之中。除此之外还有通过股票市场的证券投资。投资繁荣的另一个关键因素是俄罗斯资本的回归。在所登记的流入俄罗斯的外国直接投资中，有高达 40% 是来自于塞浦路斯、英属维尔京群岛、卢森堡以及其他的 20 世纪 90 年代俄罗斯资本外逃的安全目的地。[15]

俄罗斯融入世界市场的过程并不是一个单向过程。随着俄罗斯公司财富的增加，它们也开始进行海外投资。2005 年，卢克石油公司向纳尔逊资源公司投资 21 亿美元，这是一家加拿大的公司，在哈萨克斯坦拥有油田。2006 年，俄罗斯钢铁生产商耶弗拉兹公司（Evraz）向美国的俄勒冈钢厂投资了 23 亿美元。2007 年，维克多·维克塞尔伯格控制的雷诺瓦集团（Renova Group）出资12亿美元购买了意大利能量之源公司（Energetic Source）80%的股票，最大的一笔跨国交易是2006年嘉能可公司的铝业资产和俄罗斯铝业公司的合并，交易数额高达36亿美元。[16]

所有这些在实体经济方面取得的进展我们都可以明确无误的看到。然而，随着金融危机和经济衰退的到来，俄罗斯公司和银行在繁荣期累积的债务将成为影响俄罗斯的关键问题。

世界危机的悲切（2007—2009）

2007年12月，普京提名德米特里·梅德韦杰夫作为他的钦定继任者。这时国际金融危机扩散到俄罗斯的迹象已清晰可见。俄罗斯经济已完成转型，寡头们也处于政府的控制之下，政府金融部门在有序发展。一些外逃的资本开始回流，一些受到良好教育移居国外的年轻人也回国了。但是制造业和加工业才刚刚起步。投资水平仍然很低，2007年只占GDP的20%，而印度的这一比例为34%，中国为42%，而且俄罗斯的投资大部分都集中在石油和天然气产业。[17]只有在高油价以及便宜的境外贷款可持续供应的情况下，俄罗斯的繁荣才能持续下去。从繁荣到衰落的过程分为两个阶段。第一阶段，资本开始部分从俄罗斯撤出。2007年末国际金融危机的早期震动导致部分资本撤出。2008年中期，油价下跌又导致部分资本撤出。第二阶段，2008年9月华尔街垮台之后，资本开始从俄罗斯以及其他经济体大量撤出，世界经济进入衰退期。俄罗斯的外汇储备对油价下跌带来的冲击起到了一定的缓冲作用，但无法抵抗资本外逃和经济衰退的毁灭性力量。

石油繁荣的结束

金融危机的导火索是2006 年美国房产泡沫的破灭。人们开始明白以次级抵押贷款形式借出的数十亿美元的债务将无法得到偿还。影响开始通过金融体系扩散。2007 年 2 月，世界最大的银行之一——汇丰银行宣布，在次级抵押贷款方面潜在的损失达到 105 亿美元。随后，多米诺骨牌效应开始显现。人们普遍意识到，无法偿还的贷款的黑洞，已经通过巨大的、不透明的、不受约束的衍生品市场扩散开来，所有美国和欧洲的大的金融机构都在劫难逃。资本争先恐后逃出美国市场，寻找更安全的避难所。2007 年，一些资本转移到石油、食品和其他商品市场，这些领域的价格有所上升。2008 年 3 月，华尔街五大投资银行之一的贝尔斯登公司（Bear Sterns）难以为继，在政府的支持下被摩根大通银行（JP Morgan Chase）收购。

2008 年初，虽然油价在下跌前的最后几个月再创新高，但俄罗斯已经发生严重的资本外逃现象。尽管在 4 月份的时候有过一次逆转，但随后又以之前的速度开始外逃。5 月，俄罗斯股票市场创历史新高，市场资本总额达到 14500 亿美元。到 9 月中旬华尔街垮台之前，市场资本总额只剩下不到先前的一半。到 2008 年末，市场资本总额仅为 3500 亿美元，还不到之前的四分之一。许多寡头的财富与他们公司的股票相关联，此时也大幅缩水。据估计，《福布斯》杂志列出的俄罗斯最富有的 20 人的总财富缩水了 2300 亿美元。

俄罗斯股票市场的价值通常随着石油及其他商品的价格而波动。股票市场这次有史以来最大的跌幅中，这也是关键因素。2008 年 7 月，石油价格再创新高，达到 147 美元每桶，然后开始下跌，到年末的时候只有 34 美元每桶。但是与其他同类的新兴市场国家相比，俄罗斯的股票市场下降得更快。这其中存在着其他原因。尤科斯事件加重了西方投资者本来就易变的本性，他们害怕俄罗斯政府会毫无预兆地对寡头及他们的公司进行干预。当时，关于秋明英国石油公司的控制权的争端正在上演，这在第四章已经提到过。梅德韦杰夫在5月份任总统，提名普京为总理，6月份，时任总理的普京公开谴责梅切尔钢铁公司（Mechel）的漏税及价格欺诈行为。一天之内，梅切尔公司的市值从152亿美元缩水至105亿美元，在接下来的一周里，俄罗斯股票市场总体损失了600亿美元。在政府实施安抚性措施之后，扭转了大部分损失。

2008年8月，围绕有争议的南奥塞梯地区，俄罗斯与格鲁吉亚之间发生了为期两周的战争。这是俄罗斯第一次与同为前苏联成员国的邻国之间发生军事冲突。这期间发生了一次十年来最大规模的资本外逃。据中央银行记录，在冲突后的第一个交易周内，中央银行外汇储备减少了165亿美元。自1998年有记录以来，这一数值在一周之内外汇储备减少值的记录中排名第二，这主要是由于外国投资者从股票市场撤资引起的。卢布兑换美元的狂潮部分是由于汇率波动，但主要原因还是人们感觉到了“政治危机”。[18]

金融危机

发生在包括俄罗斯在内的全世界的第二阶段的危机，都是由2008年9月中旬美国金融市场垮台所引发的。这里是全球化体系的中心。关键的转折点是9月15日美国政府拒绝拯救雷曼兄弟公司，这是当时华尔街的四大投资银行之一。最终雷曼兄弟公司宣布破产。美国乃至国际银行体系都出现了停滞，银行间同业拆借率增长了四倍，出借业务也停止了。股票价格骤降。这是自20世纪30年代以来发生的最严重的金融危机。在雷曼宣布破产之后的一周内，各发达国家政府紧急实施了规模空前的营救措施，据估计，在此期间，各中央银行拿出2.5万亿美元购买债务和不良资产，另外还向体系内注入了1.5万亿美元。美国最大的保险公司美国国际集团被国有化。五大投资银行完成了人间蒸发过程，美林公司被美国银行和摩根士丹利收购，高盛则转为商业银行。

上述情形使得新兴市场经济体面临非常紧急的状况。2008年10月，亿万富翁同时也是基金经理的乔治·索罗斯写道，“出于安全考虑，兴起了一股从周边返回中心的风潮”。在新兴市场国家，货币对美元和日元开始贬值，有一些贬值得十分迅速。利率和信用违约权利金（即出借者付出的利率，以保护其免受借款的政府或公司破产的危害）也迅速增长。股票市场崩溃了。[19]

图5-2 “我们的孩子要吃饭！”2009年4月，俄罗斯远东地区斯韦特洛戈里耶村受雇于沃尔弗拉姆（Volfram）采矿集团的工人们要求偿付拖欠的工资。村里绝大多数人都在这家采矿公司工作

资料来源：俄新社。

在俄罗斯，短期流动资金，即银行和金融机构间互相出借的按天计算的资金被耗尽了。全世界的情况也是如此。俄罗斯股票市场一片混乱，在9月和10月期间关闭了15次。西方金融机构匆忙从俄罗斯撤离，俄罗斯的借贷者立刻显得不堪一击。在9月份，当一片混乱尘埃落定的时候，俄罗斯的公司所欠国外债务为2960亿美元，俄罗斯银行所欠国外债务为1980亿美元。俄罗斯错过了新债代替旧债的连续发行机会。俄罗斯本土最大的投行资本复兴银行（Renaissance Capital）成为危机的第一个受害者。9月23日，资本复兴的拥有者签订了一份价值5亿美元的协议，将49.9%的股份卖给了寡头米哈伊尔·普罗霍洛夫。普罗霍洛夫当时满手的现金。这是由于4月份时，他与诺里尔斯克镍业公司的另一位所有者弗拉基米尔·波塔宁发生冲突，于是将自己拥有的此公司的25%的股票卖给了奥列格·德里帕斯卡的俄罗斯铝业公司。资本复兴公司所接受的价格，比他们一年前谈判时所期望的价格要低得多。鲍里斯·乔丹是资本复兴的拥有者之一，他也是叶利钦时代金融市场的先锋者，乔丹认为，此次危机的特点是“与其资本水平相比，银行债务总量的增长过于惊人”。[20]

俄罗斯的公司借款者也很紧张。在多数情况下，他们都是以公司股票作为抵押物进行借款的，而股票的价格持续下跌，他们担心出借者会要求增收保证金，并要求他们立即还款。在这一年的早些时候，俄罗斯铝业公司为收购普罗霍洛夫手里的诺里尔斯克镍业公司的股票，向西方银行借贷45亿美元，此刻正面临着这样的困境。2008年10月，俄罗斯铝业公司受到了国有开发银行俄罗斯外贸银行的贷款援助，而公司拥有的诺里尔斯克镍业公司的25%的股权作为抵押物被转让给了俄罗斯外贸银行。彼得·埃文和米哈伊尔·弗里德曼拥有的阿尔法集团也从类似的交易中受益，之前由于抵押物贬值，德意志银行要求将一笔价值20亿美元的贷款退回给阿尔法银行，这笔贷款的抵押物是文伯尔通讯（VimpelCom）电信公司44%的股权。俄罗斯外贸银行接受了这笔20亿美元的贷款，抵押物仍是文伯尔通讯公司的股权。[21]

俄罗斯政府对金融体系的营救计划高达1300亿美元，占GDP

的10%，而美国的营救计划只占GDP的5%。这些钱用于银行的资本调整以及提高银行的存款保险保障。中央银行还发行了354亿美元的次级债，融得的资金几乎全注入了三大国有银行，以保证资金的流动性。在2008年最后一个季度，政府还通过俄罗斯外贸银行另外支出115亿美元用于帮助工商企业偿还国外债务，其中包括上文提到的俄罗斯铝业公司和阿尔法集团的债务。中国一直把俄罗斯视为宝贵的长期的石油提供者，此时也向俄罗斯国有能源公司提供了帮助，2009年3月中国向石油生产商俄罗斯石油公司和管道公司俄罗斯国家石油管道运输公司提供了250亿美元的贷款，作为回报的是确保今后20年的石油输送。[22]

2008年11月，政府宣布了一项长期援救计划，旨在应对经济危机和刺激商业活动。经政府讨论之后，2009年4月，议会通过了以预算修订方式进行的计划。根据这一计划，政府将支出1.4万亿卢布（426亿美元）用于实施一系列措施，其中包括社会福利计划以及支持被认为是非常重要的产业。政府还将削减2万亿卢布甚至更多的税收，来刺激消费，政府还自2000年以后首次编制了预算赤字。政府列出了一份包含295个被认为是“非常重要的”企业，向它们提供援助。援助的重点领域是消费领域、机器制造业、农业和建筑业。[23]

华尔街垮台之后，普京和梅德韦杰夫抱怨说，俄罗斯以及其他国家正在为美国引起的，并且被美国处理不当的危机买单。这一观点受到了西方评论者的抨击。[24]如果不否认或庸俗化危机的根本原因的话，俄罗斯领导人说得有道理。导致俄罗斯经济问题的直接根源之一是油价下跌，这与美国政策没有直接关系。但是金融体系的崩塌很明显因为美国的决策而变得更加严重。这揭示了一个情况，即生产过剩和资本积累过剩，而这又是一个与过去25年里资本主义扩张方式紧密相连的深层次的、长期的问题。但是市场缺乏监管的疯狂状态使衍生品市场的扩张更加容易。而美国采取的低利率政策又导致了互联网泡沫和房地产泡沫，在一个更大的债务网内，这两项都与世界金融体系纠缠在一起。

俄罗斯未染上的疾病

如果想要扩张国内衍生品市场的金融家们如愿以偿了，俄罗斯国内的金融危机会严重到什么程度呢？幸运的是，这没有发生。

2008 年中期，国际场外交易衍生品市场（金融机构之间私下的、不受监管的交易）的规模膨胀到令人吃惊的 683 万亿美元（名义总额）。而基于交易所的衍生品市场（在交易所进行的受到监管的交易）规模为 82.7 万亿美元。2008 年美国金融危机的一个关键因素就是，人们察觉到投资银行和金融机构在基于美国抵押贷款市场的衍生品方面面临巨大损失，损失的数额在某些情况下超过了它们最初的投资额。

因为在国内没有机会，俄罗斯的银行有可能涉足了国际衍生品市场。莫斯科银行间货币交易所是俄罗斯最大的股票交易所，它一直游说政府立法推动衍生品市场在俄罗斯的发展。根据这家交易所的数据，2007 年俄罗斯衍生品市场总额只占 GDP 的 17%，而北美的衍生品市场占 GDP 的 6026%，西欧的占 GDP 的 2577%。

俄罗斯的政治家们一直未批准允许衍生品市场的发展，他们对 1998 年的危机还心有余悸。当年危机的起因是向银行出售臭名昭著的短期国库券，这种买卖大多数带有衍生品交易的性质。当金字塔垮塌的时候，俄罗斯银行与国外银行之间就一种特殊的衍生品—外汇远期合同产生纠纷，这种衍生品的特点是事先订立合约，确定卢布兑换率。法庭随后判定外汇远期合同属于投机性质，外国银行因此遭受损失。

2000 年后，俄罗斯议会工作组在普华永道会计师事务所的建议下，提出了衍生品市场监管法律草案，但是并未作出所有必要的改动。2006 至 2007 年，议会修订了投机法，不再将衍生品交易视为投机行为，但是这一改动被联邦委员会否决了。2008 年，只有最不复杂的一小部分衍生品能够在俄罗斯的交易所进行交易。交易总量非常小。[25]

全球衰退的影响

金融危机出现在一个陌生的世界里，在那里衣冠楚楚的银行家和对冲基金经理运作着数量巨大的衍生品，危机以惊人的速度扩散至实体经济。在雷曼兄弟破产后的几周内，另一个世界里的失业情况急剧恶化，生活陷入混乱，而在这个世界里一直有数百万人生活在贫穷的危险之中。关于“新兴市场”国家经济恶化的预言比富有国家应验的要更快。2 月份，国际货币基金组织预测称，东亚经济规模在 2009 年将缩水 2.6%。华尔街垮台后的 4 个月内，中国政府称该国在近几年转移至工业地区的一亿农民工中，有两千万已经返乡。在日本，虽然审慎的银行避免了金融危机的最坏影响，但是也在 2008 年 12 月份的时候发现，该国工业所依赖的出口与去年相比下降了 35%。数十个国家面临破产的风险，东欧和中欧国家看起来尤其脆弱。2008 年 10 月，在雷曼公司的衍生品交易员领走他们最后一张薪金支票之前，几个国家的政府与国际货币基金组织就营救计划进行协商。乌克兰与俄罗斯的经济状况类似，但是没有石油，自然被列在营救名单的首位。

与许多其他国家相比，石油繁荣帮助俄罗斯的经济和金融能更好地应对危机。但俄罗斯的外国债务是它的弱点，占 GDP 的比重为 31%。中国这一比重为 11%，巴西为 12%。乌克兰外国债务占 GDP 的比重比俄罗斯还要高，为 56%。但是在俄罗斯，央行储备与一定时期的平均进口额的比率为 23，这一指标可以用来衡量一个国家应对贸易和货币贬值方面的变动的能力。中国的这一比率为 18，巴西为 15，而乌克兰为 4.5。俄罗斯的预算结余占 GDP 的比例为 7.7%，中国为 4%，巴西为 –2.3%，乌克兰为 –2%。尽管如此，危机结束了石油繁荣，使俄罗斯陷入衰退之中。[26]本书在这里将列出危机对俄罗斯国家财政、工业、公司和银行以及人民的影响。

俄罗斯的财政遭受重创。超过三分之一的外汇和黄金储备被消耗掉了，这是政府在石油繁荣期间积累的财富。2008 年 7 月，储备总额为 5970 亿美元（其中包括 1620 亿美元的主权财富基金），到 2009 年 1 月，储备总额减少了 2100 亿美元，降至 3870 亿美元（其中包括 2250 亿美元的主权财富基金）。政府计划到 2009 年底将储备总额降至 3000 亿美元。而 2008 年末油价的骤降意味着政府的财政收入也将大幅缩减。2008 年 11 月，石油公司在收入减少的情况下仍然上缴与石油繁荣时期同样比例的税款和出口税。这些公司威胁要减少出口。在石油出口税降低之后，石油公司同意不减少出口。2009 年初，政府预编财政赤字占 GDP 的比例为 7%—8%。

虽然在危机之后，俄罗斯的外汇储备总量仍然排名世界第三，但是储备消耗的速度引起了一股恐怖的资本外逃风潮。为了弄清楚危险程度，惠誉国际评级机构的经济学家们试图确定出减少的 2100 亿美元外汇储备的去向。他们估计，有 580 亿美元是由于英国货币和欧元（这两种货币也是俄罗斯的外汇储备货币）对美元的贬值而损失的，但是还需要弄清剩下的 1520 亿美元的去向。其中有 360 亿美元被用于偿还俄罗斯公司所欠的外国债务（对于他们的财政状况来说是好消息，因为这意味着它们又延长了 300 亿美元的应付借款的期限）。私营部分资本外流的总量为 940 亿美元，占图 5 – 1 列出的巨大资本外流总额的很大一部分。但是惠誉的经济学家们指出，外汇储备中有300亿美元的支出是由于俄罗斯家庭购买美元引起的，他们害怕卢布形式的存款会贬值。经济学家们认为，更多的外流资本可能是对危机的短期反应。而将此归为资本外逃的悲观主义者尚不能证明这一点。2009年1月，财政部长阿列克谢·库德林与税收官员会晤，并告知他们资本重新开始外逃。他说，在当月，又有400亿美元资本流出俄罗斯。[27]目前，资本外逃规模尚不明确。但是，资本外逃确实卷土重来。

危机也使俄罗斯货币开始贬值。2008年7月至2009年2月，相对于货币主管当局使用的美元/欧元标准，卢布贬值29%，而卢布对美元贬值35%，这与其他大的新兴市场国家的货币贬值程度相当。俄罗斯政府拒绝一次到位的贬值。这引来了西方媒体的批评，他们认为，卢布采取的渐进式的贬值会鼓励投机者购买国外货币。但是其他的评论者认为，这一政策旨在消除拥有美元债务或卢布存款的俄罗斯公司和个人的恐惧，允许他们调整自己的资产组合，从而避免恐慌。[28]不论是哪种情况，俄罗斯人民的生活水平都受到了严重影响。

危机对工业的影响立刻显现了出来。2008年11月，工业生产较前一年相比下降了8.7%，而2009年1月工业生产较前一年相比下降了16%。裁员、降薪、缩短工时等像传染病一样蔓延。20世纪90年代以来，发生了最大规模的一次欠薪。国家统计部门的数据显示，2008年8月至2009年2月，登记的失业人口增加了70万，登记的总失业人口达到200万，而包括未登记的失业人口在内的总失业人口达到600万。到2009年2月为止，汽车产业的产量下降了四分之三。2009年3月，位于下诺夫哥罗德的汽车生产巨头高尔基汽车制造厂的经理们告诉银行家，工厂已经暂时解雇了11.8万工人中的3万人，接下来还将有3万人被暂时解雇。高尔基汽车厂拥有控制权的股东是俄罗斯铝业公司的拥有者德里帕斯卡。卡车制造商卡马斯（Kamaz）在12月时裁员7000人。位于陶里亚蒂的伏尔加工厂将每周的工作日缩短为三天。钢厂的产量也大幅下降，2009 年 3 月，俄罗斯最大的钢厂谢韦尔钢铁公司（Severstal）宣布裁员 9000 人。[29]

表 5 – 2 显示了危机对工业生产的影响。给出的数据主要涉及两个大的类别（工业生产和制造工业）以及两个受到影响特别严重的部门。

表 5 – 2　　　　2008 至 2009 年的工业生产情况

同比增长或下降的百分比	7 月 08	8 月 08	9 月 08	10 月 08	11 月 08	12 月 08	1 月 09	2 月 09
工业生产	3.2	4.7	6.3	0.6	–8.7	–10.3	–16.0	–13.2
制造工业	4.6	6.5	8.2	0.3	–11.3	–13.2	–24.1	–18.3
机械装备业	–0.8	19.9	15.8	4.6	–15.0	–17.3	–45.9	–6.0
车辆装备业	18.2	11.9	19.3	3.6	–4.8	–23.2	–36.0	–31.0

资料来源：俄罗斯联邦统计署。

俄罗斯公司和银行发现，它们一方面受困于突降的需求和销量，一方面还要应对偿还债务以及用新债代替旧债方面的困难。股价的下跌使他们的问题更加严重，尤其是在股票被当做贷款的抵押品并被要求补充保证金的情况下更是如此。这在上文已经叙述过了。2009 年年初，一些寡头在克里姆林宫和西方银行之间来回穿梭，签订协议用新债代替旧债，并且准备在需要的情况下重组他们的商业帝国。最严重的问题集中在金属产业。2009 年 2 月，德里帕斯卡（俄罗斯铝业公司控股者）、波塔宁（诺里尔斯克镍业公司的主要控股者）和阿利舍尔 · 乌斯马诺夫（钢铁和铁矿石生产商金属投资（Metalloinvest）公司的主要控股者，伦敦阿森纳足球俱乐部的共同拥有者之一，俄气公司的一个重要的子公司的主管，而且据说还是梅德韦杰夫的密友）共同向总统梅德韦杰夫提交了一份计划，打算合并他们的资产，组成一个巨大的、由政府支持的联合大企业集团。这项计划未被接受。之后不久，俄罗斯铝业公司宣称，该公司已与西方银行达成协议，可以暂缓偿还 140 亿美元的债务。据报道称，银行与罗曼 · 阿布拉莫维奇控股的耶弗拉兹钢铁集团以及梅切尔公司也达成了类似的交易，只是涉及的金额要小一些。[30]

总体上说，俄罗斯的公司和银行必须在2009年偿还1400亿美元的外国债务，在2010年也至少要偿还640亿美元的国外债务，因此以新债代替旧债以及重组的游戏还会继续上演。危机爆发的时候，有钱的人而不是欠债的人更具有优势，因此米哈伊尔·普罗霍洛夫在危机爆发之前，将所持有的诺里尔斯克镍业公司的股票卖给了德里帕斯卡，这不仅使他成为俄罗斯的首富，而且还使得他能购买资本复兴公司的部分股份（上文已提到），此外还有剩余的钱。有钱的国外银行也介入了，2009年3月南非标准银行同意购买“三套车—对话”投资公司的股份，这是俄罗斯仅次于资本复兴公司的第二大投资公司。标准银行还声称计划购买欠债的俄罗斯商业集团出售的资产。[31]债务困境削弱了俄罗斯寡头的总体实力。到本书截稿时为止，看起来一些寡头不得不把他们的部分商业资产或是出让给西方银行，或是出让给政府控制的竞争对手，或兼而有之。并不是所有的人都能渡过难关。

这一部分自始至终贯穿着危机对俄罗斯人民生活的影响，如裁员，有工作的人面临的缩短工时、拖欠薪金、削减薪水等，以及货币贬值导致的购买力下降。世界银行的数据说明了俄罗斯的高生活水平对石油的依赖有多么严重，数据显示，2008年7月俄罗斯的平均工资达到最高峰（每月755美元），同月石油价格也达到峰值，之后随着石油繁荣的结束，平均工资也迅速下降，到2009年2月，平均工资降到每月524美元，而且卢布的贬值加速了工资的下降。[32]

2009年年初，曾经在繁荣时期取得进展的生活水平的其他方面以及福利方面也出现倒退的景象。很难说会倒退到什么程度，也无法预言人们对此会作何反应。本书将在第九章的最后一部分进一步讨论这些问题。

第六章

权力与人民：俄罗斯是如何统治的

在梳理了俄罗斯政府与本国资本家之间的关系之后，接下来我们看看俄罗斯政府管理社会的方式以及俄罗斯民主的成败。

造就普京的战争

治国最终依靠的还是暴力。如第四章所述，1999 年至 2002 年期间，俄罗斯政府得以强大的主要原因是发动了一场残酷的暴力战争，即第二次车臣战争。在这次战争中，普京的形象鼓舞了俄罗斯的士兵，并且帮助他在 2000 年 3 月当选总统。第二次车臣战争对于普京，就如同 1983 年的马岛战争对于撒切尔夫人一样，正是由于在入侵马岛的战争中表现出的狂热的爱国主义，撒切尔夫人才成功实现连任。第一次车臣战争（1994—1996 年）加剧了国家的分裂状态。而始于 1999 年的第二次车臣战争，却将当时士气低迷、纷争不断的俄罗斯安全部队统一于克里姆林宫的指挥之下。但代价也是高昂的。此次战争伤亡惨重，伤亡者既包括士兵也包括平民。社会主义作家鲍里斯·卡加利茨基一直反对这场战争，他指出，第二次车臣战争“与第一次不同，受到了俄罗斯政治阶层的一致支持”。[1]无论是右翼自由主义者还是共产党，都支持发动这场战争。在军队中，这场战争增强了俄罗斯作为独立国家的凝聚力。由于20世纪90年代的混乱，俄罗斯作为独立国家的凝聚力被大大削弱了。柳德米拉·阿列克谢耶娃是俄罗斯人权运动的领导者之一，她在一次采访中告诉我：

> 在车臣战争中，联邦军队不仅遭到了士兵的抵抗，也遭到了大多数车臣平民的抵抗。在这种情形下，战争给了当权者削弱民主的理由……联邦士兵把每一个车臣人都视为敌人，从而加剧了他们对所有非俄罗斯人的厌恶感……数以千计的内务部队、警察、检察官等都曾在车臣服役。这些人在这里学会了残酷，而这种残酷不仅针对敌人，也针对平民。这些“军警系统高级官员”的成员把这种残酷，这种对于平民的可怕的漠视带到了俄罗斯的各个地区。[2]

第一次车臣战争于1996年8月结束，双方签订了停火协议。此时的车臣实际上已经脱离了俄罗斯的控制，只是这一地位在法律上并未得到认可。1997年1月，车臣军队司令阿斯兰·马斯哈多夫当选为共和国总统，他与叶利钦签署了和平条约。马斯哈多夫面对的是一项不可能完成的任务。他不仅要重建车臣千疮百孔的经济和基础设施，而且还要应对新崛起的伊斯兰极端势力和恐怖分子。沙米尔·巴萨耶夫领导的反对派正是由这两股势力组成的。巴萨耶夫曾任战地司令。1998年，马斯哈多夫将巴萨耶夫招致车臣政府任职，但他们之间的联盟很快就破裂了。1999年8月，巴萨耶夫伙同伊斯兰游击队领导人奥马尔·伊本·哈塔卜率领武装分子入侵了邻国达吉斯坦共和国。入侵遭到了当地人强烈的反抗，9月中旬，入侵者被赶回了车臣。针对这次入侵事件，俄罗斯当局有人呼吁再次对车臣进行军事打击。在一系列神秘的居民楼爆炸事件之后，打击车臣的呼声日益高涨，最终俄罗斯当局决定对车臣采取军事行动。这一系列爆炸事件同样发生在9月，并先后发生在莫斯科、军事城市布伊纳克斯克和商业城市伏尔加顿斯克，致使200多名平民丧生。

在当时的总理普京的命令之下，俄军于9月30日再次进入车臣。此前，在许多民众眼里，普京是一位有能力但却缺少个人魅力的官员。现在，在镜头前，普金嘴里随意吐出粗俗的俚语，并发誓不论恐怖分子藏在哪里，都要消灭他们（见后框）。他的受欢迎程度大幅提高。并没有证据显示，这一系列的爆炸事件与车臣武装分子有关，但在亲克里姆林宫的媒体中，一种空前狂热的、反车臣的种族主义迅速占据主导地位。电视节目主持人米哈伊尔·里昂惕夫呼吁在车臣使用汽油弹和毒气，并对车臣实行地毯式轰炸。但同时，在莫斯科，有传闻称安全部队与爆炸事件有关。这一传闻至今仍未散去。普京的政敌声称，这一系列爆炸案是为了树立普京反恐斗士的形象。更极端的说法是，普京亲自批准了实施爆炸。当然，这种说法是没有任何事实依据的。在这样一个黑暗的世界里，联邦安全局的人与雇佣枪手和黑帮相互勾结，事实究竟是怎样的，或许我们永远也不可能知道。但有一点还是可以确定的，就是联邦安全局的人预谋危害平民。在莫斯科爆炸案发生不久，梁赞市一处公寓的居民发现，联邦安全局的人在他们公寓的地下室安放了炸药。有关部门尴尬地宣称，他们正在进行演习，炸药是运往附近的军事靶场进行销毁的。

米哈伊尔·特列帕什金是一位律师，之前曾在联邦安全局任职，他的遭遇也说明安全部门的人的确是隐藏了部分真相。2003年，两名车臣人被秘密审讯，他们的罪名是运送莫斯科爆炸案中的炸药。受一位受害者家人的委托，特列帕什金本应出席这次审讯。他宣称已经收集到足够的证据证明，联邦安全局的官员怂恿一位证人做假证，他还说，已经确定了一名卷入爆炸案的联邦安全局特工的身份。但他永远也没有机会在法庭上陈述这些了。他因私藏武器和泄露国家机密被捕并被判监禁。特列帕什金否认了以上各项罪名，但直到2007年11月才得以释放。[3]

不论公寓爆炸案的真相是怎样的，有一点是毋庸置疑的，那就是对车臣的入侵与俄罗斯当局集权的步伐是一致的。针对车臣采取的行动是无情的。据估计，在第二次车臣战争中约有25000人死亡，其中大部分死亡都发生在最初几周。因为在这段时间里，俄军对车臣的村镇进行了大规模轰炸，为地面部队的到来作准备。截至2000年1月底，俄联邦军队已经到达车臣首府格罗兹尼，马斯哈多夫率领几千名武装分子和游击队员撤退至山区。虽然车臣是俄罗斯联邦的一部分，但俄军对待车臣像对待所占领的敌人的领土一样。车臣的情形与20世纪70年代北爱尔兰的民族主义分子聚集区的遭遇非常类似。

1994年，俄罗斯联邦军队到达车臣之后，对于怎样应对平民，并没有明确的计划，但这一次，他们却对车臣民众进行了集体惩罚。车臣村民生活在“清洗”（zachistki）的恐惧之中，所谓的“清洗”，就是将成年男子召集起来，带到筛查中心进行关押、折磨甚至是杀害。车臣人民的生活笼罩在恐惧之中，他们的财产也遭到毁坏。“失踪”在人们生活中司空见惯，类似的情形不禁让人们想起20世纪70年代阿根廷的“肮脏战争”。如果出钱的话，人们有时能赎回他们失踪的亲人，有时赎回的则只有尸体。人权组织列出了最初15个月失踪的113人的名单，他们还发现一些死亡后被集体掩埋的人的坟墓。其中最让人震惊的是一座埋着51具尸体的坟墓，这座坟墓离俄军大本营的距离还不到1千米。2002年，大赦国际组织在给欧洲议会的报告中指出，“车臣平民被任意拘禁、拷打、强奸和虐待。抢劫和纵火事件也时有发生。”而这些罪行都没有得到惩罚。[4]

车臣“自治”

2003年，随着马斯哈多夫和巴萨耶夫率领游击队撤退至山区，联邦军队控制了大部分车臣地区，俄开始恢复车臣的国家权力机关。俄当局任命艾哈迈德·卡德罗夫为车臣政府的首脑。在马斯哈多夫时期，艾哈迈德·卡德罗夫是车臣的总穆夫提（伊斯兰教教法的解释官），但他在2000年改变了立场，站在了俄罗斯一边。2003年3月，车臣进行公民投票，通过了车臣共和国新宪法。同年10月，卡德罗夫在车臣总统选举中轻松胜出。自由派政治分析家莉莉娅·舍夫托娃认为，车臣选举中的舞弊行为沿用了“苏联时期所使用的办法”，在这样的选举中，选票的数量并不重要，起决定作用的是计票人。卡德罗夫在2004年5月遇刺身亡，阿卢·阿尔哈诺夫接替他成为总统，但真正掌权的是卡德罗夫的儿子拉姆赞·卡德罗夫。拉姆赞掌控着一支三四千人的私人武装，大部分成员是前游击队员，名义上是总统警卫队。以弗拉季斯拉夫·苏尔科夫为首的克里姆林宫政治谋士团队炮制出一项所谓“车臣自治”的政策，即选择忠于俄罗斯的车臣人统治车臣。正是出于这一考虑，小卡德罗夫才被选中。小卡德罗夫既有摆平事情的能力，也有身为土匪的极端暴力的名声。据可靠消息称，他曾参与刑讯折磨对手，而且也有这方面的公开报道。[5]

车臣变成了俄罗斯的国中之国，格罗兹尼从废墟上拔地而起，恢复正常运转。数以千计的前游击队员转而效忠政府。所有公开批评政府的行为均遭到镇压。车臣还引进了伊斯兰教法的有关条款。塔蒂阿娜·罗科施娜是人权观察组织关于高加索地区人权状况的首席研究员。她在接受作者的访问时说：“在卡德罗夫的统治下，车臣是完全独立于俄罗斯的法律框架之外的，甚至在文化上也与俄罗斯完全不同。战时出现的民权社团被全部解散了。”

她还说，在车臣没有独立的媒体和非政府组织，保留下来的只有“纪念碑”人权组织的分支和“全俄罗斯”非政府组织。车臣还发布了非正式的，但却是强迫性的条令，要求妇女着装要谨慎，即在公共场合要佩戴头巾。但是，根据宪法的规定，俄罗斯是非宗教国家。

“车臣自治”的原则也被应用到了其他方面，例如打击残余的游击队武装和镇压被怀疑为不忠的平民。这一情形在 2006 年达到顶峰，之后随着车臣局势的稳定逐渐减少。非政府组织搜集的证据显示，拷打和其他侵犯人权的行为是“系统性的”，而且通常是在卡德罗夫的直接授权下进行的。“纪念碑”人权组织记录了 2005 年 1 月至 2006 年 10 月间的 227 起虐待行为，并估计此类行为总数将达数倍之多。到本书截稿时，此类冲突仍没有停止的迹象。卡德罗夫在车臣实行独裁统治的同时，与之相邻的印古什共和国也濒于内战边缘。自 2007 年起，激进的武装分子攻击安全部队的事件数量急剧上升。此类事件导致的结果就是清洗、人口失踪和其他针对平民的恐怖活动，与 2001 年至 2002 年间车臣的情形极其类似。[6]

战争对俄罗斯军队和社会的影响

对车臣问题的这种残酷的解决方式，无疑加重了这个国家的独裁本性。战争的后果已经蔓延至全社会。这场战争不仅向当时迷茫的、士气低落的安全部队输送了骨干力量，而且也在他们身上印上了种族主义的丑陋印记。在上校尤里·布达诺夫案件中，这种种族主义最可耻的方面暴露无遗。2000 年 3 月，在对车臣谭吉村进行清洗之后，布达诺夫杀死了一位 18 岁的车臣女性艾鲁萨·昆吉耶娃。昆吉耶娃是被酒醉的布达诺夫和一群士兵掳走的。尸检显示，昆吉耶娃曾遭到强奸、暴打，然后被活活勒死，死亡的地点就是布达诺夫的住处。针对布达诺夫的强奸的指控后来被撤销了，因为他的几个手下承认用铲子猥亵过昆吉耶娃的尸体。但上校绑架及谋杀的罪名成立，被判处10年监禁。布达诺夫曾以短时精神错乱为理由上诉，但被驳回了。他也曾向当局请求赦免，之后又撤回了请求。在这起案件中，让反战人士和女性团体震惊的是公众对布达诺夫的支持。他的前任指挥官赞扬他是“俄罗斯的功臣”。国防部长谢尔盖·伊万诺夫称他是“受尊敬的军官”。在他被判刑之前的一项调查显示，50%的受访者认为他应该得到释放。他每一次在法庭上露面，都会引起民族主义者的示威游行。[7]2009年1月，曾为昆吉耶娃的家人做辩护的律师斯坦尼斯拉夫·马科洛夫，于光天化日之下在莫斯科市中心被枪杀，与他一道被枪杀的还有记者安娜斯塔西娅·巴布若娃。马科洛夫的同事认为，他的遇害是因为他一直致力于人权事业，而不仅仅是因为布达诺夫这一个案件。

昆吉耶娃案件充分暴露出这些民族主义者不道德的一面，他们把性虐待并杀害一位无辜的年轻妇女的凶手视为英雄。这个案件还凸显了俄罗斯军队中的暴力文化。暴力的受害者一般是刚入伍的士兵。除了残疾人、某些类别的学生以及通过贿赂手段等逃避兵役的人，所有俄罗斯男性都必须在18—27岁之间服两年兵役。大部分的新兵都受到军官和老兵的剥削和恐吓，即所谓的新兵管制（dedovshchina）。每年都有数百名新兵因此而死亡、受伤或者自杀。在俄罗斯军队中，羞辱、惩罚、没收财物以及极端的体罚和性虐待可谓家常便饭。在1994年至1996年入伍的新兵还有可能被直接派往车臣，他们中的许多人都被训练有素、准备充分的车臣志愿兵杀死了。由于这种做法打击了士兵的士气并且代价高昂，所以才没有延续下来。在第二次车臣战争中，参战的多是志愿兵，新兵不用去前线。尽管如此，“新兵管制”现象仍然很猖獗，每一个有男孩的俄罗斯家庭都胆战心惊。[8]

图 6－1　2007 年夏天，车臣首府格罗兹尼。

孩子们在一座正在重建的公寓楼前

塔蒂阿娜·罗科施娜摄。

反民主的行为像毒药一样从车臣扩散，受到污染的不仅仅是安全部队。2003 年 10 月的车臣总统选举中的舞弊行为，为造假提供了新的模板。其中的基本原则就是一人填写多张选票，特别是在民权组织活动较弱的地区，用一种合理的方式提高总的投票率和统一俄罗斯党的支持率。在 2003 年 12 月的俄罗斯国家杜马选举中，刚经历战乱的车臣公共设施还不完备，人民还生活在没有电的状态下，但是登记的投票率却是最高的，达到 88.6%，而全俄罗斯的平均投票率仅为 55.6%。其中统一俄罗斯党在车臣的得票率也达到最高的 79.8%，其在全俄罗斯的得票率才为 37.4%。在 2007 年的议会选举中，舞弊技术更加成熟，并且在整个北高加索地区得到应用。车臣的投票率高达 99.4%，统一俄罗斯党的得票率达到 99.3%，两项均居全俄罗斯之首。紧随其后的是达吉斯坦、印古什、卡巴尔达—巴尔卡尔和卡拉恰伊—切尔克斯。这些地区在这两项上的统计数据也都超过了 90%。车臣当地的一位曾当过右翼力量联盟党的候选人的资深记者估计，实际的投票率仅为30%。在达吉斯坦，共产党提起诉讼，宣称有“大规模的舞弊行为”。而在印古什，人们用一种更加有效的方式揭露了选举中的舞弊行为。反对派在自己的网站（ingushetiya.ru）上号召人民向选举委员会提交声明，证明自己没有参加选举投票。据报道，截至2008年1月中旬，已有54.4%的选民提交了此类声明。* 一人多票的舞弊行为虽然不可能改变选举的结果，但却剥夺了俄罗斯许多最贫穷人民的选举权，同时也是对克里姆林宫宣称的要发展民主的一种讽刺。[9]

尽管战争在一定程度上腐蚀了俄罗斯社会，例如滋生了军国主义、种族主义以及对民主的轻视，但大部分民众还是反对战争的。民意测验显示，对战争的支持率在2001至2002年开始下降，只是在针对平民的严重的恐怖袭击发生时，才有所上升。2002年10月，莫斯科杜布罗夫卡剧院挟持人质事件（见第四章）发生后，对战争的支持率迅速上升。但是，到2003年的5月，有超过70%的俄罗斯民众支持用和平手段解决问题。2004年9月，在北奥塞梯的别斯兰市的一所中学内，发生了更大规模的人质劫持事件，共有334名人质死亡，其中有186名儿童。但是，在这次事件之后，大部分民众仍然支持用和平手段解决问题。[10]

与美英发动的伊拉克战争相比，第二次车臣战争是在较小范围内进行的，但其残酷性却并不亚于伊拉克战争。与伊拉克战争类似，第二次车臣战争发起的目的也是要打击包庇恐怖分子的政府，但是在战争进行期间，枪口却更多地对准了平民。对于美国和英国来说，伊拉克战争关乎他们在国际上的权威以及在中东的

---

* 2008年8月，ingushetiya.ru网站的所有者穆罕默德·叶夫洛耶夫在被警方监禁期间遭枪杀。长期以来，他一直是印古什总统穆拉特·贾济科夫的竞争对手和反对者。叶夫洛耶夫的支持者认为是贾济科夫下令杀死他的。导致他死亡的不仅仅是因为揭露选举舞弊这一件事，而是因为他一直是一位直言不讳的反对者。

战略利益。对于俄罗斯来说，第二次车臣战争涉及国内的权力争夺，是在考虑了国内的各种因素之后才发动的。莫斯科的精英们利用这次战争，巩固了已经到手的权力。

“可控的民主”和它的界限

普京领导的俄罗斯政府，在权力运用方面，要比叶利钦领导的政府更高效。在俄联邦政府用野蛮的手段恢复了对车臣的控制之后，对俄罗斯领土完整性的巨大威胁也就解除了。犯罪活动的高潮过去了，政府再一次利用大规模的武装部队获得了垄断地位。在叶利钦时代，寡头们操纵政府谋取私利，而现在，再发生这种事的可能性也不大了。大企业要交更多的税。但是，20 世纪 90 年代培养起来的民主自由的风气也被削弱了。克里姆林宫驯服了议会和大部分媒体。

普京领导的政府通常被视作强势政府，但确切地说，所谓的强势只是跟一片混乱的叶利钦时代相比较而言的。出于政治原因，叶利钦领导的政府在西方受到赞扬，被称为民主政府。实际上，叶利钦政府所展示出的反民主的本性与普京政府是一样的。叶利钦政府在 1993 年解散并炮轰了议会，在选举中大规模舞弊，并发动了第一次车臣战争。叶利钦和普京之间的区别不是民主和独裁的区别，而是一个没有能力的独裁者和一个更有能力的独裁者之间的区别。

国家机器

本书的第四章叙述了普京和他的同事们控制俄罗斯石油收入并重建税收制度的方法。与此同时，他们还重组了政府机构，加强了中央集权。普京对寡头以及反对派普里马科夫—卢日科夫联盟的打击，确保了政府对他的忠诚。高官叛变已成为历史。莫斯科中央政府和83个地区及共和国政府之间的关系也发生了改变。2000年5月，普京签署法令，将俄罗斯划分为7个联邦区，每区设总统代表一名作为首脑。在该机制下，即使是权力最大的地方政府领导人也要服从中央政府。联邦政府税收增加了，地方政府税收减少了。地方法律的地位下降了。自2004年9月起，俄罗斯取消了地方政府领导人选举制，改由总统任命。

伴随着这些改变的是，“军警系统高级官员”大量涌入政府机构。2003年，国家安全委员会中有军事背景的人占58%，而在1993年这一比例为46%，“军警系统高级官员”在政府任职的比例也从22%上升至33%。在新任命的7个联邦区的总统代表及其下属中，“军警系统高级官员”所占比例是最高的。这些人中，70%曾任军队或安全部门的高级官员。此外，有三分之一的联邦监察员是“军警系统高级官员”，这些监察员负责对各地区及共和国进行监督。

在探讨造成这些改变的原因及其所引起的后果方面，研究人员是有分歧的。奥尔加·克里斯塔诺瓦斯卡亚和斯蒂芬·怀特收集了上述数据。他们认为，普京在2003年已经建立起了以军队和安全部门为基础的管理体系，实际上，社会的主要活动都是在这些军队和安全部门的控制之下的，民主机构已经形同虚设。贝蒂娜·瑞兹对俄罗斯机构进行了另一项研究。有些人认为，“军警系统高级官员”的崛起是事先设计好的政策的必然结果。针对这一观点，瑞兹提出警告。她指出，普京从进入叶利钦领导的混乱的克里姆林宫的第一天起，就开始着手建立自己的权力同盟，同盟的骨干都是他以前共事过并信任的人，这其中必然包括许多“军警系统高级官员”。瑞兹进一步指出，“军警系统高级官员”并不是一个性质单一的集团，这一观点在2007年被事实充分证明。这一年，“军警系统高级官员”高层之间的争端公开化了。

总检察长办公室逮捕了联邦麻醉品监管局的几名官员，罪名是贪污。而麻醉品监管局局长维克托·切尔克索夫，他同时也是普京的密友，则发表了一封公开信作为回应。在信中，切尔克索夫警告称，“契卡集团内部的不和”将会导致严重的后果。总检察长办公室的“过分行为”将会引发“人与人之间的互相争斗”。后果就是“军警系统高级官员”的分崩离析，这将会使整个社会遭殃，因为“军警系统高级官员”是能够在艰难时刻支撑起社会的组织。[11]

在普京的领导下，俄罗斯政府高层的人事变动迅速，但庞大的基层政府的改革步伐却很缓慢。警察局、海关以及令人难以置信的众多的中央以及地方的政府机构，遵循着几世纪以来建立起的模式，尽管普京尝试去精简这些基层机构，但它们却越来越庞大。俄罗斯政府机关工作人员的数量，在 1992 年为 60 万，到 2000 年上升到 110 万，而在 2007 年这一数字达到 160 万。独立智库民主科学基金会（Indem）在 2005 年所做的一项调查显示，在石油繁荣期间，政府官员的腐败行为迅速增加。随着经济增长的回升，小企业开始繁荣，行贿行为也随之增加。据该组织估计，2005 年腐败市场的规模为 3150 亿美元，超过国家财政预算的 2. 5 倍，与 2001 年相比增长了 10 倍。但该组织也指出，这一天文数字只是一种有根据的猜测。作者认为，这一数字可能要高于实际值。但民主科学基金会的调查是建立在事实基础上的，而且腐败行为增加的趋势是不容置疑的。据它估计，企业行贿的平均值从 2001 年的 1 万美元上涨到 2005 年的 13. 6 万美元，行贿的对象大多是行政机构工作人员，如税收检察官、许可证发放人员、海关工作人员以及警察。该组织还估计，企业行贿总量大约是个人行贿总量的 100 倍，个人行贿的目的一般是想要获得卫生和住房方面的好处以及解决护照登记等问题。[12]

议会和政党

想要了解俄罗斯政治体系的西方读者会发现，他们面对的是一种矛盾的状况。一方面，普京作为领导人受到了空前的欢迎，这一点在选举和民意测验中都有所体现。另一方面，克里姆林宫不断加紧对政治活动和民权活动的独裁控制。普京的支持率在2000年大选中为53%，到2004年上升到71%。他的继任者梅德韦杰夫在2008年大选中的支持率也达到71%。支持率一直排在第二位的是共产党的候选人，但是他们的支持率在不断下降。独立观察员和非政府组织均认为，在选举中存在舞弊行为，但与1996年的总统竞选相比，这时的舞弊是小范围的。2000年，舞弊行为或许使普京在第一轮选举中获得超过50%的选票，但却不会改变选举的最终结果。普京的的确确是受欢迎的。1999年9月的民意调查显示，受访者中只有4%信任叶利钦，有88%的人不信任他。而2000年5月的民调显示，信任普京的人为41%，不信任的为39%。另一项民调也显示，完全信任普京的人从2000年的15%上升至2004年的19%，倾向于相信普京的人也从48%上升至57%。[13]

作者一直认为，石油繁荣提高了人民的生活水平，这是普京受欢迎的主要原因。普京稳定的形象也有一定的帮助。与叶利钦不同，普京在公众面前一直保持着冷静、头脑清晰的形象。此外，第二次车臣战争和对寡头的打击，在情感上也得到了公众的认同。但是，在克里姆林宫苦心经营支持率的同时，也作出了许多侵害民主的行为，选举舞弊只是其中一项。其他的还包括将反对派逐出议会，对留下来的反对派进行严密监控，控制电视台，打击新闻业以及强行限制民权活动等。本书接下来将依次进行叙述。

通过选举将反对党清出议会，规训保留下来的反对党，在一定程度上是通过“政治技术”实现的。这一名词起源于前苏联，是指操纵选举和民主机构的行为。西方的政治化妆师所做的，远远比不上这种“政治技术”。[14]政治化妆师们编造并传播假消息、挖掘对对手不利的材料，进行“黑金公关”，并且买通记者诽谤对手。他们还会创造出一个政党为其提供资金，就像20世纪60年代，美国中情局在拉美国家所做的一样。在为当权者服务时，政治技术家们会利用“行政资源”影响选举，例如，资助受欢迎的措施或收买地方领导以确保他们的忠诚。

俄罗斯“政治技术”最耸人听闻的创造就是统一党的诞生。1999年，在普京被任命为总理后的短短几周之内，统一党就凭空产生了。表面上掌管统一党的是一群地方长官，但实际控制该党的是克里姆林宫的政治技术专家们。别列佐夫斯基当时还是克里姆林宫内部的人，他曾亲自参与此事。别列佐夫斯基利用自己控制的公共电视台宣传新党，并抹黑卢日科夫和普里马科夫领导的反对党。在3个月之后的议会选举中，统一党获得23%的选票，得票率只比共产党低1个百分点。别列佐夫斯基自己被选为卡拉恰伊—切尔克斯共和国的代表，他的门生罗曼·阿布拉莫维奇也被选为最东端的偏远的楚科奇州的州长。统一党的诞生改变了议会和总统之间的关系。在叶利钦时代，克里姆林宫的提议常常被议会驳回。当时，共产党及其同盟占议会的多数席位。自1999年起，统一党与普里马科夫—卢日科夫联盟、日里诺夫斯基的自由民主党以及两个小的右翼自由党派联合起来，在议会所占的席位超过了共产党及其同盟党。此后，克里姆林宫与议会之间再也没发生过大的冲突。此时，另两项行动也同时展开，一是修改选举条例，将小党派清除出议会，一是加强克里姆林宫对议会中保留下来的党派的影响力。

俄罗斯在2001年实行了严格的党派登记制度，并从2004年开始禁止党派联合在一起组建选举联盟。这两项措施都对大党派有利。2007年选举之前，政党进入议会的得票率门槛从5%提高到7%。在2007年之前，议会中有225名代表是从党派中选出的，另外的225名代表由各个选区选出。从2007年开始，议会中所有的代表都要从政党中选出。这些变革最大的受害者是两个右翼自由党派，即右翼力量联盟和亚博卢。这两个党的得票率在2003年未能达到5%，在2007年也未能达到7%（第八章将进一步讨论这两党和其他的反对党。）。另一项保护大政党的措施是，废除了选票中“反对所有党派”这一项。选民们习惯于选择这一项以示抗议。在过去历次全国性的选举中，最多时有5%的人选择了该项。在有些情况下，例如，在2004年符拉迪沃斯托克市的市长选举中，绝大多数的选民选择了这一项。

2001年4月，卢日科夫和普里马科夫放弃了反对派的立场，转而支持议会中克里姆林宫控制的政党。他们的祖国—全俄罗斯党团也与统一党合并形成了统一俄罗斯党。统一俄罗斯党吸纳了许多地方领导人，迅速成长为“当权派政党”。在2003年的选举中，统一俄罗斯党的得票率为38%，超出俄共13个百分点，顺利成为议会第一大政党。此后，统一俄罗斯党在议会中一直占据主导地位。在政治技术专家的运作之下，青年运动组织“纳什（意为‘我们的’）”也宣告成立。此举是为了应对乌克兰的“橙色革命”。“纳什”成员通常组织激进的示威游行活动来对抗所谓的外国敌人，因此获得了不太好的名声。

2006年，克里姆林宫控制议会的行动进一步升级，他们创造了一个“忠诚的反对党”，即由联邦委员会主席谢尔盖·米罗诺夫领导的公正俄罗斯党。在政治技术专家们的支持之下，公正俄罗斯党网罗了各个左翼政党及民族主义政党，凑成了一个所谓的社会民主联盟。一些统一俄罗斯党的政客也加入了该党。2007年初，议会代表阿纳扎利·阿克萨科夫，他同时也是银行业的一位重量级人物，退出了统一俄罗斯党，加入了公正俄罗斯党。当在采访中被问到，为什么要改变立场时，阿纳扎利·阿克萨科夫并未提及这两党中任何一党的政策，他只是说：“我们需要实行两党制，就像美国那样。”在2007年12月的选举中，统一俄罗斯党获得了压倒性的胜利，得票率达 64%，而俄共的得票率仅为 12%，日里诺夫斯基领导的自由民主党获得 8% 的选票，公正俄罗斯党获得 7% 的选票。其他政党的得票率均未超过 7%。[15]

在 2006 年至 2007 年，一直有传言称普京政府敦促修改宪法，以便能够实现三连任。一些议员公开呼吁修宪。但之后并未得以实施，德米特里·梅德韦杰夫被选中接替普京，担任总统。在圣彼得堡时，梅德韦杰夫就作为一名律师与普京共事，1999 年更是追随普京来到莫斯科，担任政府办公厅副主任。此后，他曾在政府各部门及克里姆林宫担任过各种职务，还曾任过俄罗斯天然气工业股份公司董事会副主席及主席。他就职总统后的第一件事，就是提名普京为政府总理。至今，梅德韦杰夫仍被认为是普京的追随者。

硬汉普京

弗拉基米尔·普京热衷于展示他的硬汉形象。他是柔道黑带高手，健壮的身体与叶利钦形成鲜明对比，后者总是一副酒精中毒的样子。实际上，俄罗斯 50 岁以上男子普遍存在健康问题，这已经成为国家性的丑闻了。

普京甚至成为性感的象征。在 2007 年议会选举前，克里姆林宫公开了一组普京狩猎时的照片。照片中的普京赤裸上身，充分展示了他强健的肌肉。在一些照片中，普京还挥舞着长长的步枪。此前的几个月，还陆续传出了普京的绯闻。据称，56 岁的普京与 24 岁的统一俄罗斯党女议员阿丽娜·卡巴耶娃有染。卡巴耶娃是奥运会艺术体操金牌得主，曾被小报评为俄罗斯最美丽的女人之一。不过有关方面坚决否认了这一传闻。

图6－2　硬汉。这是2007年9月，克里姆林宫公开的照片中的一张。时任总统的普京正在图瓦打猎

路透社/俄新社/克里姆林宫发。

有理由怀疑，普京的轻浮形象，与他对针对妇女的犯罪行为的不当态度是有关系的。2006年，由于麦克风忘关了，普京与以色列总理埃胡德·奥尔默特的一段对话遭到曝光。对话是关于时任以色列总统的摩西·卡察夫的，卡察夫被指控强奸及性骚扰10名妇女。在对话中，普京对奥尔默特说："他的身体一定很棒……他真令我们吃惊。我们都很羡慕他。"卡察夫因为这一丑闻而辞职，与检方达成认罪协议，以换取不对他涉及的强奸罪予以起诉。但在2009年，卡察夫推翻了自己之前的认罪协议，因此被控强奸和性骚扰罪。

普京尖刻的，有时甚至是粗俗的俏皮话中，经常夹带着俄罗斯的俚语和粗话。1999年，普京在电视上宣布第二次车臣战争时，公开谴责恐怖主义并宣称"我们要把他们塞进茅坑里（my i v sortire ikh zamochim）。”在这句话中，“mochit”，即塞进，是个双关语，在俄罗斯俚语中有“狠揍”的意思。俄罗斯民众当时对普京这位新总理还不是很了解，而这句话充分体现了普京的个性，给他们留下了深刻的印象。前苏联政治犯弗拉基米尔·布克夫斯基在文章中指出，这句话起源于前苏联的古拉格机制。每当被囚禁的人们反抗的时候，就会首先杀死情报人员，并把他们丢进集中营开放的厕所里。他补充说：“关于那里发生的一切，普京根本不知情。”

最近，普京迷上了侮辱与俄罗斯不和的邻国的领导人。2008年10月，普京公开称乌克兰总统维克多·尤先科为无赖骗子（mazurik）。2008年11月，法国媒体报道称，普京对法国总统尼古拉·萨科齐说，他想要抓住格鲁吉亚总统米哈伊尔·萨卡什维利的“蛋”，把他绞死。随后，在一次电视直播的与公众进行的电话连线中，一位打进电话的人问普京，他是否想要抓住萨卡什维利身上的“一个部位”把他绞死。普京笑着回答说：“为什么只抓一个呢？”[17]

指导思想

在普京和统一俄罗斯党迅速掌权的过程中，除了打击车臣和强调要恢复稳定之外，他们没经历过群众运动，没有可以用来宣传的政策，更没有形成指导思想。伊戈尔·沙布杜拉索夫是别列佐夫斯基的盟友，在普京执政的头几个月，担任政府办公厅的副主任。他曾说指导思想“从战术层面上说，在当时并不是必需的”，并且要发展指导思想也需要一定的时间。之后，由于美国入侵伊拉克以及美国对格鲁吉亚“玫瑰革命”和乌克兰“橙色革命”的支持，美俄之间在“打击恐怖主义的战争”

中形成的亲密关系开始变味了。在这样的背景下，克里姆林宫提出了“主权民主”的指导思想。在2005年的联邦会议上，普京在演讲中解释了这一思想。* 普京解释说，“主权民主”是建立在独立国家的基础上的。苏联的解体是“20世纪最大的地缘政治灾难”。由于20世纪90年代的那场混乱的影响，直到2005年，恢复稳定仍然是俄罗斯的主要任务。从那以后，俄罗斯要行动起来反对官僚的无能和腐败，巩固联邦并加强法治以保障自由的经营活动。[16]

许多俄罗斯自由主义者和社会主义者认为，判断普京所说的“独立国家”的一个重要标准，就是他对俄罗斯历史的态度。在大众面前，普京迎合民族主义者，强调斯大林是帝国的建设者和确保苏联战胜纳粹德国的功臣。2001年，在接受一家报纸采访时，普京说，斯大林赢得了战争，“这一点是不容忽视的”。于是，苏联时期的国歌经过重新填词后，成为了俄罗斯的国歌。普京直到任期的最后一年才对斯大林时期的大镇压作出评价。这句意气用事的对比，让人权组织非常失望：

> 是的，在我们的历史上曾经发生过可怕的事，我们不会忘记1937年斯大林的大清洗。但是，我们没有向平民投掷原子弹，我们没使用过化学武器……强加在我们身上的罪行是不能容忍的。

难道指责其他国家的罪行，就可以掩盖自己的历史吗？2007年10月，在纪念政治压迫受害者的这一天，普京访问了布图瓦靶场。在20世纪30年代末，这个靶场曾处决过2.1万名莫斯科人。普京在布图瓦发表了演讲，他说：“我们做的还远远不够，要让人们永远记住这个悲剧。”话虽是这样说，但却并未见到进一步

* 总统向议院两院发表的年度演讲，相当于美国的国情咨文。

的行动。2008 年，历史学家和教育学家们对政府推荐给教师的新历史参考书提出抗议。新参考书强调了斯大林在恢复俄罗斯帝国权力方面的作用。在谈到镇压时，书中的语气也有所缓和，并未像戈尔巴乔夫时代那样进行谴责。此外，新参考书中还辩称，20 世纪 30 年代，斯大林发动大清洗的初衷是为了“有效”地统治国家。2008 年 12 月，防暴警察冲进了“纪念碑”组织位于圣彼得堡的办公室，没收了电脑硬盘，硬盘中储存着有关斯大林暴行的全部记录。“纪念碑”组织成立于苏联晚期，专门支持苏联时代监禁体系的受害者，并保存相关的历史档案。[18]

打击民主自由

普京统治下的俄罗斯，在议会之外，民主权利也不断受到削弱。言论、集会和结社的自由权利，不仅受到独裁者的压制，而且受到了国内的野蛮和漠视情绪的影响。

在言论自由方面，第四章已经提到，普京将国内电视台置于政府的控制之下。大多数家庭看到的新闻，都是经过审查的，以确保普京能在选举中获得多数选票。但是，由于网络的发展，对于想要从其他途径获取消息的小部分人来说，情况也有所改善。在印刷媒体方面，像《今天报》（Segodnia）这样成立于 20 世纪 90 年代，提倡言论自由的报纸都被关闭了。其他像《生意人报》（Kommersant）等，也被亲克里姆林宫的人接管了。硕果仅存的反对派报纸就只剩下了《新报》（Novaya Gazeta），但《新报》的记者为此付出了惨痛的代价。至今，已有四名《新报》记者被杀害。在此期间，涌现出许多地方报纸，这些报纸正在勇敢地对抗和披露地方政客的腐败。娜德斯达·阿季希娜是一位资深的记者和媒体自由的维护者。她在最近的文章中指出，一些媒体，特别是地方媒体的勇敢行为，让人们感到乐观，这冲淡了由于“现实存在的压力”和一些记者的“盲目顺从”而产生的悲观情绪。

最有效的审查手段，就是雇杀手杀害记者。1994 年，记者德米特里·科罗多夫被炸身亡，他的同事查出此事与时任叶利钦政府国防部长的帕维尔·格拉切夫有关。从那以后，再没有证据显示，政府高官与此类暗杀事件有关。俄罗斯国内的以及国际的一些记者协会认为，俄罗斯的刑事司法体系使那些组织暗杀的人能够逍遥法外，这些人里通常包括一些执法人员。2006 年，《新报》记者安娜·波利特科夫斯卡娅遇害，她生前因报道车臣战争而闻名。这一事件受到了国际舆论的关注。2009 年 2 月，三名涉嫌杀害安娜·波利特科夫斯卡娅的人被判无罪，这一判决激怒了公众。越来越多的证据表明，是联邦安全局的人暗地里雇佣的杀手，而他们则是在高层的授意之下才这么做的。在记者谋杀案中，一些被雇佣的杀手也被判了刑，但没有一个组织者被定罪。在《新报》记者伊戈尔·多穆尼科夫遇害的案件中，已经确定了雇佣杀手的人，但这个人却并未受到审判。

除了伊拉克和阿尔及利亚之外，在俄罗斯遭杀害的记者是最多的。在 1993 年至 2008 年，有 81 名记者在工作时死亡，超过 40 名记者被杀害，死因可疑，还有 13 人失踪。记者们知道，他们的性命不值钱。此外，他们每年都会遭受各种袭击，其中有一些甚至是致命的。例如，在 2008 年，就发生了 65 起袭击记者的事件。[19]

自由集会的权力也基本不复存在。实际上，地方政府在禁止示威游行方面，拥有无限的权力。2006 年至 2008 年，地方政府曾多次阻止自由人士和左翼人士发起的示威游行。但是在 11 月 4 日，民族主义社团，包括一些法西斯社团和种族主义社团，却可以大摇大摆地在莫斯科街头游行，不会受到任何限制。从 2005 年起，每年的 11 月 4 日被定为“人民团结日”，成功取代了苏联时期每年 11 月 7 日的“十月革命节”。

由于政府加紧对非政府组织的控制，民主自由在俄罗斯遭到削弱。截至 2006 年，俄罗斯正式登记的非政府组织有超过 50 万个。2001 年，克里姆林宫的政治技术专家们成立了一个公民论坛，打算用这种方式与非政府组织交流并达到监视的目的，但最后也不了了之，因为非政府组织就参不参加的问题，未能达成一致。在普京的第二任任期内，政府采取了双管齐下的方法。一是在 2005 年成立了一个公众议会，这个组织有权与克里姆林宫进行磋商，其中三分之一的人由总统提名（包括演艺圈名人、寡头、律师等等），三分之一的人来自国内的民间社团，还有三分之一的人来自于地方的非政府组织。二是通过了一项法律，对非政府组织的登记提出了复杂的要求。此项法律一出，政府手中就有了一个完美的武器，可以任意关闭非政府组织。官方可以以危害俄罗斯“主权”或“文化遗产和国家利益”为理由，取缔任何一个社团。普京在 2004 年的国情咨文中说，非政府组织是受“分裂势力支持的”，这句话毫无疑问为官员们指明了方向和目标。大的非政府组织经过漫长的法庭诉讼，克服重重障碍得以登记成功，但一些较小的组织就没这么幸运了。政府还经常利用反恐法威胁反对派的活动，这一行为也受到了相关人士的谴责。2008 年末通过的法律修正案中，有关叛国罪和间谍行为的条款加重了人们的恐惧。根据新的法律条款，与国外非政府组织分享信息的人，可能会面临长期监禁。[20]

那么，普京从多大程度上说是个独裁者呢？兹比格涅夫·布热津斯基曾在 1977 年至 1981 年担任美国总统吉米·卡特的国家安全顾问，他对普京和意大利法西斯领导人贝尼托·墨索里尼进行了比较。根据他的文章，普京“以沙文主义的名义进行集权”并且“运用政治力量控制经济，但并没有实施国有化，也没摧毁寡头们和他们的集团”。[21]普京在与国家及大企业结盟方面的确与墨索里尼有相似之处。但墨索里尼是利用他的黑衫军进行暴力和胁迫运动并发动政变，才登上国家权力顶峰的。他是在动荡的年代攫取政权的，并且遭到了强烈的反对。但普京不同，他是被叶利钦的参谋团一手提拔起来的，而且他获得权力的年代是社会运动的低潮期。

俄罗斯有产阶级可能准备用大规模的暴力行为来反对这些运动。在第一章曾提到，寡头彼得·埃文认为，俄罗斯需要皮诺切特式的人物，在那样的背景之下，这种言论的确让人难忘。皮诺切特曾对反对派进行过大规模的血腥镇压。但在后苏联时代的俄罗斯，政府不需要使用这样的手段，因为人民都很安静。在这里，暴力被用来保持国家的统一，比如车臣战争中的残暴行为。但是在处理民众的骚乱方面，普京和他的同事们还是比较谨慎的。政府会把积极分子隔离开来，但总是提防着大型的运动，并且准备作出让步。

民主受到了压制，但未来的情况没办法预测，因为经济因素将起到关键作用。截至2008年，随着人民生活水平的不断提高，独裁统治也在不断加强，而民众日渐提高的生活水平正是普京受欢迎的原因。随着石油繁荣的结束，人民的生活水平也会相应下降，独裁统治恐怕也难以维系下去了。

俄罗斯最奇怪的民主人士

鲍里斯·别列佐夫斯基是叶利钦时代最有权势的寡头，自2001年起流亡伦敦。他把自己塑造成了反对普京的民主人士。别列佐夫斯基的事说明，国外媒体的报道有时会是非不分，颠倒黑白，给读者留下错误的印象，这一点很值得警醒。别列佐夫斯基的自我宣传，在2007年4月达到高潮。当时，他在接受《卫报》采访时宣称，他和一些俄罗斯的精英正“策划用武力推翻普京政权”。对于政治观察家们来说，别列佐夫斯基只不过是嘴上说说罢了，没有证据显示，在俄罗斯会有人支持他，实际上，到有很多证据证明，他在俄罗斯根本得不到支持。尽管如此，这个故事还是广泛流传开来。

在2007年7月，别列佐夫斯基告诉英国记者说，他逃离了伦敦，因为有个俄罗斯杀手去希尔顿酒店刺杀他。他还说，刺杀是普京策划的。实际上，对别列佐夫斯基所谓的刺杀，警方并未找到进一步的证据，整个故事有可能是他想象出来的。这件事最初是刊登在小报《太阳报》上的，之后，英国各大报纸都进行了转载。只有《独立报》报道称，"刺杀事件"出现的时机"引起了怀疑"，有人认为，这可能是别列佐夫斯基对克里姆林宫发动的"又一轮攻击"。

这一奇异事件发生的时候，正逢英俄关系因亚历山大·利特维年科事件而恶化。2006年11月，亚历山大·利特维年科因钋中毒，死于伦敦。在临终之际，这位受雇于别列佐夫斯基的前俄联邦安全局特工，指控是普京谋杀了他。英国当局决定起诉安德烈·卢戈沃伊。卢戈沃伊也是一位特工，与利特维年科曾经是同事，他曾在利特维年科中毒当天与他会面，而且卢戈沃伊的身上以及活动过的地方都有钋的痕迹。英国向俄方要求引渡卢戈沃伊，但被拒绝了（当时，俄罗斯公众的反英情绪与英国公众的反俄情绪一样强烈。2007年12月，卢戈沃伊作为自由民主党的候选人，参加了议会选举。他现在是俄罗斯议会的议员）。

利特维年科死亡的真正原因仍不清楚。1998年11月，当时还在联邦安全局工作的利特维年科，将安全局高级官员策划的暗杀别列佐夫斯基等人的计划公之于众。当时联邦安全局的负责人正是普京。利特维年科因此事被监禁，于1999年12月获释。2000年，他与别列佐夫斯基一起流亡伦敦。2002年，利特维年科出版了一本书，揭露联邦安全局的卑鄙行为。书中也提及，普京有可能策划了导致第二次车臣战争的爆炸案。金融大亨乔治·索罗斯等人认为，在1999年，别列佐夫斯基的政治影响力要远远超过普京，他也有可能策划了爆炸案。关于这一观点，利特维年科在书中并未能解释清楚。

在伦敦，利特维年科就像鱼儿离开了水一样。他从别列佐夫斯基那里领取一份薪水，还从事顾问的工作，即贩卖关于俄罗斯安全部门的情报。此外，他还与米特罗克辛委员会的马里奥·斯卡拉梅拉合作。米特罗克辛委员会是由西尔维奥·贝卢斯科尼领导的右翼意大利政府组建的，表面上是为了找出克格勃在意大利的活动，实际上却是为了抹黑贝卢斯科尼的政敌。利特维年科经常为这个委员会提供可疑的信息，因此被一些意大利和俄罗斯的犯罪分子所仇视。2006 年 3 月，意大利议会迫使贝卢斯科尼关闭了这个组织。一个月以后，罗马诺·普罗迪在大选中击败了贝卢斯科尼。普罗迪曾经也是米特罗克辛委员会要对付的目标之一。

利特维年科的死可能是由于与前克格勃同事之间的矛盾，也可能是俄罗斯或意大利的犯罪分子所为。但在英国和美国，尽管证据仍不充分，人们却普遍认为他是一个持不同政见者，并被普京下令谋杀了。别列佐夫斯基设立的各种各样的基金会，对俄罗斯国内的社会运动几乎没什么影响，但却成功影响了英语媒体。别列佐夫斯基曾在 1996 年，动用自己的权力和金钱左右总统竞选结果，在政府任职期间，又在背地里将政治与商业联系起来，大耍手段。现在，却被报道成为一个民主人士。他为普京铺平了通往克里姆林宫的道路，他与车臣武装分子的秘密交易埋下了第二次车臣战争的种子，现在却把自己塑造成反对普京的正义人士。正如索罗斯在文章中指出的，“别列佐夫斯基是从自己的利益出发，来看待这个世界的。他完全把俄罗斯的命运置于自己的命运之下。”[22]

第七章

人民和金钱：人类发展困境

在20世纪90年代，俄罗斯在人均寿命、生活水平、医疗卫生、教育等民生的各个方面都严重退化。但2000年以后，俄罗斯经济开始恢复增长，民生也有了很大提高。许多人脱离了贫困，人民的总体生活水平也有所改善。但是，仍然有许多严峻的问题还未得到解决。贫富差距和地区之间的差距仍在扩大。人口危机依然存在，死亡率仍高于20世纪80年代中期的水平。在右翼力量的“市场化”原则的指导下，健康、教育、社会福利等方面的改革又导致了新的不平等现象。最糟糕的是，政府没能将从石油上获得的大笔收入，用来解决最紧迫的问题。俄罗斯虽然在健康、住房、农业和教育等方面开展了四项国家级的工程，但所针对的目标却是错误的。2008年的金融危机对国家财政造成了不利影响，这意味着，未来可利用的石油收入将会减少，俄罗斯已经错过了解决问题的最佳时机。2009年，失业率上升，生活水平下降，与之相关的健康及社会福利方面的问题进一步增多。

人口和健康危机

统计表明，俄罗斯健康方面最严重的问题就是人均寿命低，而且还在不断下降。在2000年之后，尽管油价上升使收入增加，但这一问题仍未得到改善。人均寿命充分反映了俄罗斯国民糟糕的健康状况以及社会存在的问题。20世纪60年代，俄罗斯的人均寿命与其他发达国家持平。从那以后，只有少数几个国家的人均寿命下降了，俄罗斯就是其中之一。现在，俄罗斯男性的平均寿命为59岁，比发达国家低15—19岁，女性的平均寿命为73岁，比发达国家低7—12岁。死亡率在20世纪90年代早期达到最高值，在末期有所下降，但在2000年之后又开始上升。与经济发展水平相近的其他国家相比，俄罗斯劳动年龄男性的死亡率要高出2—4倍，女性的死亡率也高出一倍。导致高死亡率的最根本原因仍未改变。联合国开发计划署2008年的一份报告称，生活贫困、酗酒、营养不良、医疗卫生条件差、心理压力等都是极易导致人们过早死亡的原因。艾拉·伊万诺娃是卫生部的人口统计学家，她在一次研讨会的报告中称，“政府认为，不需要在提高人民寿命方面花费太多”。这句话反映出，政府在医疗卫生方面投入不够是导致高死亡率的主要原因。

高死亡率加上不断降低的出生率使俄罗斯人口急剧减少。人口学家预计，这一情况在未来十年内仍将持续。人口减少引起了国家领导人的重视。普京曾多次提到，要将扭转人口减少的状况作为首要任务。2007年，时任副总理的德米特里·梅德韦杰夫曾说，人口长期减少的状况将会“威胁国家的存在”。阿纳托利·维斯涅瓦斯基是俄罗斯最著名的人口学家之一，他认为，人口减少不只是数字问题。一方面，俄罗斯本来就少的人口之间存在“严重矛盾”；另一方面，俄罗斯过于广大的领土以及中心城市布局等都构成问题。俄罗斯远东地区的人口减少情况是一个极端的例子。但是，在怎样解决人口减少问题，以及人口减少趋势何时会停止等方面，政治家与研究者之间存在严重分歧。

政府在2005年实施了一项鼓励生育的计划，即鼓励适龄妇女生育更多的孩子。生育率在2007年稍有改善，普京随即宣布实施的计划是有效果的，人口减少的趋势将在三到四年内得到扭转。但是，人口学家认为，2007年的统计结果是暂时的，只有长期努力改善健康状况和生活水平，才能降低死亡率，鼓励妇女生育更多子女。他们还认为，如果人口减少的趋势持续下去，俄罗斯的人口将从2008年的1.42亿减少至2025年的1.25亿。另一个相关的问题是，与退休人员和儿童的数量相比，劳动年龄的人口数量虽然短期内有所增加，但从长期看，将会减少。2006年，劳动年龄的人口与退休人员和儿童数量之比为5比3，到2025年，这一比例将降至5比4，这种状况将会增加健康及养老体系的负担。

人口学家警告说，出生率是呈波浪形下降趋势的。现在新生儿数量的减少，意味着未来20到25年里，育龄妇女的数量将会减少。出生率自1987年起，呈直线下降趋势，当时，由于前苏联的经济危机，许多年轻的家庭对未来还不确定。假设2007年俄罗斯20至29岁（最可能生育的年龄）的妇女的数量为100人，以此为基准，则10至19岁（2017年最可能生育的年龄）的女孩的数量为75人，而0至9岁（2027年最可能生育的年龄）的女孩的数量仅为56人。此外，与其他工业化国家一样，俄罗斯的妇女也选择晚婚。她们倾向于将工作置于家庭之上。而且，研究者认为，由于俄罗斯妇女的受教育水平更高，她们以工作为重的倾向更为明显。许多俄罗斯的年青女性正在行使她们的选择权，她们的这种集体行为使政府提高生育率的努力收效甚微。俄政府认为可以将总生育率从目前较低的1.3提高至1.8，这一数值仍然低于人口更替水平所要求的2.1的总生育率。许多人口学家认为，俄罗斯的总生育率很难达到2.1。[1]

2006年，政府宣布提高生育津贴，实施新计划。根据新计划，每个育有两个孩子的家庭，在第二个孩子三周岁生日当天，可一次性得到25万卢布。针对第三个孩子的奖励金额尚未确定。社会学者和健康专家认为，这个办法不能解决根本问题。来自社会政策独立研究所的塔蒂亚娜·玛勒娃认为，提高生育津贴的措施可能只对不工作的女性有作用，俄罗斯还需要鼓励职业女性生育。联合国开发计划署的研究发现，健全的基础设施比现金更重要。例如，俄罗斯学前教育及看护机构的缺口达100万。这份研究还认为，改善住房条件和二级医疗保健也能起到关键作用。

专家认为，全面改善卫生保健和社会福利不仅是提高出生率的最重要的前提条件，而且是降低死亡率的关键因素。预防措施是关键，而这正是俄罗斯卫生系统的薄弱环节。政府目前的重点是要减少酗酒和严重的吸烟行为，每年因酒精中毒死亡的人就达50万。此外，还应采取行动，改善社会条件，减少谋杀、自杀、事故等意外原因导致的死亡。

从长期看，艾滋病对健康系统的威胁最大。1997年至2007年，记录在案的艾滋病例从1000例上升至405427例。专家一致认为，实际病例应该在100万例以上。截至目前，俄罗斯艾滋病的主要传播途径是注射毒品，并且已登记的艾滋病人中绝大多数是吸毒者。但是，专家警告称，未来几年，艾滋病将扩散至不同的人群，并且更多是通过异性性交进行传播。[2]

俄罗斯人口危机的另一个关键方面就是移民。历史上，俄罗斯是中亚和高加索人移民的目的地，现在，俄罗斯的移民中，来自上述地区的仍占大多数。20世纪90年代，据估计，有690万人移民至俄罗斯，360万俄罗斯人移民至其他地区，其中大部分人去了美国、德国和以色列。2000年之后，俄罗斯移进和移出的人数都大幅减少。根据官方数据，2000年至2006年，有140万人移民至俄罗斯，60万俄罗斯人移居国外。但独立的研究者认为，实际数量至少是官方数据的两倍。许多之前去美国或欧洲的受过良好教育的年轻人现在回到了俄罗斯。此外，在俄罗斯，还有数百万的短期移民劳工，他们大部分来自乌克兰、高加索地区、中亚和中国。俄罗斯主要的工会联盟估计，在2005年，有70.25万名短期移民劳工进入俄罗斯，但总数要远远多于这个数字。联邦政府移民部门估计，俄罗斯有1000万至1200万的非法移民劳工，许多研究者认为这一数字被夸大了。

人口学家认为，外来移民可以部分解决俄罗斯因人口减少而引起的问题。就像西欧的一些国家所做的那样，引进移民劳工可以解决因人口减少导致的劳动力短缺问题。但是俄罗斯的政治家们不打算冒这个险，他们还没有准备好迎接移民的到来。在这件事上，他们更愿意持保留态度，一方面使外来移民处于没有保障的境地，一方面对一小部分排外的民族主义者作出让步。其结果就是，他们在制定政策和法律的时候总是摇摆不定。2007年的人口政策计划在2017年之前，将每年的外来移民人数控制在16万至17万人。人口学家警告说，这一政策将极大削弱外来移民对俄罗斯经济的贡献。

政府的制度，在某些关键的方面，为种族主义者反对外来移民打开了方便之门。2002年出台的一项法律，使许多外来移民几乎不可能获得俄罗斯公民身份。2006年末，在俄罗斯与格鲁吉亚处于外交对峙期间，政府下令驱逐俄罗斯境内的格鲁吉亚籍公民。许多警察、地方官员及其他政府机构以这一命令为借口，对所有来自高加索和中亚地区的移民进行侵扰。当时，在西北部城市孔达波哥，处于后苏联时代的俄罗斯发生了第一起针对车臣人和其他高加索人的迫害事件。事件的起因是一场发生在车臣人和俄罗斯人之间的冲突，有人在这场冲突中丧生，在这场冲突之后，当地大批居民对外来移民的住宅和商店进行了攻击。2007年1月，政府对从事零售工作的外国商贩数量进行了限制，而高加索移民中大部分是从事零售工作的。[3]

在石油价格激增期间，俄罗斯未能在应对人口危机方面取得进步，这或许是经济学家所谓的“能源诅咒”在俄罗斯最突出的表现。俄罗斯依靠原料换来的财富使国家的精英们受益颇多，但对出生和死亡方面糟糕的统计数字却没有明显影响。

贫富悬殊日益扩大

在石油价格激增期间，俄罗斯不但没能显著提高人口寿命，改善人民的健康状况，而且也没能遏止不断扩大的贫富差距。20世纪90年代，随着俄罗斯经济的崩溃，不平等现象开始增加。2000年之后，经济开始恢复增长，不平等现象却进一步增加。在过去二十年里，世界上大多数人口的福利状况都有所改善，同时，大多数国家的不平等现象也都开始增加。基尼系数是用来衡量收入分配状况的统计学指标。* 图7-1显示，俄罗斯的基尼系数从20世纪90年代末开始增长，在2000年至2003年间保持不变，之后又开始增长。图中另一条线代表人均GDP，是衡量国家财富的指标。从图中可以看出，随着人均GDP的增长，收入差距开始加大。

像所有其他的统计数据一样，基尼系数也有缺点。基尼系数只统计了富裕人群的收入，并未统计他们的财产，所以低估了富裕人群的财富。一些贫穷人群的财富也被低估了，因为像其他统计数据一样，基尼系数也无法统计未上税的灰色收入。1995年至2007年间，灰色收入的比例也有所下降。我要强调的重点是，在收入方面以及健康、教育、工作和生活条件等非收入方面的研究都表明，在俄罗斯经济因高油价而繁荣期间，不平等现象加剧了。

---

* 基尼系数是统计学上的一个指标，为比例数值，在0到1之间。0表示居民之间的收入分配绝对平均，即人与人之间收入完全平等。1表示居民之间的收入分配绝对不平均，即100%的收入被一个单位的人全部占有了。各国中，基尼系数最低的是丹麦，为0.23，最高的是纳米比亚，为0.71。大多数欧洲国家的基尼系数在0.24—0.36之间，美国的基尼系数超过了0.4。

下面我将就这几方面进行阐述。

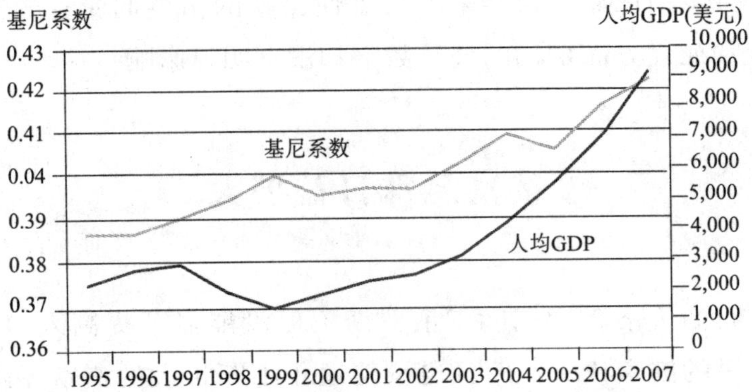

图 7-1　随着财富的增长，不平等现象加剧（1995—2007 年）

资料来源：俄罗斯联邦统计署/欧洲复兴开发银行。

收入及工作方面的差距

在油价上涨期间，俄罗斯的平均工资也大幅上涨。表 7-1 显示，在 2000 年至 2007 年间，俄罗斯平均工资以美元计增长了六倍多。联邦统计署按 1991 年卢布价格计算的结果也显示，平均工资增长超过 2.5 倍。按这种计算方法，在 2006 年至 2007 年，平均工资回升至 1991 年的水平。但是，与 1991 年相比，后苏联时代的俄罗斯商品和服务要丰富的多，这些在表中的统计数字中并未体现出来。表 7-1 显示出，收入差距在不断增加，这里所说的收入包括工资、非劳动所得、退休金以及其他的政府补助金。表中第三栏是统计署统计的收入差距系数，即收入最高的 10% 的人的平均收入与收入最低的 10% 的人的平均收入的比值。这一比值在 20 世纪 90 年代迅速上升，2000 年之后，继续上升。2007 年，收入最高的 10% 的人的平均收入已是收入最低的 10% 的人的平均收入的 16.8 倍了。这项统计数据仍然只是对收入的统计，不包括财产。

表 7－1　　随着收入增长，贫富差距不断加大

	平均工资（每月）		收入最高的 10% 的人的平均收入与收入最低的 10% 的人的平均收入之比
	以美元计	按 1991 年卢布价格计算	
1991	n/a	548	—
1992	22	369	8.0
1995	103	246	13.5
2000	79	238	13.9
2002	139	332	14.0
2003	179	368	14.5
2004	234	407	15.2
2005	303	459	15.2
2006	391	520	16.0
2007	529	607	16.8

资料来源：俄罗斯联邦统计署。

导致收入差距增加的一个重要的原因是，工资的增长速度要快于政府补助金的增长速度。图 7－2 比较了平均工资和平均退休金的增长速度，到 2007 年，平均工资的数额是平均退休金的四倍还要多。

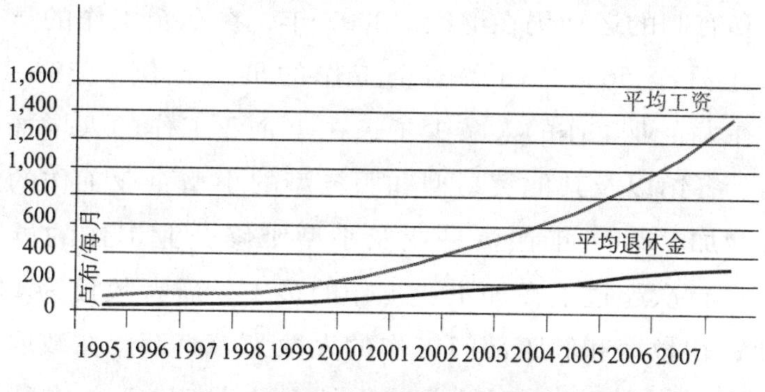

图 7－2　工资增长速度高于退休金增长速度

资料来源：俄罗斯联邦统计署/德意志银行。

但是，针对贫困的研究显示，收入最低的人群，特别是拥有未成年子女的，比领取退休金的人更容易陷入贫困。一些工资上的巨大差距是地区性的。2008 年，有研究者估计，俄罗斯最贫困

地区的平均工资为每月 7000 卢布（250 美元），而最富裕地区的平均工资为每月 4.1 万卢布（1465 美元），前者仅为后者的六分之一。大部分低收入人群生活在物价水平较低的地区，那里的物价水平要低于俄罗斯的平均物价水平，尽管如此，他们仍然处于贫困之中。而且，在油价上升带动俄罗斯经济增长的那段时期，他们也依旧贫困。由最低工资标准引发的争执凸显了低收入人群所受到的不公正的对待。2002 年生效的劳动法中对最低工资标准进行了规定，但数额只有政府规定的最低生活保障水平的四分之一。2005 年，俄罗斯平均工资为每月 8500 卢布，最低生活保障水平为每月 3255 卢布，而最低工资只有每月 720 卢布。工会曾向政府施压，要求调高最低工资标准，但受到了普京顽固的抵抗（见第八章）。[5]

不断加大的工资差距是造成收入差距加大的主要因素，因为工资占收入的比例超过 70%。随着劳动人口的类型不断发生变化，工资的水平也在变化。例如，大型工业的衰退、服务行业的兴起以及短期的非正式就业的增加都对工资产生了影响。从公有制转为私有制的运动仍在继续。2007 年，在私企工作的员工比例从 46% 上升至 56%，而在国企工作的员工比例从 38% 下降至 32%。在大企业工作的人减少了，在小企业工作的人增加了，在咖啡馆、餐馆以及其他贸易型和服务型的小型企业工作的人数也在一直增加。2007 年在贸易业及小型维修企业工作的员工达到 1180 万，首次超过了在加工业工作的员工，后者数目为 1140 万。2007 年，在教育和健康部门工作的人数为 106 万，在政府部门工作的人数为 350 万，在运输业工作的人数为 540 万，在能源部门工作的人数为 290 万，与之前相比，这些部门员工数量变化都不大。2007 年，俄罗斯农业就业人口为 670 万，呈持续下降趋势。此外，在未注册的企业工作的非正式就业人员大幅增加，这些人不向政府纳税。据一些社会学家估计，2005 年，俄罗斯的非正式就业人员达 1210 万。在工作条件方面的差距也很大。2005 年，工会联盟称，有超过四分之一的男性员工和七分之一的女性员工是在有害的工作环境中工作的，并且数目仍在不断上升。2007年，俄罗斯工伤事故1000人的事故率为2.7，与2000年的5.1相比，有所进步，但仍然比大多数欧洲国家要高出1至2倍。[6]

石油价格激增使俄罗斯数百万人脱离了贫困。表7-2显示，2000年生活在贫困线以下的人中，有超过一半的人到2007年时脱离了贫困，这里所说的贫困线是由俄罗斯联邦统计署设立的。但是，贫困人口占总人口的比例仍然很高，初步估计，2007年俄罗斯贫困人口比例为13.4%，2008年为10.5%。随着俄罗斯变得越来越富裕，这些贫困家庭相对来说变得越来越贫穷。联合国开发计划署的研究显示，在俄罗斯的贫困家庭中，有40%的家庭组成是父母和一个或两个未成年子女，25%的家庭组成是无子女夫妻，30%的家庭是传统的贫困家庭的组成模式，包括有很多孩子的家庭，单亲家庭或孤儿家庭，以及靠领退休金生活的孤寡老人家庭。研究人员认为，在贫困人口中，只有一小部分的人是生活在极度贫困之中的，大部分贫困家庭的收入接近贫困线，有希望脱离贫困。

表7-2　生活在贫困线以下的人口数量

	百万	占总人口的百分比
1992	49.3	33.5
1995	36.5	24.8
2000	42.3	29.0
2002	35.6	24.6
2003	29.3	20.3
2004	25.2	17.6
2005	25.2	17.7
2006	21.5	15.2
2007	18.9	13.4

资料来源：俄罗斯联邦统计署。

最令人担心的事就是，贫困这个沉重的负担落在了儿童们的身上。联合国儿童基金会 2006 年所做的一项研究显示，与成人相比，儿童更容易陷入贫穷之中，而在儿童中，6 岁以下的儿童更容易陷入贫困。研究还显示，不平等现象不但没有消除，反而变得更严重了。流浪儿童及孤儿的数量正在不断增加。来自非政府组织妇女同盟的斯维特拉娜·艾瓦佐娃在一次采访中告诉我，俄罗斯“庞大的孤儿院体系”本身就存在很大问题，所起的作用不大。改革所遇到的一大阻碍就是社会福利机构，因为只有保持旧的体系不改变，并保证体系中的现金流转，这些机构才能守住它们的既得利益。[7]

图 7－3　2006 年 1 月，伊热夫斯克市爆发了反对福利改革的示威游行

伊热夫斯克《Den'》发。

地区之间的差距

俄罗斯地区之间不断扩大的差距，同样也是贫富差距扩大的反映。由于俄罗斯国土广袤，地区之间经济发展不平衡以及在 20

世纪90年代迅速引入完全自由的市场经济，因此，地区之间存在巨大的差距也是意料之中的事。但值得专家们注意的是，在油价上升带动俄罗斯经济发展期间，虽然政府也通过税收及其他政府拨款等措施进行了资源再分配，但是贫困地区却变得更加贫困了。联合国开发计划署2007年的一项研究表明，在俄罗斯，“地区之间的差距正在增加”，特别是人均地区生产总值和人均寿命均低于发达国家的地区，其落后程度尤为明显。最富裕的三个地区（莫斯科、圣彼得堡和石油产地秋明）的人均地区生产总值要比最贫穷的20个地区的人均地区生产总值的平均值高2至8倍。联合国开发计划署收集的发展指标显示，莫斯科和秋明地区发展水平分别相当于捷克和匈牙利，而印古什和图瓦只相当于危地马拉和塔吉克斯坦。莫斯科的人均寿命是71岁，而图瓦、赤塔、阿穆尔、普斯科夫等地的人均寿命为56至60岁。在俄罗斯，农村和城镇之间的贫富差距也很大。世界银行2007年的一份报告称，从严格的经济角度来说，地区之间的差距已经开始缩小，这主要是由于俄罗斯位于欧洲境内的一些地区发展程度已达到最富裕的水平，而“从中长期看，地区之间在发展上的差距可能会进一步加大”。[8]

油价攀升带来的经济繁荣不仅拉大了俄罗斯各地区之间的差距，也加剧了石油和天然气产区内部的不平等现象。伦敦大学的经济学家在2007年的研究中发现，在俄罗斯，“不平等现象与油气生产之间有紧密的、重大的联系”。研究还发现，石油的产量是“导致最富裕的五分之一人口与其余的五分之四人口之间的收入差距不断扩大的主要原因”。[9]这进一步说明，俄罗斯遭受了“资源诅咒”。

住房差距

在俄罗斯，贫富之间的差距还体现在人们的住房上面，而政府市场导向的政策使情况更糟。一方面，地产商抢占城市中心地带，兴建高档公寓，价格堪比伦敦和纽约的同类公寓。另一方面，俄罗斯将近四分之一的家庭仍生活在没有自来水的住房里，1500万的人口生活在20世纪五六十年代建造的预制房屋里，还有400万人住在集体宿舍或公用住房中。

恶劣的气候条件使俄罗斯在住房供应方面没有回旋的余地。那些住处没有供暖系统的人们，即便是墙壁够结实，在冬天也会有性命危险。看到阴沟、院子、厕所会让人想起20世纪90年代的大萧条时期，每年都会有一些居无定所的人死在这些地方。在都市化进程中，为新增城市人口提供温暖的小型公寓可以说是苏联的一项长期的成就。在20世纪60年代至80年代，一排排巨大的公寓楼在城市的外围地区崛起。德米特里·肖斯塔科维奇曾写过一个歌剧来赞颂这件事，俄罗斯曾经最卖座的电影《命运的捉弄》里发生的可笑的故事，也是由住房相似引起的。现在，这些公寓已经年久失修，但仍有许多人住在里面。20世纪90年代初期，大约70%的公寓成为所住居民的私有财产。住在大城市中心的人比较幸运，可以通过出售公寓获利，但是所有权的改变对于大多数人是没有影响的。住房的开销仍然很少，基本接近于零，因为苏联时期的房租很少，现在要交的费用也很少。关键是地方政府仍然负责修理和维护这些公寓，并提供天然气、水、电、供暖等市政服务。这些服务作为社会保障的一部分，在20世纪90年代及普京的第一任任期内都保留下来了。直到2005年，由于采用了新的房屋法规，这些服务的价格开始上涨，并且开始了私有化进程。

经济繁荣使较富裕的少数人群的住房条件得到了改善。1996至2003年，人均住房面积又恢复了长期增长的趋势。人均住房面积达到25平米以上的人口比例从24%上升至30%。在此期间，一些较坏的状况也得到改善，人均住房面积不足9平米的人口比例从7%降至5%，无住所家庭的比例也从15%降至11%，2006

年，无住所家庭的比例已经降至6%。但是，专家认为，俄罗斯仍有超过一半的人口生活在面积过小或基本设施不完备的住房中。此外：

1. 24%的人生活在没有自来水的住房中。
2. 另有13%的人所住的房屋不提供热水。
3. 28%的人所住的房屋没有排污管道。
4. 34%的人所住的房屋没有洗浴设备。
5. 3%的人口生活在贫民窟或者危房中。

真正的定时炸弹是苏联时代建造的公寓没能得到及时翻修。关键的数据是每年进行大修的房屋的面积，大修包括重建房屋或改造天然气、自来水、排污管道等基础设施。房屋大修的面积1980年为5600万平米，1995年降至1160万平米，到2000年只有380万平米。2006年，在石油繁荣期五年之后，房屋大修的面积也才达到了530万平米。这方面的前景也十分暗淡，因为在2005年至2008年，包括修建在内的住房服务私有化了。私有化之后，服务提供者尽量避免大修以节省成本。[10]在普京的第二任任期内，住房服务私有化是导致社会抗议的一个主要原因（见第九章）。

在2006年至2007年，政府宣布实施安居工程，将从石油收入中拨出300亿美元用于住房修建和翻新。但是，即便是在2008年末的信用泡沫破灭之前，专家们就已经担心，将重点放在新建住房以及发展针对中产阶级的抵押贷款方面，将使最严重的问题得不到解决。2006年至2008年，俄罗斯的抵押贷款市场从零基础开始发展，最高时曾占到住房市场比例的7%至8%。但是，大多数家庭无法进行抵押贷款。根据莫斯科国立大学的一个专家论坛的消息，2004年俄罗斯买得起人均18平方米及以上的住房的人口比例为9%，到2006年这一比例已上升至19%，但是，经济危机一定会使这一比例下降。以盈利为目的的建筑业更加偏向于能负担得起的顾客。2007年，建筑业50%分布在最富裕的十个地区，分布在最贫穷的十个地区的仅为0.06%。[11]

普京统治下的社会政策

普京政府执政之初，俄罗斯的健康、教育、社会福利体系状况都很糟糕。20世纪90年代初，由于大萧条及其引发的政府支出方面的大幅削减，加上叶利钦的极端推崇自由市场经济的政府在短时间内大规模强行推行私有化，健康、教育、社会福利等体系遭到严重破坏。20世纪90年代末，私有化的狂潮被议会遏止了。但社会支出依然低得可怜，医生和教师的工资一直在降低，分别降到只相当于原来的80%和50%，服务业持续恶化。

从1999年起，有三件事发生了改变：

1. 随着经济状况好转，税收开始增加，政府也开始在健康、教育、社会福利方面投入更多的资金。

2. 打破了总统与议会之间的僵局，在叶利钦第二任任期内，总统与议会之间的对峙使政府不能发挥应有的作用。

3. 普京政府实施了全面的改革计划，这一计划是由以经济发展部长格尔曼·格列夫为首的团队制定的。这一改革计划代替了叶利钦政府的混乱的政策，而叶利钦的政策通常都受到了国际金融机构不合适的建议的影响。

这项改革计划有意修复学校和医院受到的损害，并适当增加了在这些方面的投入。但是，改革所遵循的原则是西方极右翼力量提出的私有化原则，即尽可能让私人企业提供健康、教育、社会福利等方面的服务。由私企代替政府提供医疗保险和养老金。政府只发挥最基本的调控作用，以及对负担不起的人进行补贴。在福利金和住房提供方面也遵循同样原则，进行私有化改革。[12]

普京政府意识到，人民支持继续实施苏联时代的福利制度，并且想要分享石油所带来的利益，因此推行改革时格外小心。在普京的第一任任期内（2000 年至 2004 年），议会通过法律，为引进医疗保险以及养老金私人筹资做好了准备，并准备实施高等教育收费制度。这些措施的引入十分谨慎。政府担心公众的反应，害怕发生群众抗议活动，因为 2005 年 1 月，福利金改革曾引发过抗议活动（见第九章）。结果福利金改革不得不慢下来，其他的改革也调整了速度，从一开始就采取比较温和的方式。例如，2002 年通过的养老金改革法案规定，在普遍实行的国家筹资的养老金计划之外，鼓励工人将资金交给民间养老金基金部门加以运用。但是，截至 2008 年，只有不到 10% 的工人参与到养老金筹资私有化的计划中，并且，参与的都是收入水平较高的人，几乎都高于平均收入水平。

在普京的第二任任期内，由于油价上升，政府手里有了大笔可利用的资金。在 20 世纪 90 年代初被大幅削减的财政支出，这时开始增加。健康、教育及其他公共服务领域工作人员的工资开始大幅提高。2007 年，政府通过了一项为期三年的财政预算案，划定专项资金，用于在健康、教育、保障性住房和农业发展等方面实施“全民工程”。但是，正如本书前面所述的，俄罗斯的贫富差距在不断加大，因此，对于政府应该怎样利用这笔来之不易的资金，社会上有了越来越多批评的声音。

在卫生系统方面，民众要求政府解决越来越严重的就医不平等现象。2008 年，社会政策独立研究机构的研究员所做的研究显示，俄罗斯卫生系统的弊端就是“不同人群在就医途径方面存在的差距越来越大，完全取决于他们的受教育程度、收入和所生活的地区。”例如，生活在农村的人极少看门诊，特别是专科门诊。在一些地区，通常是较贫穷的地区，所能提供的免费医疗非常有限。贫穷家庭的医疗费用占家庭收入的比例通常很高，“有超过 8% 的人口被迫负担着高昂的医疗费用，对他们来说，这无异于一场灾难。”报告还指出，在医疗服务人员工资增长方面，也存在不平等现象，并且，在 2002 年到 2007 年间，医务人员违规收取的红包越来越多。莫斯科国立大学教授纳塔莉亚·祖巴列维奇是一位著名的社会政策研究者，她在一次采访中说，被夸大了的"全民工程"对解决深层的体制问题和筹资方面的问题帮助不大。她还指出，在卫生方面，"全民工程"拨款只占总支出的13%，并且还未被合理利用。"全民工程"拨款有三分之一是用来支付全科医师提高的工资的，但外科医生和其他专科医生就没有这种待遇。还有四分之一的拨款将用来建设大型的医疗中心。祖巴列维奇教授警告说，主要的体制性问题以及由此引发的不平等现象并未得到解决。[13]

2009年，俄罗斯经济进入衰退期，但许多此类的问题还未解决。未来，财政预算面临的资金压力势必会增加，而由于健康、教育和社会福利体系存在的问题，来自于人民的压力也势必会增加。

第八章

人民：政党、工会和非政府组织

2005 年 1 月，俄罗斯对福利制度进行改革：取消实物性质的福利待遇，例如退休人员享受的免费交通、免费医疗等，有些代之以现金补贴，有些则完全被废除了。这项改革引发了普京任内的第一次大范围的示威游行。虽然只有一小部分人参加了示威，但他们获得了大多数人的支持和同情。政府和地方当局立刻开始用妥协、承诺、威胁等手段驱散示威人群。

这一事件（详见第九章）凸显了俄罗斯社会运动中让人困惑的矛盾。示威活动让克里姆林宫非常紧张。格鲁吉亚在 2003 年 11 月发生了“玫瑰革命”，乌克兰在 2004 年 11 月发生了“橙色革命”，所以一些政治精英们担心俄罗斯也会发生“颜色”革命。不过这并没有发生。2005 年，乌克兰的事件引发了吉尔吉斯斯坦的“郁金香革命”，以及乌兹别克斯坦费尔干纳山谷的抗议活动。这次抗议以安全部队在安集延大规模屠杀抗议者而告终。* 但是，俄罗斯并没有受到影响。这次抗议的发生出乎人们的意料，很突

---

* 2005 年 5 月 13 日，安全部队向安集延的抗议人群开火。政府声称，有 9 人在这次事件中死亡，31 人受伤。但是，根据新闻组织和非政府组织的可信的报道，死亡人数为几十人到六七百人。

然也很有效，参加者主要为退休人员和其他利益相关群体。虽然，在示威游行中也有人打出了反政府的标语，但是并没有引发政治运动。

俄罗斯人民有潜力削弱、推翻或摧毁统治精英的集权统治，俄罗斯的未来也主要取决于这种潜力的发挥，但是这次事件不禁让人对此产生怀疑。俄罗斯的社会运动真的像旁观者看到的那么有限吗？社会运动会对更大范围内的政治变革产生多大的影响呢？当油价下降导致的困难时期来临时，人民会作何反应？由于俄罗斯没有像基辅一样发生全国性的、被媒体正面报道的示威游行活动，因此，西方记者普遍认为俄罗斯人民虽然愤愤不平，但却在沉默中默默承受着痛苦。而且总有俄罗斯知识分子在不停强化这种错误印象，他们强调的是俄罗斯人民长久以来给人的固定印象，即人民很驯顺，既不了解也不关心该怎样推翻独裁者。亚历山大·普希金的戏剧《鲍里斯·戈都诺夫》是一部关于权力的经典戏剧，相当于英国的《李尔王》。在该剧的结尾，假季米特里登上王位，成为沙皇，而剧本上此处的舞台说明让人很难忘，“人民沉默着”。尽管如此，作者希望通过本章及下一章的叙述，让人们了解到俄罗斯社会运动能够催生强大的力量，从而使社会产生变革。

俄罗斯人民给外界以固有的印象，即沉默的人民期待着好沙皇的统治。这一印象容易误导人，但它的存在也不是没有道理的。这种固有的印象，在19世纪，被俄罗斯的知识分子普遍接受。当时，这些知识分子试图进行改革，或者推翻沙皇的独裁统治，但他们不能充分发动穷苦的、未受教育的、占人口大多数的农民，所以他们失败了。但是，这种固有印象很早就已经被事实推翻了。在1905年、1917年2月和1917年10月至11月期间，俄罗斯发生了三次革命。数百万的工人，数千万的农民加入到革命中，影响如此深远的革命在欧洲其他国家还未发生过。这些革命催生了一大批集体组织，像农村的公社、工厂里的委员会以及士兵和工人中间成立的苏维埃委员会等等。虽然在20世纪二三十年代革命遭遇挫折和失败之后，这些组织迅速解散了，但这也代表了俄罗斯的一种传统。在这样的背景之下，苏联的独裁统治得以在全国范围内发展起来。其结果是，在后苏联时代的俄罗斯，想要重新恢复工会、社团和政治组织非常困难。

图8－1　“我们不会保持沉默！”2006年，伊热夫斯克市布马什工程工厂的工人要求改善宿舍条件

伊热夫斯克《Den'》发。

在普京时期，许多成年的俄罗斯人都是在战后的苏联时代成长起来的。对他们来说，不经政府和苏联共产党允许而进行集体行动是十分困难，甚至是不可能的。除了政府允许成立的之外，没有其他的工会和社团组织。在地方，偶尔会有一些自发的反抗活动，但也很快被镇压了。年轻人中的反叛倾向是让政府头疼的一件事，但是任何有此种倾向的人，例如，结成社团讨论政治或传看违禁读物的学生，最后都被捕了，并被判以长期监禁。这一点在本书简介中介绍过，此处再次重复是为了提醒读者，在戈尔巴乔夫时代，独裁政治遭到削弱，有一些人尝试通过工会组织、社团、新闻业和政治活动，来改善人民生活和促进国家发展，可是他们没有任何可以遵循的传统或经验。工人们成立了独立的工会，这样的组织已经消失了两三代之久。人民开始进行政治和社会活动，这在以前对于他们或者他们的父母来说是不可能的。记者开始学习以新的形式进行报道和评论。任何想要明确表达工人阶级政治利益的尝试，都会引起极大的困惑。这一点也不奇怪，因为在苏联的官方思想体系中，“社会主义”、“共产主义”甚至是“工人阶级”都被严重歪曲了。

进入后苏联时期的最初几年，虽然人们获得了空前的政治自由，但集体活动遭遇了新的挫折。经济大萧条给社团以毁灭性的打击，因为工业城市的社会结构瓦解了。就业、教育、住房、基本医疗保健方面也一落千丈，而这些是在苏联后期为人民提供基本物质保障的关键。人民已经形成的稳定的社区和工作关系瓦解了，在这种条件下进行集体的社会或劳工行动非常困难。2000 年之后，随着经济好转，情况有所改善。本章将详述政治反对派、非政府组织和工会方面所取得的进步。第九章叙述的是围绕福利金、住房等进行的抗议活动和社团的社会运动。

政治反对派

普京在 2000 年就任总统意味着俄罗斯联邦共产党开始没落。在当时处于后苏联时期的俄罗斯，俄共是最大的政党。普京的政治技术家们对俄共进行了打击，这在本书第六章已经叙述过了。但遭到打击并不是俄共没落的唯一原因。党内的一些议会代表不认同俄共提倡的“爱国主义”观，他们比较认同社会民主。俄共的思想对较年轻的社会活动者也没有吸引力，而俄共需要吸纳年轻人来实现振兴。在吸纳年轻人方面，极端民族主义政党和公正俄罗斯党做得更成功，后者是新进入议会的亲克里姆林宫的政党。

需要弄清的一点是，俄共与西欧国家的共产党并不一样。西欧的共产党在最成功的时候是控制了工会的左翼力量，并且以资本主义政府挑战者的身份来吸引选民。即使有些工人不喜欢苏联或者由于其他原因而不认同共产党，他们也会钦佩共产党中的激进分子与冷酷的雇主、不道德的老板们以及法西斯分子进行的斗争。俄共的历史大不相同。1993 年，俄共在苏联共产党的废墟上建立起来，而苏共在此之前的两三代里，完全垄断了国家的政治权力、工业管理以及公众生活的各个方面。在 20 世纪六七十年代，法国工人加入共产党是为了与雇主抗衡，而俄罗斯工人加入苏共是为了进入管理层。俄共的许多创建者以前都是苏共的低层领导者，他们由于突然失去了权力和影响力而非常愤怒。许多俄共的领导人继续颂扬斯大林，而那些对苏联的政治镇压感到后悔的人则加入了其他党派了。尽管如此，俄共在选民中仍有很大的号召力，尤其是在老一代人当中。俄共公开谴责人民所忍受的贫穷，斥责叶利钦和寡头们，承诺恢复国家稳定并使人民再次过上好的生活，这正是 20 世纪 80 年代之前俄罗斯人民所享有的。

俄共的思想体系来源于苏共，所不同的是摒弃了其中关于阶级斗争的大部分内容。俄共一方面号召重建多国联合的苏联模式，一方面又强烈鼓吹俄罗斯民族主义，要求对车臣采取更严厉的“反恐”行动。从成立之日起，俄共就在领导人根纳季·久加诺夫的带领下与俄罗斯右翼的民族主义者一道活跃于“红棕战线”（“红”色代表俄共，“棕”色代表民族主义者）。在 20 世纪 90 年代，俄共发起了反对叶利钦的街头示威游行活动，在示威活动中，红旗与民族主义者的反犹标语交织在一起。

1999 年普京和支持者们刚进入政府的时候，借用了许多俄共的政治主张。普京巩固政府的做法正是俄共曾经提倡的。普京在不久之后也提出要提高人民生活水平和恢复国家稳定，这正是选民所渴望的。久加诺夫的对策是采用老一套，提醒选民普京是资本主义的支持者，并且指责政府的腐败和官僚主义。俄共在议会选举中的得票率从1999年的24%下降至2007年的12%。俄共的党员人数从20世纪90年代中期的50万下降至2008年的18万。

俄共的一些领导人想要重塑党的形象，改用社会民主一类的名字，但是没有成功。这些人中包括曾在1996年至2003年期间担任国家杜马主席的根纳季·谢列兹尼奥夫。他在2002年被驱逐出俄共。还包括俄共的代表根纳季·谢米金，一位身家达千万的商人。他也在2003年被驱逐出俄共。经济学家谢尔盖·格拉季耶夫也退出了俄共，加入了德米特里·罗戈津领导的提倡爱国主义的祖国党。祖国党在2003年组成竞选联盟，在选举中得到了克里姆林宫的暗中支持。此举是为了分散俄共的选票。2007年，祖国党与其他党派共同组成了公正俄罗斯党，成为“忠诚的反对派”，这在本书第六章曾提到过。[1]

久加诺夫在党的思想意识方面也向以前靠拢。俄共在2008年11月推出了新的党章，号召国有化，推翻黑手党和买办资产阶级的统治，恢复苏联模式。这反映出久加诺夫一直是一个斯大林主义者。新党章中有一大部分讲的都是“救国”，还简短地表达了对20世纪三四十年代“违反社会主义法律和镇压行为”的遗憾。这里所谓的“违反社会主义法律和镇压行为”是一种委婉的说法，指的是处决、大规模流放以及劳役行为。新党章认为，苏共的行为绝大多数都是积极的。在纪念尼基塔·赫鲁晓夫1956年秘密报告50周年时，久加诺夫称秘密报告带来的害处多过益处。赫鲁晓夫是第一位谴责斯大林罪行的苏联领导人。2008年，久加诺夫出版了一本斯大林传记，极大地肯定了斯大林。[2]

社会主义术语和强烈的民族主义的混杂，与排外主义和种族主义之间模糊的界限，这就是俄共和俄罗斯其他所谓左翼组织的特色。这种现象让西欧的左翼力量很难理解。20世纪90年代初，莫斯科社会主义者经常向西欧持同情态度的人解释，他们为什么没有加入“红棕战线”因为事关国际主义原则。外来者通常搞不清楚，游行示威中所弥漫的丑陋的反动的民族主义究竟达到了什么程度。从官方角度来说，2005 年社会党国际（社会民主党的国际联合组织）在考虑祖国党的加入申请时，非常吃惊地了解到一些祖国党的代表和俄共的同仁们致信检察官，要求禁止一切犹太教和犹太文化的标志。祖国党的领袖罗戈津说，虽然他不赞成这种做法，但他也无意采取行动反对他的反犹主义的同事们。[3]

2000 年以后，“红棕战线”和俄共均开始走向没落，但是左翼民族主义组织仍很嚣张。值得一提的是民族布尔什维克党，这个党的领导人艾杜德·利蒙诺夫很有感召力，但在政治上让人生厌。令人吃惊的是，他受到了俄罗斯自由派政治家和西方记者的极大推崇。艾杜德·利蒙诺夫于 1974 年离开苏联，在美国成为一名反文化的朋克作家。他 1991 年回到俄罗斯，在弗拉基米尔·日里诺夫斯基领导的自由民主党呆了一段时间之后，于 1993 年组建了民族布尔什维克党。这个党对外宣称的目标有：通过国有化实现“社会公正”；保障民权及政治自由；在外交上实现“帝国统治”，目的是为了“恢复 1991 年遭摧毁的帝国”，特别是要把周边有俄罗斯人口生活的国家并入俄罗斯，例如德涅斯特河沿岸共和国、阿布哈兹共和国、南奥塞梯共和国等。民族布尔什维克党因 20 世纪 90 年代的“红棕战线”的示威游行而臭名昭著，在游行中，这个党的成员身着黑衣，肩扛红旗，红旗上是用白圈圈起的镰刀和锤子，他们口中还高呼着“斯大林！贝利亚！古拉格！”利蒙诺夫主张用“塞尔维亚的办法”解决危害俄罗斯独立国家地位的袭击。在前南斯拉夫战争中，他与波黑塞族战犯拉多万·卡拉季奇交好。利蒙诺夫曾被拍到端着狙击步枪，向波黑首都萨拉热窝开火。[4]

在普京的授意下，安全部队取缔了民族布尔什维克党。利蒙诺夫在 2001 年至 2003 年被监禁，罪名是撰文煽动武力攻击哈萨克斯坦。民族布尔什维克党组织了各种哗众取宠的对政治家和公共建筑的攻击，这个党的 140 多名“政治犯”中有一大部分都曾参与其中，并被判以重刑。法庭宣布民族布尔什维克党为极端分子，是非法的。但是，政府的镇压，这个党所宣扬的暴力民族主义以及党领导人的愤世嫉俗的朋克风的文章，却为该党赢得了一些年轻人的支持。这个党宣称抵制“任何形式的排外主义、反犹主义以及种族主义”，但实际上，该党的领导者对种族主义团伙持同情态度。例如，2004 年，圣彼得堡发生了一系列种族主义者发起的攻击事件，一群光头男人组成了一个叫“舒尔茨 88”（两个“8”代表“heil Hitler（希特勒万岁）”中的两个“h”）的组织，他们试图残忍攻击一名叫阿拉姆·加斯帕里安的亚美尼亚人。尼古拉·古连科，著名的反法西斯人士，原告的指定证人，之后被枪杀了，一个极端种族主义网站宣称他被处决了。但是，民族布尔什维克党的全国性报纸《柠檬手榴弹》（*Limonka*）却认为，这些光头男人是受害者。报纸称，因为袭击加斯帕里安这么点小小的成功而坐牢，是民族资源的浪费。《柠檬手榴弹》还建议，“如果要从事恐怖活动，就认真做。要像英国的‘战斗 18’（和其他法西斯组织）所做的那样。”[5]

民族布尔什维克党对纳粹主义的态度也很宽容。该党在哈巴罗夫斯克市的分支机构的网站上有很多纳粹德国冲锋队的照片。1999 年 4 月，在给追随者的一则满是愤世嫉俗和讽刺情绪的信息中，利蒙诺夫提到了列宁和希特勒的生日，他称后者是“最神秘、最让人着迷的历史人物”。他写道，“要向伟大的人（如希特勒）看齐。不要那么渺小。”他在另一篇文章中表示，俄罗斯的“每一个人”都“需要法西斯主义”。[6]这些言论就像是一个自我本位的怪人口中的胡言乱语，但是，2005 年利蒙诺夫和俄罗斯一些主要的右翼自由分子结成了联盟。这些人对待利蒙诺夫的态度，可能比他自己对自己的态度都要认真。2007 年，利蒙诺夫成为反对派“另一种俄罗斯”组织的领导人，这个组织的另一名领导人是自由政治家、前世界象棋冠军加里·卡斯帕罗夫。

卡斯帕罗夫和利蒙诺夫的联盟也说明右翼自由分子对普京已构不成挑战了。“另一种俄罗斯”组织是在 2007 年议会选举前成立的。警察对于该组织策划组织的“异议者游行”所进行的恐吓说明，政府是不会容忍公开的反对行为的。但是，在两个右翼政党亚博卢和右翼力量联盟接连遭受挫折之后，卡斯帕罗夫的计划引起了人们的注意，尤其是西方记者对此事十分关注。这两党都强烈提倡政治和经济自由，并将这些事件与经济自由联系在一起。右翼力量联盟提倡自由市场，有时甚至提倡极端的新自由主义经济政策，而亚博卢的领导人格雷戈里·亚夫林斯基针对普京任内的经济问题，提出了社会民主的路线。自由党派在2003年和2007年的选举中未能进入议会，这在第六章已经提过了。

在俄罗斯还有人数较少但比较活跃的反民族主义的左翼人士，其中包括社会主义者、托洛茨基主义者、无政府主义者以及新左派的组织和网络。这一左派力量没有全国性的领导组织，他们中的许多人以此为荣。虽然，由于受西方类似事件的启发，他们自2005年起开始举办“社会论坛”，但是这一派力量很少进行全国性的协调配合。参与其中的活动家在地理上和政治上都具有多样性。这一力量还与工会、反法西斯组织以及社会团体合作在地方开展各种各样的运动，而它的优点也正体现在这两方面。21世纪最初的几年里，这一议会之外的左派力量中的一些人一直在开展反对车臣战争的活动，与他们一道工作的还有人权活动家和车臣社会团体的领导者们。虽然参与其中的人数很少，但在大多数所谓的“左派”都遭到民族主义腐蚀的时候，这样的行动展示了俄罗斯的政治反对派的潜力。

人权和环境运动及其他非政府组织

与政治反对派一样，俄罗斯的人权运动也带有苏联后期的印记。20世纪60年代，当美国南方各州黑人发起的民权运动正如火如荼，北爱尔兰天主教徒发起的运动也正在蓬勃展开的时候，苏联致力于人权运动的只有极少数的学生和知识分子。对他们而言，每次的示威游行和发放传单，都可能带来数年流放的刑罚。例如，1968 年曾有六个人在红场进行抗议，反对俄罗斯入侵捷克斯洛伐克。五分钟后他们就遭到了逮捕，并被判处 2—4 年的监禁或流放。1986 年至 1988 年是一个历史转折点，苏联废除了几乎所有言论、集会和活动方面的限制。政治流放犯都回到了家中，其中最著名的是物理学家安德烈·萨哈罗夫。在苏联的体制下曾为争取法律、民权、政治、商业和社会等方面的权利而奋斗多年的人权卫士们（pravozashchitniki），突然间可以公开工作了。

叶利钦执政初期，人权卫士们分裂为两派。一些比较著名的人物开始投身政治。例如，列夫·波诺马列夫和谢尔盖·克瓦列夫成为主要的“民主”议会议员，他们支持叶利钦，即使他在 1993 年 10 月下令炮轰了议会也仍是如此。不过这一事件之后不久他们也改变了态度。其他的人权卫士仍然持怀疑观望的态度。1995 年至 1996 年的第一次车臣战争以及随之而来的对人权的践踏是一个分水岭。萨哈罗夫的遗孀叶莲娜·邦纳宣称，叶利钦已经“越界了，他正在使俄罗斯走上极权国家的老路”。由于反对车臣战争，克瓦列夫被议会解除了俄罗斯人权监察员的职位。叶利钦也把矛头对准了他，关闭了由克瓦列夫领衔的总统人权委员会。车臣的悲剧使由士兵母亲们组成的运动组织再次成为人们关注的焦点。该组织在戈尔巴乔夫时代曾是最受关注的人权组织之一。组织的成员是在阿富汗战争和车臣战争中被征召入伍并被派去参战的士兵们的母亲们。这些母亲想要找到自己的儿子或儿子的尸体。

由于历史原因，“人权”在俄罗斯的概念要比在西方更广泛。在西方，人们把人权理解为政治权利和民权，如言论自由、集会自由、在法律面前平等的权利等等，但是，俄罗斯的人权卫士们认为上述权利是与工作、住房、健康、教育等经济、社会和文化方面的权利紧密相连的。* 这可能也带有苏联时期的印记。因为，在苏联时代，由于缺少真正起作用的工会和非政府组织，普通人要想争取经济和社会权利，必须与地方官员交锋，甚至有可能与政府产生直接冲突。[7]

在普京时期，俄罗斯主要有三种类型的人权组织，即以赫尔辛基组织为代表的致力于开展运动的组织，以“纪念碑”人权组织为代表的主要从事研究的组织和以“公共审判”组织为代表的为受害者提供法律支持的组织。它们工作所涉及的领域非常广泛，全国性的非政府组织就社会、文化和政治事件展开活动，地方性的社团组织的工作包括住房权利以及小投资者遭遇金融欺诈的维权等等（下页的框内列举了非政府组织在基层的活动）。人权卫士柳德米拉·阿莱科耶娃曾活跃于20世纪50年代末的后斯大林时代的“解冻”时期，她在1977年移居国外，1993年回到俄罗斯。阿莱科耶娃在一次采访中解释说，成立较早的那些致力于政治和公民权利的组织，现在已经在为更大范围内的人权运动提供建议、支持并进行联系。她说：

> 在俄罗斯，公民和政治权利在宪法中是存在的，但在生活中却被政府忽视了……我们必须通过斗争去争取、去获得每一项权利，不论是在住房方面，在私用园地方面还是在其他方面。通常，我们不得不诉诸法律来抵制侵犯我们社会权利的行为。通常我们会看到判决结果总对富人和掌权者有利。然后，我们求助媒体，我们走出去进行示威游行……我们所理解的人权的概念要比西方宽泛的多……因为我们的权利，即使是最基本的权利，当局也不放在眼里。法律则被完全忽视了。[8]

---

* 在西方，“人权”的概念之所以较狭窄，是有其背景原因的。1948年联合国通过了《世界人权宣言》，关于宣言中应规定的人权的范围，有关各方产生争执。冷战更加剧了这一争执。西方大国与苏联集团的意见相反，坚持认为应将政治和公民权利与社会和经济权利区分开。

环保主义者形成了另一股社会运动的力量。在戈尔巴乔夫时代，关注工业污染等事件的组织属于第一批进行法律活动的组织。1986年4月，乌克兰西北部的切尔诺贝利发生的灾难是由核反应堆爆炸造成的，但是却为社会活动提供了惊人的动力。与人权运动家们类似，苏联时代的环保主义者顽强地挺过了20世纪90年代，在普京时期鼓舞着新一代的活动家们。关注俄罗斯老旧核舰队风险问题的活动家们，所面临的主要是有关军事机密的问题。亚历山大·尼基金曾任海军安全监察员，因为帮助挪威环保组织撰写关于俄罗斯北方舰队的报告，以叛国罪被起诉，在被审判了两次之后就遭到了长期监禁，直到2000年才被判无罪。格雷戈里·帕斯克是符拉迪沃斯托克当地的一名记者，他在报道了向海里倾倒核废料事件之后，在1999年至2003年期以叛国罪等罪名被监禁了33个月。环保运动关注的另一个焦点是东西伯利亚的贝加尔湖的污染问题。贝加尔湖是世界上最古老、最深的淡水湖。1990年，为抗议一家造纸厂污染湖水，成立了贝加尔湖环境保护组织。这个组织在2006年迫使政府更改了东西伯利亚—太平洋输油管道的线路，从而避开了贝加尔湖水域。2009年，贝加尔湖环境保护组织展开活动，反对一项在安加尔斯克附近建铀废料堆的计划。[9]

人权卫士是怎样炼成的

正是由于对丈夫谢尔盖的爱和忠诚，才使拉里莎·菲菲洛娃成为一名人权卫士。2005年3月，谢尔盖被逮捕并被控谋杀阿尔乔姆·加尔特森，加尔特森的父亲是普京领导的统一俄罗斯党在乌德穆尔特共和国乌拉尔地区的地区领导人。

调查这起谋杀案的警察在一次街头搜捕中抓捕了谢尔盖，并威逼他在一份认罪书上签字，承认用刀杀死了加尔特森，认罪书不久便被收回。在法庭上，谢尔盖的律师指出，加尔特森的死因是头部遭到重击，凶器是带有棱纹的器具，而不是刀，而且在谋杀案发生期间，谢尔盖的右臂已经受伤了，正打着石膏。但是，法庭却认定罪名成立，所依据的证据是谢尔盖衣服上的一滴受害人的血迹，这件衣服之前曾被警察混在受害人的衣物里，证人是几名囚犯，也不可信。他们宣称谢尔盖跟他们承认了这起谋杀案，而谢尔盖坚持认为这些证据是伪造的。2005 年 12 月，谢尔盖被判处 12 年有期徒刑。

拉里莎当时是一名会计，没有任何法律和社会运动方面的经验，仓促间展开了行动。她向法庭起诉在审讯期间殴打谢尔盖嫌疑的警官，并就法庭拒绝审理此案提出质疑。她开始搜集证据准备上诉。她设法与死者的父亲安德烈·加尔特森接触，后者是当地的一位有权势的政客。但同时她也注意到谢尔盖所在监狱的条件十分恶劣。谢尔盖先是被关押在乌德穆尔特地区臭名昭著的亚古尔第一监狱，审判之后又转到莫尔多瓦的一所监狱服刑。2007 年 10 月，拉里莎说："我非常担心谢尔盖的健康"。她还说："他的体重减轻了 20 公斤，肾脏有严重的问题，但在监狱没得到有效的治疗，而且他现在正在被关禁闭。"

在去亚古尔探访的汽车上，拉里莎从其他囚犯的母亲、妻子和姐妹的口中听说了监狱虐待、拷打囚犯的恐怖事件。她在当地成立了一家维护囚犯权利的公民委员会，支持囚犯并监督当地的刑罚机构。这个委员会与设在莫斯科的维护囚犯权利基金会有联系，基金会的负责人是列夫·波诺马列夫。

2006 年 6 月，人权卫士们向亚古尔监狱管理处发出一系列的挑战。莫斯科的维护人权组织收到了囚犯们的来信，信中称受到了非人的虐待，这个组织通过努力使乌德穆尔特的检察官同意让律师邓泽马尔·卡洛扬去亚古尔监狱调查。卡洛扬披露了虐囚的细节，虐待行为是由监狱长谢尔盖·阿夫拉缅科下令实施的，并通常是在监狱长在场的情况下实施的。囚犯们经常遭到毒打；被命令蹲着或做俯卧撑，如果拒绝也会遭到毒打；出牢房的时候要慢慢走，如果停下来也要遭毒打。囚犯们还遭受到羞辱性的惩罚，如脱光衣服、舔地板等。大批囚犯企图自杀或通过吞钉子等进行自残，这样他们就有可能被转到囚犯医院，在那里他们可以向抗议者通报消息。囚犯的物品经常被毁坏。对吸烟囚犯的惩罚是往他们的牢房里灌水，一次囚犯们不得不在5厘米深的水中生活一周的时间。

监狱管理处针对攻击展开了行动。监狱长阿夫拉缅科宣称报告是“犯罪组织”编造的，目的是“破坏政府的（监狱）体系”。俄罗斯人权观察员弗拉基米尔·鲁金向亚古尔监狱派了一名代表。他在给乌德穆尔特地区检察官的报告中称，针对囚犯实施的“特别措施”是合理的，但他同时也对大批囚犯自杀的状况以及给囚犯长时间戴手铐的情况表示了担心。他督促检查官亲自调查投诉案件。

拉里莎·菲菲洛娃和与她一起工作的人权卫士们试图安排一次探访，为亚古尔的囚犯们免费提供法律咨询。这是法律所允许的，但是他们却受到了阻挠。为此他们打算进行公开抗议，结果也被当地政府阻止了。截至本书英文版出版的时候，谢尔盖还被关押着，健康状况依然很差。

俄罗斯的监狱体系是世界上最大的监狱体系之一，亚古尔监狱只是其中的一部分。俄罗斯囚犯占人口的比例仅次于美国，排第二位。2008年11月，俄罗斯有893700名在押囚犯。囚犯中肺结核、艾滋病、肝炎和其他传染病患病率很高。在21世纪初的几年里，监督监狱服务的非政府组织注意到情况有所改善。特赦缩短了许多囚犯的刑期，增加的资金也使监狱长能够改善监狱的条件。2004 年，赫尔辛基组织首次对这一体系进行了综合调查。最近，情况又有所恶化。2007 年 1 月，普京与人权卫士们进行了一次会面。在此次会面中，来自鲁金办公室的官员瓦列里·鲍斯彻夫说，监狱体系已经“成为封闭体系”，人权卫士与监狱官员之间的合作被蓄意破坏。鲍斯彻夫列举了库尔斯克州利戈夫市的监狱发生的两起严重事件，一是几百名囚犯割破血管进行抗议，因为他们被禁止寄出抗议信，他们的信还被偷了，还有就是监狱把“遵守纪律和秩序的”可信任的囚犯组织起来，让他们和监狱警卫一起毒打其他的囚犯。[10]

工人的情况

俄罗斯的工人运动逐渐开始复苏。工人运动是 1989 年突然开始恢复生机的。当时，进行罢工的矿工们重新发现了基层组织的力量和政治潜力。但是，他们的运动开始的时间太短了，而且与其他工人之间的联系也不够紧密，因此没能经受住休克疗法和后苏联时期大萧条的考验。在 20 世纪 90 年代初，涌现出一批工人组织。但是，在这十年里，拖欠工资的现象开始变得普遍，消沉和绝望的情绪开始蔓延。工人们更多是用堵路的方式讨要拖欠了数月甚至数年的工资，无暇寻求改善或要求政治上的权利。1998 年之后，随着经济的恢复，工人运动开启了新的篇章。随着原有经济领域的恢复及新经济领域的出现，俄罗斯的产业纠纷与其他资本主义国家越来越相似。眼看着国家财富这块蛋糕越来越大，工人们也想要多分一些。在后苏联时期开始参加工作的新一代的活跃分子开始组建独立的工会组织，并且向最大的工会联盟制定的不利于工人的政策发出挑战。

工人组织和工会

苏联镇压遗留下了具有破坏性的产物，这种遗留产物对工会的影响要大于对其他任何社会组织产生的影响。在一个工业化快速发展的社会，苏联以社会主义的名义实施的独裁统治集中作用于工作场所。读者需要了解苏联的工会与西欧国家以及英国工会的不同之处。由于制度的广泛性，苏联工会能够与雇主们密切联系，更有效地规训工人。工会的官员们代表工人与他们管理层的同事进行磋商，但是磋商严格遵循共产党事先订立的指导原则。他们与管理者们一起工作以达到生产目标，并孤立以及惩罚反抗的工人。他们掌管着对工人阶级家庭福利的分配，包括假期的分配、便宜的食物和其他消费品的供应，医疗及福利方面的安排等。20 世纪 70 年代，随着俄罗斯工人生活水平逐渐上升，工会在很多方面扮演着温和的、类似家长的角色，政府扮演的也是这一角色。但是，没有一个官方的工会代表曾梦想过要支持或鼓励工人们为自己的利益采取集体行动，或者是跳出上面规定的狭窄的框框向管理层提要求。当被孤立的工人的抗议遭到野蛮镇压的时候，工会代表不会提出抗议，他们也不会尝试建立独立的组织。

1962 年在俄罗斯南部的新切尔卡斯克，因粮价上涨而引发大规模的罢工，罢工遭到了血腥的镇压。从那时开始直到 1986 年戈尔巴乔夫实施改革期间，俄罗斯没有发生任何集体的工人行动。1980 年，独立自治的团结工会在波兰成立，而此时的苏联工人既不知道这件事，也没有类似的经历。因此，当 1989 年夏天，矿工们举行罢工以反对戈尔巴乔夫的时候，他们没有任何先例可参考。不同煤矿的工人陆续加入进来，全然无视官方的煤炭工业工会组织。不久便发展成为全国性的罢工。1991 年发生了另一起全国性的罢工。这次事件为大批矿工脱离官方工会并加入独立的矿工工会打下了基础，这也是苏联第一个非官方的工会组织。[11]

在苏联解体前的几个月里，独立矿工工会的领导在政治上给予叶利钦极大的支持。这些工人先锋们受困于叶利钦的统治，已经顾不上工人们急剧下降的生活水平。这一荒唐局面的本身就体现了普遍存在的混乱，这种混乱是伴随着工人运动的出现而出现的。加拿大作家和活动家大卫·曼德尔对后苏联时代的工人作了如下的评价：

> 身上带有半个多世纪的高压集权统治的印记。这些印记包括对权威无条件的服从、针对当局的愤世嫉俗的情绪、缺乏团结、缺乏自信和自尊等。

曼德尔认为，戈尔巴乔夫时期的动员对于克服上述倾向的作用是有限的，叶利钦的“休克疗法”导致的不安全感以及意志消沉加剧了这些倾向。许多苏联工人“一直执着于社会公正、平等、民主等价值观”，因此，右翼自由分子提倡的经济自由的概念对他们来说似乎是“高压官僚政体下的一种合理的反应”。工人们的“分裂以及对资本主义现实的完全忽略（集权体制的另一个遗留问题）”使叶利钦灌输“市场经济”优点的行为变得更加容易。[12]

在叶利钦统治时期，工厂的混乱、社团解散、失业、贫困以及工资拖欠等情况使工人运动的发展举步维艰。但是，在那段时间也发生过罢工事件。1994 年，矿工又一次采取了全国性的行动，抗议拖欠工资的行为。这次罢工基本是在“官方”工会的框架内进行的。1996 年至 1997 年，教师、医院工作人员及其他公共服务工作人员经常举行罢工，要求付清拖欠的工资。封锁公路及铁路成为罢工中常用的策略。一些付不出工资的地方政府和雇主们支持这种做法，因为他们自己也在追讨被拖欠的工资。在 1998 年至 1999 年叶夫根尼·普里马科夫任总理期间，甚至是

“官方”工会也会进行抗议活动。但是，在组织和集体意识方面俄罗斯的工人仍然比较落后。

1990 年，苏联时期的“官方”工会在俄罗斯独立工会联盟的保护之下进行了重组。这些工会以前以“社会主义”的名义迎合管理者和政府，现在以“社会合作关系”的名义继续服从于管理者和政府。1992 年至 1993 年，俄罗斯独立工会联盟的领导与雇主的游说组织——工商企业家联盟结成同盟。在叶利钦时代一直维持这这种同盟关系。政治上，他们不久就完全放弃了组建劳工党的想法，开始与雇主集团联合行动，最后沦为莫斯科市长尤里·卢日科夫领导的祖国党的附属。2001 年祖国党并入普京领导的统一俄罗斯党，于是俄罗斯独立工会联盟就成为统一俄罗斯党的附属。[13]俄罗斯大部分工会成员，据估计有 2800 万人，隶属于与俄罗斯独立工会联盟有联系的传统组织。只有一小部分成员，约有几十万人，参加了独立工会，这些独立工会从属于较小的联盟，如俄罗斯劳工同盟、全俄劳工联合会、防御（扎西塔）联盟等。

2000 年之后，经济开始恢复，对于工会活动家来说事情发生了改变。工人生活水平的提高使他们有了自信。在以顾客为导向的加工业和信息技术等新兴经济领域以及一些产量再次增加的原有经济领域，年轻工人的比例都有所增加。这些年轻人没有经历过苏联时期，因此也没有那种恐惧和服从的经历。他们可以毫不犹豫地组织起来要求提高工资和改善工作条件。随着拖欠工资的情况的减少，罢工者的数量也大幅下降。但是，活动家们一直没有停止工作，他们建立或者恢复了基层组织，发现或重新发现了工厂中的斗争倾向。

衡量罢工水平的最好指标是每年损失的工作日数。表 8 – 1 显示，2000 年之后，每年损失的工作日数大幅下降。需要注意的一点是，表中所统计的只包括合法的罢工活动，即按劳动法规定上报的罢工，因此，实际数字会更大。

表 8－1　　合法罢工导致每年损失的工作日总天数

1995	1367000
1996	4009400
1997	6000500
1998	2881500
1999	1827200
2000	236400
2001	47100
2002	29100
2003	29400
2004	210900
2005	85900
2006	9800
2007	20500

资料来源：俄罗斯联邦统计署。

作者访问过的工会活动家们认为，经济增长会为工会组织创造了更好的条件。鲍里斯·克拉夫申科是全俄劳工联合会的主席，这个联合会是一个独立的工会联盟，他认为，在经济增长时期，工会活动会随之增加：

> 许多工人的生活水平提高了，他们现在有了担心会失去的东西。他们意识到了自己的权利，他们想要维护这种权利，保住工作，保持住生活水平增加的态势。

其结果是，在经济上的优势部门中，由“拥有较高收入的相当称职的工人”组织的工会活动增加了。[14]

基里尔·布克托夫自 20 世纪 80 年代起开始投身工会运动，现在是国际食品工人联盟驻莫斯科的代表。他对作者说，一旦拖欠工资的危机得到解决，工会组织就会实现一个质的飞跃，届时，“工人获得实际工资的真正的资本主义”也到来了。就在 1998 年货币贬值之后，食品加工业的情况开始发生变化，变化是从烟草业、啤酒业和糖果制造业开始的，当时来自国外和俄罗斯本土的投资都大幅增加：

> 需求增长得很快。突然之间，所有的工厂都开始实行三班制。那些从前向俄罗斯输出产品的西方公司决定在俄罗斯本土进行生产。随即便开始进行投资。随着经济的相对改善，形成了新的工人阶级。他们所秉持的也是新的观念。人们看到，公司不断来到这里，赚取了可观的利润，而且这些公司并没有与员工们一起分享这些利润。雇主们对员工的态度也发生了变化。他们解雇了许多年长的员工，雇佣了年轻人，通常是一些工作能力很强的年轻人。这些年轻人没有在苏联工作的经历。他们认为，他们的工资是他们应得的，是他们所分得的公司收入。这些条件对工会组织更有利。

法国社会学家卡琳·克莱蒙生活在俄罗斯，在集体行动研究所工作。该研究所是一个监测社团和抗议活动的组织。克莱蒙也高度评价了后苏联时代成长起来的新一代的重要性，认为他们“受旧观念影响较小，并不把雇主看成是供给者，把政府看成是慈父”。她的研究还显示，罢工的发起者通常是“年轻的工人。他们工作能力强，与国际上的同行有联系，视野更加开阔”。[15]

由于工厂出现了与其他资本主义国家相类似的关系，政府和雇主认识到需要对工会组织加以限制。普京就任总统之后，立刻加强了“社会合作关系”。在新的关系下，政府、雇主和工人应该齐心协力共同发展经济。与别处的类似的协议一样，新的关系也为工会设定了框架，在这个框架内，工会领导对雇主作出妥协，规训员工，并阻止成立普通工人组织。“社会合作关系”的第一项成果就是新劳动法的出台。议会在2001年通过了新的法律。虽然新法律改善了工作场所的安全状况和其他条件，加强了工会代表在工厂的地位，相关条款还规定了对违反劳动法的管理者的惩罚措施，但是，也严重削弱了基层组织。根据新颁布的法律，合法的罢工必需在大会上由多数人投票通过才能进行，并且大会不是工会人员召开的，而是必须有超过三分之二的劳工或他们的代表参加的会议。此外，劳动纠纷委员会也改为由管理层和工厂共同指定，而且由于没有联合的谈判机构，新法律赋予大多数组织以独立的谈判权。这样就将独立的工会挤了出去，对俄罗斯独立工会联盟附属的工会很有利。总之，与政府和管理者联合的工会被加强了，独立组织和基层组织被削弱了。[16]

伊戈尔·沙宁是俄罗斯独立工会联盟的秘书，他在一次采访中告诉作者，"'社会合作关系'对保障工人的生活水平起到了关键作用。我们将继续在框架内寻求改善。"2005 年，俄罗斯独立工会联盟代表与政府和雇主组织签订了一份三方协议，协议规定要将最低工资标准提高到就业人员的最低生活保障的水平，并规定了具体的时间表，但这件事并没有按规定完成。2005 年，最低工资标准为每月 720 卢布（25 美元），而就业人员的最低生活保障为每月 3255 卢布（116 美元），前者还不到后者的四分之一。俄罗斯独立工会联盟制定了时间表，要在 2007 年将最低工资标准提高到每月 2500 卢布，到 2008 年，使最低工资标准达到就业人员的最低生活保障的水平。但是政府只同意将最低生活标准提高到每月 1100 卢布（39 美元）。在 2006 年俄罗斯独立工会联盟的代表大会上，矿工和金属制造业工人工会主席米哈伊尔·塔拉先科说，"把社会合作关系当儿戏"的时代已经过去了。他指出，工会并不极端，也一直接受"在分蛋糕之前，需要先烤一下这种观点。但是现在蛋糕烤好了，需要公正地分配了。"普京也出席了这次代表大会，他认为塔拉先科的建议是"不成熟的、有害的"。[17]

围绕蛋糕分配的斗争仍在继续，最低工资标准仍旧低于就业人员的最低生活保障。2008 年 6 月，就业人员最低生活保障增加至每月 5024 卢布（180 美元），而且还在上升。同时政府也作出让步，同意从2009年1月起，将最低工资标准提高到每月4330卢布（154美元）。但即使这样，仍有数百万的俄罗斯工人和他们的家人生活在赤贫中。[18]有一小部分坚定的工会会员正在以更直接的方式进行战斗，争取他们的雇主能多分一些蛋糕。

2007年至2008年的罢工

福特公司位于圣彼得堡附近的弗谢沃罗兹斯克工厂的工人率先使潜在的冲突成为事实。这间工厂一直引领着俄罗斯汽车制造业的发展。经过艰苦的工作，制造出了符合国内市场需求的“焦点”型汽车。工厂在2002年开工生产，从2005年起产量迅速增长，在2007年汽车产量达到每年7.2万辆。工人们不久开始要求分享公司获得的巨大利润。2005年末，针对公司提高产量的计划，工人们要求加薪30%，并且要求改善奖金制度。同年11月，在一周的静坐罢工之后，公司的产量下降了四分之一，但是管理层只答应加薪12%，而当时的通货膨胀率已经达到18.5%。争端一直持续到2006年3月，最后达成的协议是加薪16%并改善奖金制度。但这仅仅是个开始。由于没有得到附属于俄罗斯独立工会联盟的汽车工人工会的支持，弗谢沃罗兹斯克工厂的工人很愤怒，他们集体退出了工会，并与附近的卡特彼勒工厂的活动家一起着手建立独立的汽车工人工会。

汽车的需求和产量仍在增加。因此，福特工厂委员会在2006年末要求再次加薪30%（当时的通货膨胀率下降到10%），并要求额外的长期服务奖金、双亲补贴、孩子的教育补贴以及给在艰苦条件下工作的油漆工和焊工额外7%的补贴和12天的假期作为补偿。2007年2月，员工们召开大会进行投票表决是否实行罢工，结果是1300票赞成6票反对，工厂停产一天，管理层几乎答应了工人所有的要求，只是实际的加薪幅度在14%至20%之间。

2007年11月，第三轮纠纷开始了。在密集地召开了几轮大会和发放传单之后，工厂委员会要求加薪30%外加其他方面的改善。要求被管理层又一次拒绝了。11月7日，员工们举行了一天的警告性罢工。管理者们弄到了法院指令，将进一步的罢工行动推迟了两周，但是也没有起到什么作用。当工厂负责人请求召开员工大会时，大多数工人退出会议以示抗议。从11月20日起，工人们进行了全面的罢工，一直持续到12月7日达成继续进行加薪谈判的协议后罢工才停止。2008年2月，双方取得一致，加薪16%至21%。[19]

福特工厂的罢工在很多方面都是史无前例的。首先，这些罢工具有进攻性。社会主义作家鲍里斯·卡加利茨基指出，20世纪90年代长期持续的罢工基本上都是"饿着肚子进行造反"，而福特工厂的罢工是"要求重新分配利润的斗争"。福特工厂员工们的工资已经高出平均水平，但是他们知道工厂由于汽车业的繁荣赚取了高额利润，这促使他们进行罢工活动。从这方面说，福特工厂的罢工行动类似于20世纪70年代英国汽车业发生的工资战争，即公司要想生产更多的汽车，就需要更多的高技能、高薪的员工。弗谢沃罗兹斯克福特工厂委员会主席和罢工的领导者阿列克谢·艾特马诺夫解释说："工厂想尽办法对我们进行剥削，也想尽办法拒绝加薪。资本家们的利润增加了，工人们的健康状况却恶化了。"安德烈·亚宾是陶里亚蒂的通用—伏尔加合资企业的工厂委员会的主席，他说，人们为了买一款受欢迎的汽车宁愿排六个月的队，如此繁荣的汽车业所吸引的国外投资的规模之大是史无前例的。他还说："除了极大的需求量和不挑三拣四的顾客之外，俄罗斯还有大量廉价的、受过良好训练的劳动力。"[20]

福特工厂纠纷体现出的第二个显著特征是，工人们在向劳动法中损害他们集体行动权利的条款进行挑战时，以及脱离俄罗斯独立工会联盟时都充满自信。彼得·佐洛塔廖夫是伏尔加公司名为"团结"的独立工会的领导人，他在一次采访中告诉作者，福特工厂的工人们很快就找到了建立独立工会组织的方法，因为弗谢沃罗兹斯克工厂是2002年才建立的，没有传统工会。当福特工厂的工人们要求建立全汽车行业的独立工会时，“团结”是第一个公开支持的工厂组织。随后，通用—伏尔加公司的工厂委员会、雷诺控制的工厂和诺记轮胎厂也表示支持。2007年8月，新成立的汽车产业工人地区工会在莫斯科召开会议，并在全行业内发起了要求加薪的运动。[21]

福特工厂事件一方面是薪资纠纷引发的运动中的中心事件，另一方面也是独立工会复苏的中心事件。福特公司在工人们的攻势下退却一事得到广泛关注，2007年3月，就在这一事件之后，附近的工厂纷纷成立了新工会，其中包括茶叶包装工厂。受福特工厂工人的鼓舞，同城的喜力啤酒厂的独立工会也要求加薪30%，并采取了合法罢工行动，这个独立工会隶属于苏茨联盟。石油产业的工会活动也有所复苏，众所周知，由于艰苦的条件和地理上的距离，在石油产业展开组织活动是很难的。2006年10月，在西西伯利亚的油田发生了一系列的抗议活动，并最终建立起了活动家联系网，在抗议活动中独立工会要求加薪并改善健康和安全体系。此外，在卡赫卡纳尔斯基（Kachkanarsky）采矿集团和铁路业也发生了严重的纠纷。罢工活动不断升级，一直持续到2008年。

还有一个指标可以用来衡量新工人运动对对手们的冲击，那就是针对工会活动家的暴力和胁迫事件不断增多。除了时时要面对的解雇的威胁之外，工会活动家们还经常面临毒打、威胁和警察的骚扰。艾特马诺夫是弗谢沃罗兹斯克福特工厂的罢工活动的领导者，他曾两次遭到枪和金属棒的袭击。埃罗莎是由国家控制的企业，位于东西伯利亚的雅库特地区，瓦伦丁·乌鲁索夫曾召集1000名埃罗莎的钻石矿工成立了独立工会。他在2008年12月被判处劳教六年，罪名是藏毒。乌鲁索夫的同事们坚称他是被陷害的，并且在国际范围内发起了一场为他辩护的运动。2009年5月，在上诉之后，乌鲁索夫被释放了，但过了一个月，在雅库特举行了一次审讯之后，他又被监禁了。营救他的运动现在仍在持续。[22]

贝弗莉·希尔沃是国际劳工组织的历史学家，她写道："资本流到哪里，冲突就跟到哪里。"[23]20 世纪 90 年代，随着资本流出俄罗斯，士气低落的工会会员们也在绝望中挣扎，他们行动通常是防御性的。2000 年之后，出现了片面繁荣的现象，劳工们的信心开始恢复。福特公司是外国资本进入俄罗斯的入口之一，冲突在这里爆发的部分原因是俄罗斯独立工会联盟的触角并没有伸到这里，这样就没有听话的工会组织对工人进行规训。位于陶里亚蒂的伏尔加公司的庞大的工厂是由普京政府团队的成员管理的，受福特工厂罢工活动的鼓舞，这里的工人也进行了罢工（见框中内容）。伏尔加罢工事件成功地使加薪问题成为焦点，但是并没能像福特工厂的工人一样使管理层作出让步。伏尔加独立工会的领导人彼得·佐洛塔廖夫认为：

> 现在有理由谈论工会活动的复兴了。的确发生了一些改变。但是一定要小心，许多改变都是阶段性的，一些建立工会组织的尝试十分有限。但是运动在往那个方向发展。这与经济状况的改善有关。人们感到可以做一些事了。但还是存在一些困难。政府阻止自由工会的建立，更愿意与俄罗斯独立工会联盟附属的工会打交道。劳动法的字里行间以及独立的工会会员受到的不公正待遇都清楚地体现了这一点。

伏尔加工人的战斗

没有人比陶里亚蒂的伏尔加的工人更深切地感受到普京政府对工会组织的敌意了。2007 年年中，工人们针对仅达贫困线水平的工资，进行了一次抗议活动，但遭到了新的管理层严厉的镇压。新管理层是由国营企业俄罗斯国防产品出口公司指定的。

伏尔加公司一直处在资本和劳动力之间战争的第一线。它拥有世界上最大的汽车制造厂，超过十万名员工以及四条装配线，其中有三条的长度超过了2千米。伏尔加生产典型的苏联汽车拉达牌汽车。工厂完全控制了陶里亚蒂的经济。现在公司管理层和当地政客的关系和苏联时期一样亲密。伏尔加的第一次罢工活动发生在1989年，当时有2万名工人参加，他们要求大范围、大幅度地增加薪水，为一些岗位提供补贴，并且要求实行工资指数化。当时的情况与现在类似，大多数工人都是传统的汽车工人工会ASM的会员。但是，1989年的罢工催生了独立工会组织“团结”组织。

本书第五章曾提到，20世纪90年代，伏尔加落在寡头和罪犯的手里，遭受了重创。2000年之后，经济开始繁荣，汽车的销量也随之增加，工厂的财富增多了，但管理层仍试图将工人工资所占份额保持在最低水平，工人们开始抵抗。2002年，当卡林娜车系开始投产的时候，管理层决定将第三条装配线的第二班的工时从8小时延长至9小时。尽管90多次团体会议都投票反对这一改变，但ASM居然准许了。许多工人在工作了8个小时之后就离开岗位以示抗议，但他们的抗议因受到胁迫和恐吓而不得不终止。2003年工会与资方达成的协议表明，工人所享有的医疗、文化、照看孩子等方面的免费的福利待遇取消了。这引发了一场更大范围的抗议活动，抗议受到“团结组织”的支持。而ASM却又一次认可了这一改变。

2005年，俄罗斯国防产品出口公司取得了伏尔加的控制权。公司换了一批以弗拉基米尔·阿尔特科夫为首的来自莫斯科的管理团队，阿尔特科夫是普京集团的一员，曾于1997年至1999年在总统办公厅工作；2000年至2005年间任俄罗斯国防产品出口公司董事长。阿尔特科夫管理的目的很明显，就是要控制当地的政治精英，终止伏尔加仍存在的非法行为，并规训工人。他自2005年起任伏尔加董事会主席，并在2007年8月被任命为萨马拉州的州长。

2007年，随着汽车市场的增长和通货膨胀率的快速攀升，新的管理层面临着一个挑战，那就是装配工厂的工人指责工资太低。2007年10月，作者在访问陶里亚蒂的时候，活动家们给作者看他们的工资条。他们每月拿回家的工资大约是7000卢布（250美元），再加上大约6000卢布（215美元）的奖金。这些收入仅够维持生活的。在陶里亚蒂，一个普通家庭每月花费在食品和房租上的钱就达到7000卢布。装配工厂的工人多数是级别最低的，没有升迁的希望。职工流动率达到了有史以来的最高纪录。

2007年3月，支持克里姆林宫的统一俄罗斯党在地区议会选举中获胜，这个党受到了伏尔加高层领导的公开支持，在选举中打出的口号是，到2010年将工资提高到每月25000卢布，将养老金提高到每月10000卢布。但是在选举之后的一段时间里，公司只是购置了一批陆地巡洋舰汽车，供工资已然很高的管理者们私人使用，在提高工资方面什么都没做。一个精加工车间的工人们试图游说他们的管理者，但是没有成功，于是在7月9日进行了合法罢工。他们在给阿尔特科夫的一封集体信中抱怨，管理者们“还没学会倾听工人的意见”，工资水平“没体现出俄罗斯或国际准则”。他们要求将工资增加至原来的三倍，提高到至少为每月25000卢布，并警告称如果不答应的话，他们将进行罢工。消息在工厂已经传遍了，阿尔特科夫收到了大约10000封来自工人的信件，都是要求加薪的。他宣布为全体员工加薪4.5%，这简直是一种嘲弄，结果只是使气氛更加紧张了。

8月1日，大约有400到700名工人参与了罢工，他们将一条主传送带停开了5个小时。同一天召开的大会吸引了更多的工人，其中大多数是妇女和年轻人。惩罚很快就下来了，管理层拒绝进行协商，解雇了两名罢工工人，并削减了另外67个工人的奖金。之后，伏尔加的管理层答应实行工资指数化，但拒绝提高基本工资水平。

法院拒绝了被解雇人员的复职请求，理由是没有发生过罢工。“团结”组织宣布支持受害的工人对法院决定进行挑战，如果需要的话可以一直上诉到最高法院。20岁的安东·维彻库尼尼是团结组织的活动家，他在罢工之前于街头被捕，并在没有指控的情况下被拘留了三天。他在一次采访中告诉作者，几周以来，警察和工厂的安保人员“一直在监视我的一举一动”。逮捕他的警察宣称，他是因为攻击行为和妨碍治安才被拘留的，对于这种说法，维彻库尼尼认为是对他的侮辱。

罢工活动完全显示出传统工会和独立工会的不同之处。尼古拉·卡拉京是ASM的工厂委员会的主席，也是统一俄罗斯党在三月份的选举中的候选人之一，但并未当选。他对工人们说，停工是非法的。在罢工之后，他赞成管理层的惩罚措施。在接受工会报纸采访时，卡拉京宣称，这次罢工行动“是个别工人拒绝工作的行为，不会被当做罢工对待”，他还重申不会支持这样的行为。

大部分罢工者都是ASM工会会员，不过有一些人在得不到支持后退出了工会。“团结”组织支持罢工者，还为受害者提供法律帮助。当工人们就要求加薪一事找到“团结”组织的主席彼得·佐洛塔廖夫时，他建议要求他们所在的工会ASM批准罢工行动。佐洛塔廖夫告诉作者：“ASM承诺召开工厂代表大会，但实际并未召开。”罢工当天，佐洛塔廖夫会见了罢工纠察员并在工人大会上进行了演说。他回忆说：“工人们通常比他们的工会更愿意进行罢工，准备也更加充分，这就是伏尔加所发生的。”[24]

第九章

人民：基层运动

在普京的第二任任期内（2004 年至 2008 年），工作场所之外的社会运动和工会组织开始复苏。2005 年的福利制度改革和住房服务私有化等公共服务方面的改革威胁到了对于数百万家庭至关重要的社会保障体系，因此引发了全国范围内的抗议活动。在各类抗议活动中涌现出一批社团组织。通常在引发抗议的争端解决之后，这些组织还会继续存在。它们建立起了关系网，积累了经验，还制定了新的组织方法。这些条件使社会运动有可能在更广的范围内展开。

社会福利起义

社会福利和房屋服务改革是2005 年抗议活动中的焦点。如第七章所述，这两项改革是庞大计划的一部分。根据该计划，教育和医疗服务也将实行部分私有化。这一计划将废除大部分苏联时期留下的福利制度。同时进行的还有电力产业私有化。将电和天然气的关税提高到欧洲水平的时间表也是在这一时期制定实施的。

对克里姆林宫来说，这些措施在完成向资本主义转型的过程中是必不可少的。对商业界来说，这代表着盈利的机会。在 20 世纪 90 年代，这些改革是不可能实现的，即使是最拥护市场经济的人也不会考虑实施这些措施。即使是在普京的第一任任期内，实施这些改革措施也会冒很大的政治风险。但在 2004 年，经济的恢复以及总统支持率的上升促使改革家们采取行动。改革措施遭到一些家庭的反对，因为对这些家庭来说，非货币性质的福利和廉价的住房让他们可以维持生活，但是没有这些福利，他们将坠入贫困。

福利改革旨在取消俄罗斯的非货币性质的福利体系，该体系是苏联时代的产物，西方没有类似的体制。俄罗斯非货币性质的福利包括免费住房、房屋服务（水、天然气、供暖、电和房屋维修）、公共交通、幼儿园、学校膳食、医疗、卫生和牙科服务等，对一些人来说甚至还有免费的或是带津贴的假期。享受这些福利的主要是军人和参加工作多年的劳动者，有时也作为奖励鼓励人们去农村或遥远的北方工作。残疾人、以前的政治犯和 1986 年切尔诺贝利事件的受害者也有资格享有这些福利。2003 年在全国家庭展开的调查表明，只有 50% 多一点的家庭能够享受到非货币性质的福利。研究者估计，在享受非货币福利的家庭中，此类福利占家庭总收入的比例为 8.5%。非货币性质的福利占俄罗斯全部家庭总收入的 3.6%。虽然享受此类福利的大部分是退休人员，而且在享受此类福利的家庭中，中等收入的要多于低收入的，但是对此类福利依赖性较强的是单身的女性退休者、双方均退休的夫妇以及单身父母。没有人佯称非货币性质的福利是完美的。实际上，此类福利在解决儿童贫困问题以及失业者和低收入者的困难方面起到的作用非常小。在 20 世纪 90 年代的大部分时间里，不论是非货币性福利还是货币性福利，俄罗斯人民都得不到。尽管如此，对于弱势人群来说，这些非货币性福利还是能提供一定的帮助。[1]

图 9－1　2007 年，伊热夫斯克发生了反对市政府房屋政策的抗议活动

伊热夫斯克《Den'》发。

2004 年，议会通过了一项法律。根据该项法律，将用现金支付的方式代替非货币性福利，并将大部分原来由中央政府负责的福利项目转交由地方政府负责。同时还削减了法定福利项目的数量。法律的实施是官僚式的，愚蠢而又缺乏同情心。许多人担心现金支付数额不能与他们原来享有的服务价格的上涨保持同步。实际上对于一些人来说，例如需要医疗服务的老年人，情况也正是如此。人们还担心，地方政府会削减或废除一些不受法律保护的福利项目，这种想法也得到了应验。2004 年 9 月的民意调查显示，70% 的人口不赞成这一改变，但政府并没有给出解释。改革措施从 2005 年 1 月 1 日起生效。1 月 9 日对许多俄罗斯人来说是 2005 年的第一个工作日*，这一天爆发了抗议活动。数十个城镇都举行了示威游行和露天集会。道路被封锁了，其中包括莫斯科到圣彼得堡之间的主要的高速公路。1 月 15 日至 17 日，圣彼得

* 根据俄罗斯人信奉的东正教的日历，圣诞节在 1 月 7 日。圣诞节是俄罗斯的公共假期，许多工厂在新年到圣诞节期间会放假。

堡市中心被封锁了两天。在彼尔姆，警察拘留了示威者，作为反抗，抗议者们把代理地方长官囚禁了起来。在克拉斯诺达尔，副市长被人群围困。在托木斯克，警察勉强保住了地区行政办公室没有被占领。习惯了免费交通的人们与想要执行新规则的公共汽车司机之间的冲突在全国各地都有发生。

按照俄罗斯的标准，示威活动的规模不算大，但是绝大多数人表示了支持或同情。尤里·列瓦达被称为俄罗斯的民意调查之父。他所做的研究显示，2005 年 1 月，虽然参加抗议活动的人只有 20 万至 40 万，但是 41% 的民众支持他们，还有 41% 的民众认为他们的行为“是可以理解的”，只有 10% 的人表示反对。还有一点值得注意，那就是抗议活动是自发形成的，通常由受到直接影响的中年人或老年人发起，青年活动家也参与到其中。共产党和其他的反对党派行动比较迟缓，在 1 月末才开始行动。他们约定在 2 月 12 日这一天，全国统一采取行动，据估计，有 20 万人参加了这一天的行动。

示威者们越过了另一道障碍：他们要求直接负责改革的部长给出解释，当要求得不到当局重视时，他们通常会要求普京和他的政府下台。一些克里姆林宫的政治技术家们担心，会发生类似乌克兰“橙色革命”的事件。于是他们开始在媒体上暗示，示威活动是受到了敌人的煽动，但是不久，他们就放弃了这种无意义的说法。普京借着这阵风暴，以总统的名义严厉地斥责了部长们。政府坚持福利货币化的政策，但是开始自掏腰包来安抚人民的不满情绪，提高养老金，提前将公共部门人员的工资指数化，并对受到福利货币化影响的人进行补贴。负责管理福利金的地方政府也被迫作出让步。抗议者们留下了宝贵的遗产。用列瓦达的话说就是：

> （人民对政府的态度改变了）那种令领导们感到满意的、等待检阅的场景不会再出现了，人民不再像过去一样一味地

接受政府的安排。成千上万的人已经尝到了“禁果”，这在过去是难以置信和无法想象的。人民已经能够直接与各级官员进行周旋了。更多的人发现，这样行得通。官员们公开显示了他们的弱点，他们既不敢威胁“反叛者”，也不敢承认他们的错误。

列瓦达说，抗议者也发现了自身的弱点。他们因为缺乏组织而付出了“不可避免的代价”，那就是在当局让步之后就迅速撤退了。但是运动的参加者在一次采访中告诉作者，他们在抗议之后立即开始相关的工作，以克服缺乏组织的弱点。谢尔盖·舒金是伊热夫斯克的反对派周报《Den'》的编辑，他解释说：

> 反对福利货币化人们自发进行集会，我们是唯一一家对此进行报道的当地报纸。这使报纸成为公开的论坛。随后成立了协调委员会。在每一次集会之后，我们都会在报纸上预告下一期的情况。这样就使抗议活动能够持续下去。当针对住房和市政服务的抗议开始的时候，这些活动已经准备就绪了。

在俄罗斯全国范围内，地方组织开始形成平行的关系网络。全国性协调委员会联盟的成立把伊热夫斯克地区组织等类似的组织团结在了一起。[3]

房屋权利运动

2005 年出台了房屋法，开始进行房屋改革。其中包括房屋服务（维修、供暖、天然气、水、电）私有化。房屋改革引发了新一波的社区运动，这一波运动没有针对福利改革的运动那么集中，但持续的时间更长。社区动员起来要求修缮房屋，因为这些房屋在几年前就应该得到维修。社区帮助维护屋主们合法权利，让他们在房屋管理中有发言权，对飙升的房屋服务费用提出质疑，并且支持那些被塞进集体宿舍的人。油价攀升带来的经济繁荣达到了顶峰，房地产价格产生了泡沫，地产开发商对土地贪得无厌，这些引发了人们针对土地的抗议活动。在一些地区，活动家们形成了联络网，将抗议组织联系起来。

如第七章所述，2005 年出台的房屋法为房屋私有化的最后阶段确立了法律框架。在 20 世纪 90 年代，许多房屋就已经成为居住者的私有财产。现在政府希望建立住宅市场，鼓励向较富裕家庭提供抵押贷款，并将房屋服务业务由地方政府转移至私人公司。俄罗斯许多大型商业企业已经加入其中。最大的房屋服务公司包括 RKS 和罗斯沃多卡纳尔（Rosvodokanal）。RKS 由维克多·维克塞尔伯格的列诺瓦集团控制的，2007 年的营业额超过 10 亿美元。罗斯沃多卡纳尔由阿尔法银行和德国的德意志银行共同控制。房屋服务私有化从一开始就引发了最强烈的抗议活动。在开始私有化时，许多人居住的苏联时代的公寓尚未解决大修问题。大修活动在 20 世纪 90 年代就停止了，大多数住宅已经有 30 多年没有修整过了。预计 70% 的住房拥有者现在要自己承担大修费用。据估计，这一费用在 2007 年为每户平均 6 万卢布（2150 美元）。对于剩下的 30% 人来说，他们的房子计划在 2007 年至 2010 年间实现私有化。不过他们有一项法律条款可以依仗，那就是售房者要对房屋进行大修。房屋法让住户们受制于地方政府，而地方政府对法律的态度则非常随意。2006 年至 2007 年，许多地方政府将房屋服务合同转让给私人公司，而这些公司基本不承担对房屋进行大修的义务。

2007 年 10 月，在乌拉尔地区北部的伊热夫斯克，社区组织的代表们告诉作者他们如何建议住户采取群众行动或法律手段“迫使当局承担维修义务”。两种办法都有人采纳。2006 年，也就是所有城镇住宅预计要交付到私人手中的前一年，抗议者们被惹怒了，因为市政预算中竟然连一个卢布也没拨给房屋维修。担任所住公寓楼居民委员会主席的斯维特拉娜·斯蒂奇科纳向作者讲述了她是如何通过法律行动迫使提供房屋服务的私人公司对房屋进行大修的。此外，私人公司还试图将费用提高到高于联邦法律规定的水平，这也引发了冲突。

2005 年，在针对福利货币化的运动之后，在伊热夫斯克市成立了公民行动协调委员会。至今该委员会已组织了 60 多次集会和示威活动。委员会要求与当局就房屋问题进行协商。在 2007 年 6 月的一次会议上，共和国和城市的官员最终屈尊与抗议者进行对话。会议开始的时候，来自退休者委员会的季娜伊达·什卡比妮娜就责备地方政府没有按照联邦政府的指示对供热进行测量，并借此来发泄她的愤怒，她说：

> 这些都是你们的损失，是由于你们的不当管理造成的。为什么居民要为破烂的、漏气的供热管道付钱，要为三四十年都没修过的破房子付钱?[4]

根据房屋法的规定，公寓楼的居民，即大多数城镇居民，在房屋管理方面，可以与商业机构签订委托管理合同，也可以通过大会决议对房屋实行直接管理，还可以由业主结成合伙关系或成立合作社进行管理。看起来，公寓楼居民们面对的共同问题使他们更倾向于集体民主，而这些组织为此提供了基本制度。因此，地方当局讨厌这些组织，而社区活动家们则热爱这些组织。弗拉基米尔·费尔施泰因是伊热夫斯克市纳戈维琴娜街区居民合作关系的领导人，他告诉我说："我们掌控了事件的发展，迫使当局听取我们的诉求。"一个仍未解决的大问题是围绕大修资金展开的。当局保持沉默、威胁或者忽视居民代表的事件经常发生。在陶里亚蒂，运动推行者拉莉莎·博日娜告诉作者市政府如何一再非法地拒绝与15个地区的居民自治协会接触，并且当地的检察官还试图通过法院关闭这些协会。不过没有成功。她说："我们找不到途径维护我们的合法权利。"运动发起者收集了250多起案例。在这些案例中，当局拒绝承认居民协会，而且还受到当地法院的支持。在萨拉托夫，官员们成立了受他们摆布的居民合作协会，并称这一协会代表了400幢居民楼，同时忽略了由居民成立的真正的居民协会。在伏尔加格勒，当地政府除了与一家他们选中的商业机构打交道外，对其他的一概不予理睬。另外还有犯罪团伙成立假的居民协会，试图逼迫居民将管理权交给他们。这样的犯罪团伙中，有相当一部分与当地政府有联系。[5]

当局在处理数百万的集体宿舍居住者的问题时，充满了报复心。这些居民处在社会的最底层。根据房屋法，他们有权将他们的住处接收作为自己的私有财产，而所谓的住处通常也只不过是几平方米地板和一张床。但是，许多地方官员想尽办法拒绝这些人的合法要求，因为集体宿舍可以用来收留无家可归的人、难民和临时工。20世纪90年代，许多集体宿舍被非法分给私人，而宿舍的拥有者将租金提高到了居民无法负担的水平，为驱逐他们提供借口。这种行为通常得到了地方政府的支持。2008年夏天，在彼尔姆，集体宿舍的居民发起了一场全城范围的抗议活动，抗议过高的租金以及逼迫他们签订租赁协议的非法行为。在伊热夫斯克当地法院，集体宿舍居民赢得了一场反对急剧提高租金的官司，但在以腐败闻名的乌德穆尔特共和国法院，这场官司又被推翻了。[6]

这场旷日持久的战争一方面是房屋所有者之间的战争，一方面也是权力和金钱的战争，并且在未来几年将一直持续下去。2005年以来，对于想要在全国范围内建立联络网的社区和政治活动家来说，他们的工作中心是围绕房屋大修、房屋服务和居民民主权利所进行的战争。2006年12月，全俄罗斯协调委员会联盟组织了为期一天的活动，要求出台"有利于人民的房屋政策"，并要求政府出钱对老旧房屋进行维修，还提出一系列针对房屋法的修正案。组织者估计，有 30 个城镇的 1 万居民参加了这次行动。2007 年 9 月，在俄罗斯南部阿斯特拉罕召开的会议上，成立了俄罗斯房屋自治运动组织，该组织由 37 个地方团体组成。[7]

土地和自由

在伊热夫斯克市，为了反对建筑公司为建造新的高层建筑物而抢占他们的土地，拥有小块菜地的人们展开了一场为期三年的物质上、法律上和政治上的战争。在谢韦尔的郊区，柳比特尔—2 号土地的耕种者们阻止推土机的前进，毁坏了围墙，面对保安人员的威胁也毫无惧色。

阿列克谢·伊雷因是伊热夫斯克地区保卫菜地委员会的主席，他在 2007 年 9 月的一次采访中告诉作者：

> 我们的每一步行动都被当局说成是在阻碍政府的安居工程。我们只是在维护普通人的权利，这些人中大部分都是领取养老金的人，这块地是他们生活中最重要的东西之一。

在几周前的一次抗议活动中，伊雷遭到保安人员的殴打，肩膀受了重伤，前额也割破了。

柳比特尔—2 号地引发的冲突是俄罗斯全国范围内几百起冲突中的一个典型。在这些冲突中，社区组织与开发商和建筑公司斗争，抗议他们与腐败的地方政府联合阴谋攫取菜地、小型城市中心公园以及车库。新建筑像补丁一样散落在旧建筑之间，这种在市区空隙添建新楼的开发既危险又难看，完全是一种灾难。建筑业的非理性繁荣实际上是受到了 2005 年至 2008 年国际房地产市场泡沫的影响。在此期间，俄罗斯几乎所有城镇的房价都开始上升，有的甚至超过了西欧国家的房价水平。与之相对抗的人们所面对的是地方、国家甚至是国际范围内权利与金钱结成的网络。

读者可能会感到不解，为什么一块菜地会使群情如此激愤。与其他国家相比，这块地在俄罗斯过去的三四代人的生活里所起的作用要重要得多。当俄罗斯家庭从乡村或贫民窟搬进苏联时代狭小的公寓时，他们通常会分配到600平方米城外的土地，而在这样的小公寓里能在窗台有个养花的空间都算是幸运的了。这块地在食品短缺时起到了重要的保障性作用，而且也是一家人在周末和夏天放松的好去处。* 当作者问阿列克谢·伊雷因他为什么一定要守护这块土地时，他笑着说："我骨子里还是一个农民。"他的家庭是在20世纪30年代时被从南部的乌拉尔地区驱逐到哈萨克斯坦的，当时斯大林正在搞没收私人土地的运动。1977年伊雷因来到伊热夫斯克学习，当时这里还是一座封闭的城市。他在一间工厂工作，但所有的业余时间都花在精心照料他那块菜地上了。

对于在柳比特尔—2号地上耕种的人们来说，他们现在的敌人是公司。这家公司是由伊热夫斯克市前副市长瓦列里·罗戈津和他的女婿安德烈·佩里亚科夫于2003年成立的。在背后支持这家公司的是大商业集团科摩斯公司（Komos），而科摩斯公司是受安德烈·奥斯科尔科夫控制的。奥斯科尔科夫是乌德穆尔特共和国议会议员，同时也是一位企业家和乌德穆尔特地区首脑亚历山大·沃尔科夫的密友。2008年6月，科摩斯与雅利安公司结成了"战略联盟"，并向雅利安公司未来的工程投资。

---

* 这块分得的土地被通俗地称为"六百"。大部分俄罗斯家庭在在这块地上建造了木制的或砖砌的避暑别墅。许多家庭夏天会在这里住两个月甚至更长的时间。许多人退休后大部分时间都是在这儿度过的。

科摩斯集团公司从事食品加工和媒体等业务，还拥有一家房地产投资公司。科摩斯在2007年至2008年迅速扩张，部分原因是由于得到了国有银行俄罗斯联邦储蓄银行十亿美元的流动资金贷款。2008年，科摩斯与跨国食品公司嘉吉公司进行协商，后者打算向它的养殖场投资。

伊热夫斯克的大型商业企业纷纷将重心转移到房地产业并非是一种巧合。除了科摩斯外，伊热夫斯克的另一家大企业是维克托·霍拉察维塞夫控制的阿斯派克—多姆斯特洛伊集团。霍拉察维塞夫是乌德穆尔特共和国在联邦委员会的代表，也是当地统一俄罗斯党的领导人。如第五章所述，2000年之后，随着俄罗斯的权力和金钱开始向中央集中，乌德穆尔特地区的石油公司也从地方精英的手里转移到了克里姆林宫及它的盟友手里。当地的精英们在被切断了最丰富的财源之后，纷纷转移至其他领域，在这些领域权力可以转化为金钱。

建筑公司的商业计划要求与当地政府保持亲密的工作关系。安德烈·科诺瓦尔是伊热夫斯克社区组织联盟的领导人。他曾在报纸上发表文章解释说，比较典型的做法就是建筑商购买几块菜地，然后简单地征用土地做一般用途。当地政府准许建筑商建造居民楼。建筑商和当地政府都不会因为临近的菜地没有出售而产生担心。因为建筑商会申请强制征购令来购买剩余的菜地。这种做法是不合法的，因为根据法律规定，不应该为了私人公司的利益而发布此类命令，但建筑商的申请总能获得批准。

2006年，伊热夫斯克市市长亚历山大·乌沙科夫承诺不会再针对小块土地签发强制征购令了。但是，2007年1月，他签署了对柳比特尔—2号地和其他两块地的强制征购令。对抗活动达到高潮。菜地的所有者对雅利安公司和市政当局提起了诉讼，并堵塞了推土机的道路。

2008年，经济危机开始了。原本计划建造六个高层公寓的雅利安公司，刚刚开建第一个就不得不停止了建造。阿列克谢·伊雷因继续在法庭上展开与雅利安的战斗。法庭仍在批准公司用地的申请，但此时公司已经无法负担继续建造工程。

围绕柳比特尔—2号地展开的战争只是俄罗斯全国性现象的一部分。强大的莫斯科政府正面临着郊区布图瓦的土地所有者发起的抗议活动。这一活动已经持续了三年之久，而政府与建筑商之间的紧密联系已经人尽皆知。政府签发强制征购令为开发商扫清道路，这一行为违反了联邦法律。一些居民失去了他们在风景如画的河畔的地产，作为交换，只得到了一间一居室的公寓。

活动家们估计，仅在莫斯科就有65起类似的案例，涉及8.6万名市民。还有100个社会活动组织在与城市空隙处的建筑开发行为以及威胁到小型公园的建筑工程作斗争。在圣彼得堡，为了给西部高速公路工程行方便，政府签发了强制征购令，这是交通部公私合作项目中的旗舰工程。这项工程受到车库所有者的抵制，他们认为征地补偿金过少，并进行了抗议活动。德米特里·特罗扬是这些车库主人的发言人，他在2006年被殴打致死，这起谋杀案至今仍悬而未决。[8]

遭围攻的活动家们

萨马拉是伏尔加河沿岸一座拥有120万人口的城市。在萨马拉，即使是最温和的公民行动也会招致执法机关的镇压和猜疑。对活动家和记者的胁迫在2007年5月达到高峰。当时，总统普京正和欧盟领导人在萨马拉召开峰会。

在峰会期间，持不同政见者举行了一次游行。而直到外国领导人对警察的高压手段提出抗议后，这次游行方才获得官方许可。来自于其他城镇的游行的支持者被禁止进入萨马拉市。在峰会召开的前一周，警察拘留了这次游行的组织者。虽然他们之后被无罪释放，但其中30个人的照片出现在了通缉名单中。

活动家们还准备在当地的社区中心举行“银河系自由者论坛”，但这一事件也被盯上了。论坛的组织者亚历山大·拉什曼金被两个人用棒球棒击昏，他们还偷走了这次事件的传单和拉什曼金的手机。萨马拉的市长维克托·塔克霍夫禁止社区中心举办这次论坛。15名预定参加论坛的人在街头举行集会，结果被30名警察团团围住。在论坛举行之前，警察就拘留了拉什曼金和另一位组织者。在附近的陶里亚蒂，另一个有国家主义倾向的组织的活动家也遭到了逮捕，因为他们在5月9日*向士兵发放传单，号召他们不要参加车臣战争。

记者也成为迫害的目标。伏尔加新闻通讯社（VolgaInform）、俄罗斯影响最大的反对派报纸《新报》和人权运动组织格罗斯（Golos）驻当地的办公室均遭到了搜查，电脑也被没收了。警察声称他们在查盗版软件，这在俄罗斯就是一个笑话，因为在地方政府部门盗版软件随处可见。经过漫长的法律程序之后，针对伏尔加新闻通讯社和格罗斯组织的案件撤销了，有关部门还表示了歉意。尽管软件应用许可证已经交到了警察手中，针对《新报》的案件仍致使当地的《新报》在2008年初停止发行。即便如此，安全部门仍然没有停止报复行动。一年以后，《新报》驻萨马拉的编辑谢尔盖·库尔特—阿吉耶夫称他的家人受到了警察的威胁。

* 5月9日是俄罗斯全国性的假日，为纪念苏联在二战中战胜德国。这一天，许多城市都会举行阅兵仪式。

在2007年12月的议会选举中，萨马拉的安全人员又一次对政治反对派实施了嚣张的骚扰，他们拘留了卡斯帕罗夫领导的“另一个俄罗斯”党运动的四名组织者。格罗斯组织的柳德米拉·库兹米娜对作者说，俄罗斯的政治领导人一面宣称要致力于民主，一面又支持法律赋予地方安全人员权力进行政治迫害。“安全人员所实施的残酷的胁迫行为是非法的，但法院并没有禁止这种行为。针对非政府组织的法律增加了人们的心理压力。”

不论是在萨马拉峰会之前还是之后，运动参与者们都挫败了安全人员想要孤立他们的企图，联合起来进行团体活动。人们对房地产开发的不满情绪最大，这种开发正在吞噬着萨马拉市中心的历史古迹区域、城市公园和湖泊以及人们在伏尔加河岸边的菜地。2007至2008年，15个居民组织与刚成立的人权卫士组织联合起来，在市长办公室前举行了示威活动。此外，征兵和大学图书馆服务私有化也引发了人们的抗议和示威活动。

通过与“自由者论坛”的组织者亚历山大·拉什曼金的访谈，我认识到了这些活动家们的坚持。亚历山大·拉什曼金是在2002年的时候开始从事民权运动的，当时28岁的他组织了一场为艾滋病患者争取药物和免费诊断的运动。根据官方数据，在萨马拉地区有33001名艾滋病患者，但亚历山大·拉什曼金认为实际患病人数至少是官方数字的五倍。

亚历山大·拉什曼金说：“我们面对的是一堵官僚主义的墙。”“官僚们是出于个人利益才对民众的自主性进行扼杀的，这就是他们一直试图要做的。”亚历山大·拉什曼金认为最难的事情是要求为艾滋病患者进行治疗，以及公开相关的信息和状况。最近十年，艾滋病主要是在异性恋之间通过性行为传播，但是官僚们仍然认为艾滋病患者都是“吸毒者、妓女和同性恋者”，他们患病是咎由自取。

到2005年左右的时候，拉什曼金开始觉得，“如果政治环境不发生改变，那么有些事也不会改变。”他开始积极投身于反对征兵的运动以及一些其他的人权运动中，这引起了安全部门的注意。虽然他很低调，富有同情心而且言语温和，但是还是发现自己被归类为“人民的敌人”。他曾多次被禁止离开萨马拉去会见他的活动家伙伴们。

2006年7月，拉什曼金动身前往圣彼得堡参加在那里举办的社会论坛，当时正在召开八国峰会，结果他在汽车站就被逮捕了，并被带回家中，因此错过了火车。之后，他试图去附近的新古比雪夫搭乘另一班前往圣彼得堡的火车，但又一次被逮捕了。根据活动家网站的记录，当时在16个其他城市也发生了类似的事件。2006年12月，拉什曼金打算经下诺夫哥罗德前往莫斯科参加在那里举行的持不同政见者的游行活动。这次他也遇到了同样的麻烦，他被安全部门拘留了，直到游行结束才被释放。

萨马拉发生的事绝非个案。根据人权组织网站的信息，俄罗斯数百个城镇都发生了类似的镇压事件。[9]

多种因素

在本章最后，作为结论作者将指出俄罗斯社会运动的广度和多样性、不同运动之间的协调水平以及未来可能的发展方向。

社会运动的范围有多大？目前为止，参与到社会运动中的人只占人口的一小部分。从前面引用的数据可以看出，在福利改革引发的抗议活动中，参与者还不到总人口的1%，但是支持或同情这些抗议者的人占到了人口的大多数。在住房引发的抗议中，参与者要多一些，但仍只占人口的一小部分。从另一方面来说，社会运动所涉及的事件的范围越来越广泛了。除了前面提到的之外，还有工会、人权组织和环保主义者的运动。此外，新的抗议形式也层出不穷，下面就是一些典型的例子。

1. 越来越多的环保主义者联合起来从建筑学和美学的角度出发，反对最近兴起的建筑风潮，人数与出于社会原因而反对这股建筑风潮的人一样多。[10]

2. 除了长期以来一直进行反对军国主义运动的士兵母亲委员会以外，又有新的组织加入其中。这些新加入的组织分布在许多城镇，他们维护应征入伍者的权利，为拒服兵役者提供支持。

3. 学生组织运动也有所复苏，如莫斯科国立大学的 OD 组织等。他们不仅关心人们贫困的生活状况和财政状况，还关注高等教育的质量。

在普京的第二任任期内，爆发了一场由汽车引起的非常特别的运动。这场运动始于远东港口城市符拉迪沃斯托克，当时政府计划禁止使用右座驾驶的车辆。这项计划实施后，远东地区大量家庭所拥有的二手日本车将成为非法车辆，蓬勃兴旺的进口产业也将遭受重创。在 20 世纪 90 年代当地的制造业停产之后，许多人正是在进口行业又重新找到工作的。2005 年，非政治性游说团体自由选择组织集合了一个由 3000 辆车组成的车队，车上都醒目地装饰着橙色丝带，车队从符拉迪沃斯托克市穿过。据说车队选择橙色与乌克兰的事件无关，但所传达的意思却是明确无误的。在奥列格·谢尔宾斯基的案件中，这场运动的力量充分显现出来。奥列格·谢尔宾斯基是一位铁路工人，他因一起交通事故遭到监禁，阿尔泰地区长官米克哈伊·叶夫多基莫夫在这场事故中丧生。2005 年 8 月，谢尔宾斯基正开着他的右座驾驶的汽车在高速路上转弯，这时，叶夫多基莫夫驾车以时速 200 公里的速度打算超车，结果飞出了公路。普京宣称，由于谢尔宾斯基的汽车是右座驾驶，才导致了叶夫多基莫夫的死亡，谢尔宾斯基被判监禁四年。自由选择组织在全国范围内组织了一系列集会，抗议这一结果。为在选举中获胜，议会领导人和当时由总统领导的统一俄罗斯党转而支持谢尔宾斯基。2006 年 3 月，谢尔宾斯基通过上诉获得了自由。[11]

2008 年末，俄罗斯经济开始衰退，政府首先采取的措施之一就是将进口汽车的关税提高了 10%—20%。这一措施旨在保护国内的制造业，但是却没有考虑到远东地区的情况。自 20 世纪 90 年代苏联解体之后，远东地区的经济就极大地依赖与日本和韩国的贸易，而政府企图重振当地制造业的努力收效甚微。这一措施导致汽车拥有者的运动开始复苏。2008 年 12 月，在远东的几座城市都爆发了有数千人参加的集会。2006 年以来，当局的态度也发生了很大变化，开始调动防爆警察，有 60 至 200 名抗议者被拘留，12 名报道这一事件的记者遭到毒打。运动的组织者提出口号，不仅要求降低进口关税，支持汽车制造业，而且要求言论自由，降低房屋服务收费，还要求政府下台。之前曾有活动家把汽车拥有者进行的运动归类为“中产阶级”运动。但事实是，20 世纪 90 年代的大萧条使远东地区许多人丢掉了工作，他们被迫开始做小买卖。在欧洲人眼里，他们根本算不上是“中产阶级”。现在，他们没有得到稳定的工作，却尝了到防暴警察棍棒的滋味。[12]

独立的运动之间的协调性和连贯性仍处在初级阶段。关于这一点，这里要再次引用社会主义者和活动家卡琳·克莱蒙的话，她说：

俄罗斯正日益分化为两个集团。一个集团的人可以为他们的未来进行规划，他们尝到了稳定带来的好处，生活得到了改善。另一个集团的人生活没有多少改善，仍处在不稳定的状态中。一旦有事情发生，他们的生活水平就会下降。他们不是最贫困的人，而是在贫困线上挣扎的人。这一集团的

> 人们是政府进行的社会改革的最大的受害者……当政府的决策影响了他们的生活之后，他们的第一反应是给相关的负责人写信，这是苏联公民在传统的家长式制度下的典型反应……这种办法不奏效之后，人们开始想：既然负责人不管事，那我们就应该自己行动起来。然后，各种形式的民权运动组织开始出现，慢慢地，这些组织开始互相联合。不过这是一个非常缓慢的过程。[13]

上述观点是在2008年2月提出的，当时正值油价上升带来的经济繁荣期的顶峰。从那以后，经济开始下滑，大多数家庭本来就不稳固的状况受到进一步削弱。但是，正如卡琳·克莱蒙所说的，社会运动之间的协调程度和联合程度还只是处在初级阶段。伊热夫斯克市的情况已经算是相当成功的了。在2005年福利改革引发的抗议期间，伊热夫斯克市成立了公民运动协调委员会，负责与当局进行谈判，并参与修正乌德穆尔特地区预算案，改善人们的生活水平。在接下来的一年里，委员会由一个同盟体成变成一个组织中心。2006年年末，一直与委员会共同工作的共产党离开了，并企图组织反对力量进行示威游行，而共产党也一直是伊热夫斯克市的第一大反对党。但共产党的企图失败了，委员会在政治战线上的协调中心的角色得到进一步加强。2007年，在经过了两年不被官方承认的岁月后，当局决定与委员会进行谈判。[14]

不过，伊热夫斯克市只是一个特例。在许多地区，独立作战的运动组织已经使当局作出妥协或进行谈判，但是不同组织之间很少进行协调。这并不是说，不同组织的活动家们之间不注意或漠视彼此的工作。相反，除了之前提到的各种集会（社会论坛、会议等），俄罗斯的社会运动充分运用了互联网和博客等工具，将由于地理原因而分隔的组织联系在一起[15]（上文“被围困的活动家”，就是地方运动组织协调工作的一个例子）。

对于社会运动未来的发展方向，一个重要的决定因素是经济下滑对俄罗斯的影响。一方面，经济下滑可能会抑制公民运动和各类运动组织的发展。这与20世纪90年代的情形类似。因为经济衰退使许多人失去工作，他们不得不每日为生计奔波，这将阻碍社团组织和公民运动的发展。另一方面，俄罗斯这次经济危机发生的背景原因与20世纪90年代截然不同。许多俄罗斯人的生活水平和期望都开始上升，尽管上升的速度较慢。此外，虽然民主权利受到一些损害，但普京的统治与苏联时代全面的独裁统治相去甚远。2008年末，经济危机开始在俄罗斯蔓延，主要的商业报纸撰文指出，现在是害怕失去某些东西的人以及在贫困线上挣扎的人最可能参与到抗议运动中来。在谈到减少抵押贷款违约事件的发生时，俄罗斯商业日报《费多默斯提报》的编辑认为：

> 现在不帮中产阶级渡过难关是危险的。1998年，俄罗斯人还保留着一定的在后苏联时期生活方式下养成的习惯，他们渡过危机的方式就是屈从于命运的安排。但是现在，他们害怕失去某些东西。60万办理了抵押贷款的人，害怕因不能偿还而失去他们的公寓。还有那些贷款美元购买车子、冰箱以及其他物品的人，他们虽然不至于失去拥有的财产，但也要不停地穿梭于各个外汇兑换点，猜测汇率走势，希望至少能够节省一点他们赖以生存的卢布收入，因为卢布正在迅速贬值。[16]

上文提到的发生在符拉迪沃斯托克市的事件说明，这一观点绝非夸大其词。

俄罗斯当局还怀有另一种更大的恐惧，那就是广大的工人阶级将会对经济危机作何反应。2008年12月的一项调查显示，28%的人没有为失业期预备存款。经济学家叶夫根尼·龚特马克在1997年至2003年期间一直担任政府社会发展部的负责人，他还担任过其他几个社会福利方面的重要职务。叶夫根尼·龚特马克向公众描述了一个可能发生的场景：在俄罗斯的一个工业城镇，人们因为工厂的关闭而感到愤怒，他们占领建筑物，并将地方官员胁持为人质。叶夫根尼·龚特马克想象接下来其他地方也效仿这个城镇。他在一篇名为《2009 年的新切尔卡斯克事件》的文章中写道，这样的事件“可能很快就会发生”，文章题目影射 1962 年新切尔卡斯克发生的工人造反事件。这篇文章对于当局的恐惧的表述，使联邦媒体和通信的审查人员感到不安，他们给发表这篇文章的报纸写信，提醒报纸注意自己有遵守法律反对极端分子的责任。[17]

2009 年 2 月，在波罗的海国家拉脱维亚和立陶宛，由于政府的财政紧缩政策，爆发了街头骚乱。在与统一俄罗斯党议员举行的一次会议中，普京被问到俄罗斯是否会发生类似的抗议事件。普京重申了合法的抗议与非法的抗议之间的区别，并强调，如果抗议者违反了法律，“政府和社会就有权起来反抗以进行自我保护。”虽然没有提到波罗的海国家的名字，但是普京说，俄罗斯无论如何也不会允许“类似的事件在俄罗斯发生。”考虑到执法机关时刻准备着宣布抗议活动为非法活动，民权社团的活动家担心会发生最坏的情形。阿尔卡迪·达瓦科维奇是总统梅德韦杰夫的顾问，他告诉西方记者，政府正在监视可能会发生骚乱的地区，如一些失业率高的工厂城镇。[18]

2009 年 6 月，普京突然造访俄罗斯西北部的小镇皮卡洛沃，这显示出当权者对于公众对经济危机的反应有多么的紧张。皮卡洛沃原本只有一间工厂，2004 年这间工厂被拆分为两个水泥工厂和一个化学工厂，分别为奥列格·德里帕斯卡和其他两个寡头所拥有。2009 年 1 月，随着水泥价格的大幅下降，三家工厂都停产了。在经过了数月没工作也没工资的日子后，大约 1000 名工人封锁了通向圣彼得堡的交通要道，而皮卡洛沃总共才有 9000 名工人。普京和德里帕斯卡以及另外两个工厂主乘飞机来到皮卡洛沃，并且就在电视直播的时候，命令这些工厂主让工厂重新开始运营。这些工厂主只好服从命令。但是这种民粹主义是需要权力支持的。在接下来的几周，活动家们经讨论之后认为，有必要在其他失业率高的城镇也采取皮卡洛沃式的直接行动。在东西伯利亚的阿尔泰地区，受停工困扰的建筑工人们占领了一间巨大的拖拉机厂并封锁了公路。在斯维尔德洛夫斯克，一间停工的加工厂的工人成立了一个委员会，取代了管理层。

自发的反抗活动和民权组织是不同的。但是看起来油价下跌导致的经济下滑会使两种现象均增加，并且会造成动荡。越来越多的俄罗斯人将会以各种各样的方式投身于动荡之中，因为他们想要更大程度地掌控自己的生活，并参与到塑造国家的未来以及其他更重要的事情之中。

结　论

通过对普京领导下的俄罗斯的描述，可以得出关于以下四方面的结论：

1. 苏联时代遗留下来的产物。

2. 俄罗斯依靠油价上升带来的经济繁荣的特点，及随之而来的经济衰退。

3. 普京领导下的政府权力的演变，以及政府与财富拥有者、政府与民众之间关系的变化。

4. 俄罗斯的社会运动。

苏联时代遗留的产物

如果不了解苏联时代遗留下的产物，就不可能明白在普京领导下的俄罗斯中金钱、权力和人民之间的动态关系。苏联遗留下的产物中，最重要的一项就是权力。在经济方面，俄罗斯工业的某些部门仍然保留着苏联色彩的工厂关系，而且由于政府害怕人民的抗议活动，使得苏联福利体系的某些方面得以保留下来。但同时，苏联体系赖以存在的基石正在以令人难以置信的速度垮塌。在短短几年的时间里，对资本主义所有制的压制以及国家对资产和商贸的垄断已消失殆尽。20 世纪 90 年代，政府机构瘫痪、市场条例废除以及放松对资本的控制导致了资本外逃风潮，这可能也是有史以来最集中的一次资本外逃。随着苏联经济的崩溃，俄罗斯被拖入了国际市场。在后苏联时代的资本主义体制下，许多苏联精英们轻而易举地将他们在旧体制下获得的权力转化为财富。如此看来，那种权力是一种更持久的资源，比它曾经控制的国家体制、曾经操纵的苏联模式的经济体系都更持久。精英们摇身一变成为资本家，重新控制了资本主义的国家，而且比他们预想的要容易得多。

这就得出了有关苏联体制的重要结论。由于这一体制废除了资本主义形式的剥削，并且在名义上是由工人阶级掌权的，之前的几代反对资本主义制度的人都将这一体制视为美好未来的开端。对于一些人来说，这个未来意味着一种体制，这种体制以国有制为基础，但却能避免苏联的政治上专政。对于以戈尔巴乔夫为代表的其他人来说，这个未来应该是社会民主乌托邦的形式。事实证明，苏联体制根本无法取代资本主义，而且苏联的资产国有制比精英们的权力更容易瓦解。正如第一章所说，国际左派想要找到其他方法，替代叶利钦如噩梦一般以急行军的速度奔向自由市场的做法，但他们的希望化为了泡影。叶利钦施行的残酷的、不人道的政策既不是不可避免，也不具有合理性。但需要清楚的一点是，这条道路早在苏联后期就已经铺就了，并非只是叶利钦那些臭名昭著的顾问们的“功劳”。事后回头看看，苏联在政治上和经济上早已难以为继，这在几十年前就已经显示出清楚的迹象。20 世纪末苏联的那种疯狂的、不稳定的状态已经为资本主义的回归做好了铺垫。

苏联时期的第二笔遗留产物就是几十年的独裁统治损害了人们发展社会和政治运动的能力、为自己的利益组织运动的能力和参与塑造社会的能力。换而言之，也就是人们在更广的范围内积极践行民主的能力。俄罗斯在苏联的基础上建立起来的时候，人们没有任何社会组织和社团方面的传统可以遵循，也没有体验过未经审查的公众讨论。工人阶级在运动方面没有经验，他们首先要做的就是，消除几十年来傀儡工会制度所造成的负面影响。这种制度是在所谓工人阶级掌权的苏联时期形成的。20 世纪 90 年代，苏联遗留产物的影响与经济大萧条的影响共同阻碍了社会运动的发展。共产党作为主要的反对派，打着苏联的旗号又一次崛起，但是再次回归苏联体制已不可能。直至今天，俄罗斯的社会运动和政治运动仍然没有完全摆脱过去的阴影。打着左派旗号的民族主义和中央集权的经济统治的兴盛，有力地证明了这一点。对于 21 世纪 20 年代而言，找到方法，摆脱这些遗留产物的影响至关重要。

经济的繁荣和衰退

在普京领导下的俄罗斯，政府重新掌管权力，经济开始复苏，人民生活水平普遍提高，这些都要感谢石油价格的飙升。从 1999 年开始，石油、天然气和金属等的出口收入撑起了整个经济，并帮助了其他产业的恢复，同时也刺激了内需。在这种情况下，普京和他的同僚们重新控制了石油产业，特别是从叶利钦时代的寡头手里拿回了石油控制权，他们还增加了政府的税收并提高了政府机构的效率。可是如果没有经济的复苏，普京是不可能做到这些的。

在普京的第二任任期内，克里姆林宫在出口石油换来的大笔财富的支撑下，变得非常强大。他们稳定了货币，还清了国债，并且还积累了大笔的外汇储备。在国际上，普京也有了扮演强硬角色的本钱——他对美国入侵中欧反应强烈，并对单极国际秩序给予了谴责。在国内，人们的生活水平回升至苏联后期的水平，在某些方面甚至超过了这一时期。2006 年至 2008 年，消费需求上升，数百万较富裕的俄罗斯人可以获得低息贷款，以购买汽车、家用电器以及去国外度假。在这样的条件下，普京有更多的空间进行政治运作。与叶利钦不同，普京获得了人民的支持，或者说是被多数人勉强接受了。

但油价飙升带来的经济繁荣并不均衡。伴随经济复苏而来的是巨大的信贷泡沫。到2008年中期，俄罗斯中央银行的外汇储备达到6000亿美元，但是俄罗斯公司和银行从国外机构的借款已经达到了5000亿美元。此外，经济过度依赖商品及其出口产生的收入，因此在2008年至2009年出口商品价格下降的时候，经济的脆弱性就显现了出来。俄罗斯也显示出了“荷兰病”的症状，即与出口产业相比，制造业和农业的竞争力很弱，这使得俄罗斯经济愈发依赖出口的拉动。

比较关键的一点是，油价飙升带来的物质利益大多落在了有产阶级的手里。这笔财富所带来的促进人的发展的机会却被错过了。随着平均生活水平的提高，贫富之间的差距以及地区之间的差距也在加大。虽然与20世纪90年代初相比，死亡率在下降，但是人均期望寿命较低这一严重的问题却没有得到解决。健康及福利方面存在的问题是导致人均寿命较低的主要原因，但政府在这方面所做的非常有限，反而将火力集中在了错误的目标上——鼓励生育。较低的人均寿命显然与俄罗斯贫穷的工人们的悲惨生活状况有关，特别是生活在那些受20世纪90年代大萧条影响较大、在经济繁荣中又获利较少的工业区的工人们。但是，普京所进行的致力于将服务私有化的福利改革，可能会进一步加剧这种不平等。

虽然“资源诅咒”一说可以解释一些现象，但是正如第三章所陈述的，在更大的范围内一些本应被质疑的因素，现在却被认为是理所当然的。首先，许多研究这一课题的人认为，自然资源以及经济要么应该为政府拥有并控制，要么应该归大型私企所有，受这些企业控制，除此之外，别无其他选择。但是，作者认为，社会主义的共同所有、共同控制的制度是解决这些问题的关键。这一制度与苏联以及其他经济国有化的大国所实行的国有化官僚控制的制度是不同的。资本主义最近的，也是最严重的一次灾难导致的后果就是，人们可能会广泛地讨论并思考社会主义。其次，“资源诅咒”并不能解释富裕国家对石油、天然气以及其他自然资源扭曲的需求，也不能解释其对于新兴工业化国家生产的出口产品的过分需求。这些新兴工业国家在促进其能源密集型的经济迅速增长的过程中，既没有考虑到人的发展的问题，也不曾担心自然资源枯竭的问题。正是由于整个人类的经济活动发生了这样的扭曲，才导致了对于石油和天然气不正常的需求，以及“资源诅咒”现象的发生。

2008 年，随着世界金融危机的到来，俄罗斯的经济繁荣期结束了，信贷泡沫也随即破灭。这场危机的后果对俄罗斯的未来具有决定性的影响。俄罗斯政府宣称，出口石油获得的巨额财富减弱了金融危机对俄罗斯的冲击，避免了最糟糕的情况的发生。但是还远远谈不上是毫发无损。俄罗斯已经完全融入全球金融体系中了，而这一体系的本质就是，在危机的时候，资本会从较弱的经济体中流出。2008 年流出俄罗斯的 1300 亿美元资本就充分证明了这一点。在全球一体化的背景下，金融危机产生的冲击波严重影响了各国的工业发展，俄罗斯也难逃此劫。在经济繁荣期间，俄罗斯人民在人的发展、生活水平、福利等方面均取得了一定的进展，但现在这些进展都岌岌可危了。

普京领导下的政府权力

在叶利钦领导时期，俄罗斯政府的瘫痪程度堪称史无前例，而普京领导下政府权力的集中过程首先就是恢复政府的功能。之前在丢盔弃甲的混乱状态下，政府将石油产业的控制权交给了寡头们。在 1994 年至 1996 年，政治及军事上的衰弱驱使政府发动了灾难性的车臣战争。而领导人不得不依靠寡头们出资进行暗箱操作，才能赢得 1996 年的大选。事实证明，政府没有能力收缴足额的税款，因此也没有足够的资金开展最基本的活动，就只能依靠发行债券。这样做的结果是投机活动盛行，最终导致了1998年的金融危机。在第一任任期内，普京在他所扶植的政府中的强力部门的帮助下，主要所做的就是恢复政府的功能，使政府能够像大部分资本主义国家的政府一样发挥作用。这些功能包括收税、管理货币，以及指导经济政策等，这些都是俄罗斯政府在20世纪90年代所无法做到的。这种情况下，就需要对寡头进行规训，这也是全体有产阶级的利益诉求。

西方媒体报道的所谓“克格勃接管”的骇人听闻的故事有失偏颇。西方商业精英们是出于自身利益才如此宣传。20世纪90年代称俄罗斯政府为“黑帮政府”也是出于同样的原因。普京想要提升政府在“战略部门”的重要性的努力，并非是想进行大规模的“国有化”。实际上与沙特阿拉伯、科威特、墨西哥等对国际资本主义忠心耿耿的产油国家相比，俄罗斯政府对石油产业的控制要更弱一些。2000年之后，俄罗斯经济政策受到了右翼自由主义的“市场改革者”们的指导，这些人中包括库德林和丘拜斯。他们监管着俄罗斯国内资本市场的创立过程、持续的私有化过程以及更深地融入世界市场的过程。

西方评论家们对“独裁者”普京和“民主人士”叶利钦进行比较得出的结论充满了伪善。叶利钦在被惹怒时下令炮轰议会，还操纵选举并在车臣进行大规模屠杀。他的独裁本性只是因为所领导的政府太弱，才受到限制。他在西方更受欢迎是因为他使得美国和欧洲获得了更大的金融利益。在普京的领导下，民主自由方面有所倒退，这并不是说普京比叶利钦更想要压制民主自由，只是普京更擅长罢了。独裁主义对社会运动和社会组织来说是一个实实在在的威胁，而这些运动和组织正是俄罗斯未来的希望所在。对活动家和记者进行暴力攻击不会受到惩罚，各级政府都在签署镇压的命令，这些都预示着危险的到来。目前参与运动的人民与政府之间还不会发生大规模的冲突，但未来就很难说了。这就是为什么第六章说布热津斯基将普京比作墨索里尼是不切实际的。普京对寡头们进行规训却没有伤及资本主义的经济制度，这是他与墨索里尼相似的地方。但是，普京及同僚们还没有碰到像墨索里尼那样，需要对反对派进行大规模清剿的情况，虽然他们在第二次车臣战争中表现出的残忍说明他们已经准备好了“清剿”行动。

社会运动

一方面，社会运动已经产生了很大的影响，大量的人通过社会运动联合起来一起塑造他们的未来，使得政治不只是把持在经济和政治精英们的手里。但另一方面，第八章和第九章描述的社会运动还只是处在初级阶段和地方层面。虽然看似有些矛盾，但问题终将得到解决，这是可能的也是必要的。集体参与和社会改变之间不是原因和结果的关系，也不是结果和原因的关系，它们其实是一回事。在第八章的开始作者曾说过，苏联时期的镇压是导致俄罗斯社会运动发展缓慢的原因之一。因为镇压使得社团、工厂以及整个社会的组织和运动缺少可以遵循的传统。苏联的独裁统治和工厂的家长式制度使得集体行动根本无法发生，人民因此也养成了顺从的习惯。苏联解体导致了20世纪90年代的大萧条以及随之而来的社会灾难，在这样的环境下，社会运动无法迅速复兴。苏联的社会主义与资本主义之间虚假的对立关系引起了政治上的困惑，从而使事情变得更糟。虽然现在席卷世界资本主义的经济危机可能使人们看清了事实，但这一事实过去曾被石油带来的经济繁荣和债务泡沫掩盖。

俄罗斯社会运动真正的潜在力量是什么？那些最执着的人已经行动起来，对所发生的改变作出了反应，这些改变使得工人们认为自己有权享有的物质利益受到了威胁。这样的例子包括，2005年1月反对福利货币化的游行活动，以及反对市政服务改革的抗议活动，这一改革使得大多数工薪阶层有可能住不上体面的经济适用房。在经济繁荣的鼎盛时期也有工人运动发生，这时的运动与 20 世纪 90 年代令人痛苦的讨薪斗争不同，而是与其他资本主义经济体发生的运动更类似。在 2005 年至 2007 年资本流入俄罗斯期间，工人们也有所行动。圣彼得堡福特工厂的罢工事件就是最好的例子。

作者试图让读者了解的，是那些即使在这个网络时代他们也不能通过媒体所了解到的运动。第八章和第九章所描述的运动，与 2009 年初东欧爆发的运动相比，一点儿也不逊色。但是也许是由于地理上过于偏远，以及这样的事件更难了解前因后果，所以很少受到媒体的关注。媒体关注的都是一些自发的、突然爆发的抗议活动，但是单凭这样的事件是无法判断社会运动的发展水平的。正如第八章和第九章所述，俄罗斯的民权社会有着更深广的资源，其无比顽强的人权卫士的斗争经验可以追溯到苏联时代，记者们以近乎鲁莽的勇气对官僚作风发起挑战，工会和社团活动家们也干劲十足。在 20 世纪 90 年代初期，参加抗议活动的人们没有可以遵循的经验，但 2010 年之后的情况就不同了。

虽然俄罗斯政府有独裁的名声，但在对待社会运动方面一直表现出极度的紧张。在增加天然气、水、电收费方面政府一拖再拖，怕引起人们的抗议。在普京领导下的俄罗斯，独裁主义无疑是权力与人民的关系的一部分，但是直到目前为止，不断提高的生活水平也是这一关系的组成部分。这一平衡关系是普京施政的关键。世界经济危机所导致的经济艰难时期意味着，这一平衡关系注定会发生改变。正如之前所发生的一样，俄罗斯的社会运动将会以想得到的和想不到的方式实现自己的潜能。

参考文献

引言

1 Christopher Xenakis, *What Happened to the Soviet Union? How and why American sociologists were caught by surprise* (Westport, Praeger, 2002), p. 12.

2 On the world economy, Giovanni Arrighi, *The Long Twentieth Century* (London, Verso, 2002), pp. 239–324; Robert Brenner, *The Boom and the Bubble: The US in the world economy* (London, Verso, 2002); A. Glyn, A. Hughes, A. Lipietz and A. Singh, 'The rise and fall of the golden age', in Stephen Marglin and Juliet Shore (eds), *The Golden Age of Capitalism* (Oxford, Clarendon, 1990); Paul Krugman, *The Return of Depression Economics and the Crisis of 2008* (London, Penguin, 2009); David McNally, 'From financial crisis to world slump: accumulation, financialization and the global slowdown' (research paper, 2008); Harry Shutt, *The Trouble With Capitalism: An enquiry into the causes of global economic failure* (London, Zed Books, 1998); Andrew Walter, *World Power and World Money: The role of hegemony and international monetary order* (London, Harvester Wheatsheaf, 1993); John Roberts, *$1000 Billion A Day: Inside the foreign exchange markets* (London, HarperCollins, 1995).

3 Walter, *World Power*, pp. 196–7.

4 Susan Strange, *Casino Capitalism* (Oxford, Blackwell, 1986), p. 18.

5 Arrighi, *The Long Twentieth Century*, pp. 316–17 and pp. 322–3; Stuart Corbridge, Nigel Thrift and Ron Martin (eds), *Money, Power and Space* (Oxford, Blackwell, 1994).

6 Timothy Colton, *The Dilemma of Reform in the Soviet Union* (New York, Council on Foreign Relations, 1986), p. 198.

7 Thane Gustafson, *Crisis Amid Plenty: The politics of Soviet energy under Brezhnev and Gorbachev* (Princeton, Princeton University Press, 1989), pp. 263–86; Stephen Kotkin, *Armageddon Averted: The Soviet collapse, 1970–2000* (Oxford, Oxford University Press, 2001), pp. 15–17.

8 Colton, *The Dilemma*, pp. 37 and 206; Seweryn Bialer, *The Soviet Paradox: External expansion, internal decline* (London, Tauris, 1986); Alan Smith, *Russia and the World Economy: Problems of integration* (London, Routledge, 1993), pp. 156–76.

9 Arrighi, *The Long Twentieth Century*, pp. 323–4.

第一章　从戈尔巴乔夫到叶利钦

1 Egor Gaidar, *Gosudarstvo i evoliutsiia* (St Petersburg, Norma, 1997), p. 159.

2 Ol'ga Kryshtanovskaia, *Anatomiia rossiiskoi elity* (Moscow, A.V. Solov'ev, 2004), pp. 274–304; D. L. Ushakov, *Ofshornye zony v praktike rossiiskikh nalogoplatel'shchikov* (Moscow, Iurist, 1999), pp. 82–3; David Woodruff, *Money Unmade: Barter and the fate of Russian capitalism* (London, Cornell University Press, 1999), p. 66; Alexander Bim, Derek C. Jones and Thomas E Weisskopf, 'Hybrid forms of enterprise organisation in the former USSR and the Russian Federation', *Comparative Economic Studies*, 35:1 (Spring 1993), p. 15 (employment).

3 Anna Akhmedova, 'Ischezaiushchii PSB', *Vedomosti*, 28 February 2007.

4 Juliet Johnson, *A Fistful of Rubles: The rise and fall of the Russian banking system* (London, Cornell University Press, 2000), p. 36.

5 Johnson, *A Fistful of Rubles*, pp. 57–9; David Lane and Cameron Ross, *The Transition from Communism to Capitalism: Ruling elites from Gorbachev to Yeltsin* (London, Macmillan, 1999).

6 'Inside Kremlin as it tightens its grip', *Wall Street Journal*, 19 December 2006; Russian presidential website <www.kremlin.ru>.

7 Ian Traynor, 'Putin urged to apply Pinochet stick', *Guardian*, 31 March 2000; Alfa Bank website <www.alfabank.com>.

8 Naomi Klein, *The Shock Doctrine: The rise of disaster capitalism* (London, Allen Lane, 2007), pp. 219–20 and 239.

9 Peter Reddaway and Dmitri Glinski, *The Tragedy of Russia's Reforms: Market bolshevism against democracy* (Washington, US Institute of Peace Press, 2001), pp. 231–308; Joseph Blasi, Maya Kroumova and Douglas Kruse, *Kremlin Capitalism: Privatizing the Russian economy* (New York, Cornell University Press, 1997), pp. 13–85; Nikolai Shmelev, *V poiskakh zdravogo smysla: dvadtsat' let rossiiskikh ekonomicheskikh reform* (Moscow, Ves' mir, 2006), pp. 242–300.

10 Reddaway and Glinski, *The Tragedy*, p. 253 (my emphasis); Anders Aslund, *Building Capitalism: The transformation of the former Soviet bloc* (Cambridge, Cambridge University Press, 2002), pp. 110–13.

11 Padma Desai, *Conversations on Russia: Reform from Yeltsin to Putin* (Oxford, Oxford University Press, 2006), pp. 291–2 (interview with Boris Jordan); Janine Wedel, *Collision and Collusion: The strange case of western aid to Eastern Europe 1989–1998* (London, Macmillan, 1998), pp. 121–4, and 'Harvard's role in US aid to Russia', *Boston Globe*, 25 March 2006; David McClintick, 'How Harvard lost Russia', *Institutional Investor*, 13 January 2006.

12 Stefan Hedlund, 'Russia and the IMF: a sordid tale of moral hazard', *Demokratizatsiya* 9:1 (2001), pp. 104–6; John Odling-Smee, 'The IMF and Russia in the 1990s' (IMF Working paper 04/155, 2004).

13 L. Abalkin and J. Whalley (eds), 'The problem of capital flight from

Russia', *The World Economy* 22:3 (1999), pp. 421–4; William Cooper and John Hards, 'Russian capital flight, economic reforms and US interests: an analysis', Congressional Research Service report RL30394 (10 March 2000); L. L. Fituni, *Tenevoi oborot i begstvo kapitala* (Moscow, Vostochnaia literatura, 2003), pp. 34–6 and 55–5; L. Grigoryev and A. Kosarev, *Capital Flight: Scale and nature* (Moscow, 2000).

14 Simon Pirani, '$150bn capital flight ravages Russia', *Observer*, 16 May 1999.

第二章　从叶利钦到普京

1 Anatol Lieven, *Chechnya: Tombstone of Russian power (*London, Yale University Press, 1998).

2 Lieven, *Chechnya*, p. 170.

3 David Hoffman, *The Oligarchs: Wealth and power in the new Russia* (New York, Public Affairs, 2003), pp. 296–324; Chrystia Freeland, *Sale of the Century: The inside story of the second Russian revolution* (London, Little Brown, 2000), pp. 161–81; Ira Lieberman and Rogi Veimetra, 'The rush for state shares in the "Klondyke" of wild east capitalism', *George Washington Journal of International Law and Economics* 29:3 (1996), pp. 737–68.

4 Hoffman, *The Oligarchs*, pp. 325–64; and newspaper articles.

5 William Tompson, 'Putting Yukos in perspective', *Post-Soviet Affairs* 21:2 (2005), p. 163.

6 Dale Gray, 'Evaluation of taxes and revenues from the energy sector in … FSU countries', IMF Working Paper 98/34 (1998); Hoffman, *The Oligarchs*, p. 205.

7 Vadim Volkov, *Violent Entrepreneurs: The use of force in the making of Russian capitalism* (London, Cornell University Press, 2002); Richard Behar, 'Capitalism in a cold climate', *Fortune*, 12 June 2000; Metal Bulletin Research, *A Strategic Assessment of the Aluminium Industry in the CIS* (London, 1997); *Metal Bulletin*, various articles; <www.bykov.info>.

8 Stephen Handelman, *Comrade Criminal: Russia's new mafiya* (London, Yale University Press, 1995), p. 342.

9 Aslund, *Building Capitalism*, pp. 341–3; Andrei Shleifer and Robert Vishny, *The Grabbing Hand: Government pathologies and their cures* (Cambridge Mass., Harvard University Press, 1998), pp. 7–13 and 123–150; Adam Swain, Vlad Mykhnenko et al., 'Neo-liberalising post-soviet space: corruption and transition', in K. Birch and V. Mykhnenko (eds), *The Rise and Fall of Neoliberalism: The collapse of an economic order?* (London, Zed Books, forthcoming).

10 London School of Hygiene and Tropical Medicine Adult Mortality in Russia project. UN Development Programme, *Demographic Policy in Russia: From reflection to action (life expectancy)*. Rosstat (Federal State Statistics service) website <www.gks.ru> (population).

11 UNICEF, *A Decade of Transition: Regional monitoring report no. 8* (Florence, 2001), pp. 47–52; excess deaths are counted as those that would not have occurred had mortality remained at its 1989 level. Vladimir Shkolnikov et al., 'Changes in life expectancy in Russia in the mid 1990s', *The Lancet*, 24 March 2001; World Bank, *Dying Too Young* (2005); Tatiana Maleva, 'Prostykh reshenii slozhnykh problem ne sushestvuet', *Ekonomika Rossii*, 21:22, 2006; Desai, *Conversations on Russia*, pp. 310–21 (interview with Anatoly Vishnevsky).

12 David Stuckler et al., 'Mass privatisation and the post-communist mortality crisis', *The Lancet*, January 2009; Jeffrey Sachs, letter, *Financial Times*, 19 January 2009.

13 Rosstat; Olga Kislitsyna, 'Income inequality in Russia during transition' (EERC working paper 03/08).

14 Linda Cook, *Postcommunist Welfare States: Reform politics in Russia and Eastern Europe* (London, Cornell University Press, 2007), pp. 62–83.

15 Simon Clarke, 'A very Soviet form of capitalism? The management of holding companies in Russia', *Post-Communist Economies*, 16:4 (2004), pp. 405–22.

16 Aslund, *Building Capitalism* (pp. 5 and 451 quoted) and *How Capitalism Was Built* (Cambridge, Cambridge University Press, 2007); David Woodruff, 'The economist's burden', *New Left Review*, 55 (2009).

17 Joseph Stiglitz, *Globalization and its Discontents* (London, Penguin, 2002), pp. 133–65 and 182–5; Peter Nolan, *China's Rise, Russia's Fall* (London, Macmillan, 1995).

18 World Bank, *Making Russia Competitive: Executive summary* (2006); *Russian Economic Report no. 13* (December 2006).

19 Krugman, *The Return of Depression Economics*, p. 97.

20 Woodruff, *Money Unmade*; Shmelev, *V poiskakh zdravogo smysla*, pp. 281–93.

21 Hoffman, *The Oligarchs*, p. 412.

22 Johnson, *A Fistful of Rubles*, pp. 212–17; OECD, *Economic survey 2000: Russian Federation* (2000) pp. 37–44; Hedlund, 'Russia and the IMF'; CSFB, 1998 Annual Review; newspaper articles.

23 UNCTAD Secretariat and UN Economic Commission for Europe, *The Russian Crisis* (Geneva, October 1998); 'Lex', *Financial Times*, 28 December 1998; letter from Harry Shutt, *Financial Times*, 31 December 1998; Augusto Lopez-Claros, 'The role of international financial institutions during the transition in Russia', in Judith Twigg and Kate Schechter (eds), *Social Capital and Social Cohesion in Post-Soviet Russia* (New York, M.E. Sharpe, 2003), pp. 243–67.

24 OECD, *Economic Survey 2000*, p. 62; Simon Pirani, 'Winter of discontent looms large', *Gemini News Agency*, 27 October 1998.

第三章　权力和金钱：经济基础

1 Accounts Chamber of the Russian Federation, *Bulletin*, various; Paris Club press release, 23 June 2006; Central Bank of Russia

website <www.cbr.ru>; Troika Dialog, *Russia Economic Monthly*, various.

2 Philip Hanson, 'The Russian economic recovery: do four years of growth tell us that the fundamentals have changed?', *Europe-Asia Studies* 55:3 (2003), pp. 365–82.

3 Michael Bernstam and Alvin Rabushka, 'Russia's economic contraction and recovery 1992–2004', in Michael Ellman (ed.), *Russia's Oil and Natural Gas: Bonanza or curse?* (London, Anthem Press, 2006), pp. 55–102.

4 *BP Statistical Review of World Energy*.

5 Amy Myers Jaffe et al., *The Changing Role of National Oil Companies in International Energy Markets*. Baker Institute Policy Report no. 35 (Houston, Baker Institute, 2007); Rosneft company presentation, February 2007; Simon Pirani, 'The worrying wealth of nations', *Emerging Markets*, 21 October 2007.

6 Fiona Harvey, 'Axe fossil-fuel handouts, says Browne', *Financial Times*, 2 November 2008; Greg Muttitt, 'Oil sell-off by stealth' <www.niqash.org> (on Iraq).

7 Hellfire Economics: Multinational companies and the contract dispute over Kashagan (December 2007) and The Kashagan Stitch-Up (January 2008) <www.carbonweb.org> (Kashagan).

8 Rudiger Ahrend and William Tompson, *Realising the Oil Supply Potential of the CIS: The impact of institutions and policies* (Paris, OECD, 2006), pp. 6–8.

9 International Energy Agency, *World Energy Outlook 2004*, pp. 303–4.

10 Ahrend and Tompson, *Realising the Oil Supply Potential*, p. 23; Alfa Bank, 'Russian oil industry – Less taxes, please', research report (Moscow, 14 March 2007).

11 Jonathan Stern, *The Future of Russian Gas and Gazprom* (Oxford, Oxford University Press, 2005), pp. 7–19; 'Gazprom's $69 billion question – when to start developing Yamal gas', *Gas Matters*, October 2004, pp. 27–32.

12 Earth Observation Group, NOAA National Geophysical Data Center, *A Twelve Year Record of National and Global Gas Flaring Volumes* (Boulder, Colo., 2007).

13 Rudiger Ahrend, 'Sustaining growth in a hydrocarbon-based economy', pp. 105–26 in Ellman (ed.), *Russia's Oil and Natural Gas*; Peter Rutland, 'Putin's economic record: is the oil boom sustainable?', *Europe–Asia Studies* 60:6 (2008), pp. 1051–72 (on Russia). Macartan Humphreys, Jeffrey Sachs and Joseph Stiglitz (eds), *Escaping the Natural Resource Curse* (New York, Columbia University Press, 2007); Terry Lynn Karl, *The Paradox of Plenty* (London, University of California Press, 1997); Jeffrey Sachs and Andrew Warner, 'The big rush, natural resource booms and growth', *Journal of Development Economics*, 59:1 (1999), pp. 43–76 (on the natural resource curse generally).

14 Rutland, 'Putin's economic record', p. 1070.

第四章　权力和金钱：国家、寡头与石油

1 Quote from Edward Lucas, 'Back to the Cold War – Putin's Russia threat to Britain', *Daily Mail*, 23 May 2007. Presentational stereotypes tell their own story. An image of Putin in dark glasses, with a shadowy Kremlin behind him, was used on the covers of both Yuri Felshtinsky and Vladimir Pribylovsky's *The Age of Assassins: The rise and rise of Vladimir Putin* (London, Gibson Square, 2008) and an issue of the *Economist* (25–31 August 2007) headlined 'Putin's people: the spies who run Russia'.

2 Reddaway and Glinski, *The Tragedy*, pp. 109–18.

3 Amy Knight, *Spies Without Cloaks: The KGB's successors* (Princeton, Princeton University Press, 1996), pp. 12–27, 32–49, 79–90, 218–21; John Dunlop, *The Rise of Russia and the Fall of the Soviet Empire* (Princeton, Princeton University Press, 1993), pp. 192–206 and 239–60; Yevgenia Albats, *The State Within a State* (New York, Farrar Straus Giroux, 1994), pp. 276–88.

4 Knight, *Spies Without Cloaks*, p. 56.

5 Aleksei Mukhin, *Spetssluzhby Rossii i 'bol'shaia' politika* (Moscow, SPIK-Tsentr, 2000), pp. 17–27; 'Chekistskaia elita v stroiu' <www.whoiswho.ru>, 2001; Iurii Vasil'ev, 'Spetsluzhby gotoviat pokhishchenie Nevzlina', *Moskovskie novosti*, 29 December 2003 (Kondaurov).

6 Knight, *Spies Without Cloaks*, p. 57; Aleksei Khodorych, 'Poslednii dovod zashchity', *Kommersant-Den'gi*, 17 April 2002.

7 'Chekistskaia elita v stroiu' <www.whoiswho.ru> (2001); Anastasiia Dagaeva, 'Deputatu nichego nel'ziia', *Vedomosti*, 8 April 2008 (Lebedev).

8 'The making of a neo-KGB state', *Economist*, 25 August 2007.

9 Il'ia Zhegulev, 'Sozdanie preemnika', *SmartMoney*, 21 April 2008; N. Gevorkian, A. Kolesnikov and N. Timakova, *Ot pervogo litsa: razgovory s Vladimirom Putinym* (Moscow, Vagrius, 2000), pp. 118–28.

10 This interpretation is advanced in Lilia Shevtsova, *Putin's Russia* (Washington, Carnegie Endowment, 2005), pp. 85–6.

11 Lentapedia <www.lenta.ru/lib/> (biographical details); Daniel Triesman, 'Putin's silovarchs', *Orbis*, Winter 2007, p. 143; Olga Kryshtanovskaya and Stephen White, 'Putin's militocracy', *Post-Soviet-Affairs*, 19:4 (2003), p. 300; Peter Baker and Susan Glasser, *Kremlin Rising: Vladimir Putin's Russia and the end of revolution* (New York, Scribner, 2005), pp. 251–3.

12 Felshtinsky and Pribylovsky, *The Age of Assassins*, pp. 6–7; Edward Lucas, *The New Cold War: How the Kremlin menaces both Russia and the west* (London, Bloomsbury, 2008), p. 25.

13 Aleksei Germanovich, 'Kapituliatsiia', *Vedomosti*, 15 February 2001, and 'Nekruglyi stol', *Vedomosti*, 26 February 2001.

14 Valerii Paniushkin and Mikhail Zygar, *Gazprom: novoe russkoe oruzhie* (Moscow, Zakharov, 2008), pp. 90–106; Simon Pirani, 'Turner's Russian roulette', *Observer*, 4 February 2001.

15 Mikhail Kozyrev, 'Gde den'gi-to', *Vedomosti*, 21 November 2001; 'Gazprom boss ends Itera affair by buying Purgaz', *Gas Matters*, December 2001, p. 22; 'After the clear-out, Gazprom gropes towards a strategy', *Gas Matters*, March 2002, pp. 23–8.

16 Andrew Scott Barnes, *Owning Russia: The struggle over factories, farms and power* (London, Cornell University Press, 2006), pp. 210–25; William Tompson, 'Putting Yukos in perspective', *Post-Soviet Affairs*, 21:2 (2005), pp. 159–81; <www.khodorkovsky.ru>; <www.rosneft.ru>.

17 E. Mikhailovskaia (ed.), *Rossiia Putina: istoriia bolezni* (Moscow, Panorama, 2004), p. 98; Boris Kagarlitskii, *Upravliaemaia demokratiia* (Ekaterinburg, Ultra-Kul'tura, 2005), p. 507.

18 'Banks push suretyship case on Yukos loan', *Trade Finance*, February 2005, pp. 10–12; Simon Pirani, 'Rosneft sets ambitious targets', *Trade Finance*, July 2005, pp. 13–15; Catherine Belton, 'Investors "made backdoor Yukos approach"', *Financial Times*, 7 September 2007.

19 Svetlana Ivanova et al., '"Iukos" – ne poslednii', *Vedomosti*, 29 October 2004; OECD, *Economic Survey: Russian Federation 2004*, p. 37.

20 Simon Pirani, 'Oligarch? No, I'm just an oil magnate', *Observer*, 4 June 2000; Andrei Panov, 'Za transfertnye tseny – v tiur'mu', *Vedomosti*, 17 May 2005.

21 World Bank, *From Transition to Development: A country economic memorandum for the Russian Federation* (2005), pp. 60–3; Peter Oppenheimer and Sergiy Maslichenko, 'Energy and the economy: an introduction', in Ellman (ed.), *Russia's Oil and Natural Gas*, pp. 15–31.

22 Alfa Bank, *Russian Tax Claims*, research report (Moscow, November 2004).

23 Iu. Vitkina and A. Rodionov, *Nalogovye prestupniki epokha Putina. Kto oni?* (Moscow, Vershina, 2007), p. 46; Nikolai Petrakov, *Problemy nalogooblozheniia neftianoi otrasli Rossii. Analiticheskii doklad* (Moscow, Institut problemy rynka RAN, 21 March 2006).

24 IMF Bureau of Statistics, *Government Finance Statistics Yearbook 2007*, Table 922.

25 Dev Kar and Devon Cartwright-Smith, *Illicit Financial Flows from Developing Countries: 2002–2006* (economists' version) (GFI, 2009), Tables 10, 14 and 18; Fitch Ratings, *Russia's Rising Capital Flight and Private External Debt*, 13 June 2005; Abdullah Almounsor, 'A development comparative approach to capital flight: the case of the Middle East and North Africa, 1970–2002', in Gerald Epstein (ed.), *Capital Flight and Capital Controls in Developing Countries* (Cheltenham, Edward Elgar, 2005), pp. 234–61.

26 'Isskustvo balansa', *Vedomosti*, 24 September 2002; letter from Anatolii Reshetnikov, *Vedomosti*, 27 September 2002; 'Question time for Rusal', *Metal Bulletin*, 7 October 2002; 'Tolling lives to survive another day', *Metal Bulletin*, 1 September 2003; letter from Robin

Adams, Resource Strategies, to the Russian prime minister, 24 July 2003; Dmitry Simakov, 'Veshch' nedeli: spasibo tollingu', *Vedomosti*, 4 August 2006; Dmitry Kazmin et al., 'Tolling bez ofshorov', *Vedomosti*, 29 July 2008. Gleb Stoliarov, 'Rusal sporit s gorniakami', *Vedomosti*, 28 March 2008; 'Zaiavlenie NPGR o situatsii na "Sevuralboksitrud"', 16 April 2008 <www.ktr.su>; 'Bastoval – teper' ukhodi', *Trud*, 19 August 2008 (Sevuralboksitrud).

27 Ian Rutledge, *The Sakhalin II PSA: A production 'non-sharing' agreement* (Sheffield, SERIS, November 2004); Timothy Fenton Krysiek, *Agreements From Another Era: Production sharing agreements in Putin's Russia, 2000–2007* (Oxford, OIES, November 2007).

28 Elena Mazneva, 'Nominaty "Gazproma"', *Vedomosti*, 30 April 2008; Ed Crooks, 'BP seeks more joint ventures in Russia', *Financial Times*, 23 July 2007; Ed Crooks, 'Schroder a vital link', *Financial Times*, 16 January 2009; other newspaper articles; Krysiek, *Agreements*.

29 Marshall Goldman, *Oilopoly: Putin, power and the rise of the new Russia* (Oxford, Oneworld, 2008), p. 7.

30 Simon Pirani (ed.), *Russian and CIS Gas Markets and their Impact on Europe* (London, Oxford University Press, 2009); Simon Pirani, Jonathan Stern and Katja Yafimava, *The Russo–Ukrainian Gas Dispute of 2009: A comprehensive assessment* (Oxford Institute for Energy Studies, February 2009).

第五章　权力和金钱：从石油繁荣到萧条

1 Micex group presentation, 1 October 2008.

2 'Lex: Gazprom', *Financial Times*, 27 April 2006; Simon Pirani, 'The rise and rise of Rosneft', *Energy Focus*, August 2007; Nat Mankelow, 'Maturing market meets western needs', *Financial Times*, 29 October 2007; author's notes (Rosneft annual meeting).

3 Goldman Sachs Global Investment Research, *Russian Banks*, November 2005; Simon Pirani, 'Russian banks', *Credit magazine*, September 2004.

4 Simon Pirani, 'Growing pains', *Emerging Markets*, 19 May 2007; Alfa Bank, *Mortgage Growth Drives Retail Lending*, 27 February 2007; Alfa Bank, *CIS Banks: Time to be choosy*, 18 February 2008.

5 World Bank, *Russian Economic Report* nos 15 (November 2007) and 16 (June 2008).

6 William Tompson, 'Back to the future? Thoughts on the political economy of expanding state ownership in Russia', *Les Cahiers Russe*, no. 6 (2008); *Vedomosti* and the *Moscow Times*, various issues.

7 Nataliia Zubarevich, *Krupnyi biznes v regionakh Rossii: analiticheskii doklad* (Moscow, Pomatur, 2005); *Vedomosti* and *Den'* (Izhevsk), various issues; interview with Sergei Shchukin, 30 September 2007.

8 'Ramki goskapitalizma', *Vedomosti*, 9 July 2007; Igor Ivanov and Andrei Kovalevskii, 'Ponaekhali', *Russkii Newsweek*, 10 April 2008; 'Crisis? What oil crisis?', *Economist*, 7 June 2008.

9 David Mandel, *Labour After Communism* (Montreal, Black Rose Books, 2004), p. 33; Gleb Stoliarov, 'Dvoe iz "kol'tsa"', *Vedomosti*, 10 December 2007; 'Renault priparkovalsia na AvtoVAZe', *Kommersant*, 3 March 2008.

10 'On the offensive', *Financial Times*, 14 May 2008; 'Gunvor, Putin and me' (letter), *Financial Times*, 22 May 2008; Elena Mazneva et al., 'Posledniaia kaplia dlia Timchenko', *Vedomosti*, 23 May 2008; Andrew Higgins et al., 'Secretive associate of Putin emerges', *Wall Street Journal*, 11 June 2008 (on Gunvor). Olga Petrova, 'Khoziain "Rossii"', *Vedomosti*, 16 June 2008; Irina Reznik et al., 'Pomoshniki "Rossii"', *Vedomosti*, 24 July 2008; Elena Mazneva et al., 'Chto pokupaet Timchenko', *Vedomosti*, 7 October 2008; Catrina Stewart, 'Bank Rossiya emerges', *Moscow Times*, 10 July 2008; Boris Nemtsov and Vladimir Milov, *Nezavisimyi ekspertnyi doklad: 'Putin i Gazprom'* (Moscow 2008) (on Rossiya).

11 Capgemini/Merrill Lynch World Wealth Report 2008; Forbes, various issues; Craig Mellow, 'Ruble high rollers', *Institutional Investor*, December 2007; Mikhail Overchenko, 'Milliardery sdulis', *Vedomosti*, 12 March 2009; Gavin Knight, 'From Russia with love', *The London Paper*, 1 November 2007.

12 Committee on the Global Financial System, *Capital Flows and Emerging Market Economies* (BIS website, January 2009), pp. 7–11, 17 and 83.

13 Krugman, *The Return of Depression Economics*, p. 179; World Bank, *Russian Economic Report 17*, p 11; Central Bank of Russia website <www.cbr.ru>; articles in *Trade Finance* magazine by the author (on loans).

14 Deutsche Bank, *Russia's Economics: From fragmentation to integration*, 21 April 2008; Fitch Ratings, *Russia: Global shocks expose weaknesses*, 22 October 2008; Arkady Ostrovsky, 'M Stanley eyes Russian growth', *Financial Times*, 1 June 2004; Peter Larsen, 'Goldman makes measured return to Russia', *Financial Times*, 8 March 2007; Catherine Belton, 'Merrill to expand in emerging markets', *Financial Times*, 24 January 2008.

15 Ol'ga Kuvshinova et al., 'Raznye investitsii', *Vedomosti*, 12 May 2008; Deutsche Bank, *Russia's Economics*; Alfa Bank, *Monitoring Investment Activity in Russia*, research report, 8 February 2007, pp. 4–7; UralSib Bank, *Strategy: Russia in 2008*, 22 January 2008; Deutsche Bank, *Russia: Economics: Dealing with Russia's capital flight* (on returning flight capital).

16 Maria Rozhkova, 'Milliardami zakidaem', *Vedomosti*, 22 May 2007.

17 World Bank, *Russian Economic Report 16*, June 2008.

18 Ol'ga Kuvshinova, 'Evro khuzhe voiny', *Vedomosti*, 22 August 2008; VTB Bank Europe Research, *Economic Flashnote*, 21 August 2008; Andrew Kramer, 'The last days of the oligarchs?', *International Herald Tribune*, 7 March 2009.

19 George Soros, 'America must lead a rescue of emerging economies', *Financial Times*, 28 October 2008.

20 Fitch Ratings, *Russia: Global shocks*; *Kommersant*, 22 September 2008.
21 RIA Novosti, 'Russian billionaire Deripaska gets $4.5 bln state bailout loan', 30 October 2008; Timofei Dziadko, 'Perezaklad na $2 mlrd', *Vedomosti*, 30 October 2008.
22 Nadezhda Ivanitskaia, 'Antikrizisnyi desant', *Vedomosti*, 2 February 2009 (long-term package); Elena Mazneva, 'Neft' na 20 let vpered', *Vedomosti*, 18 February 2009 (Chinese deal).
23 'Putin says $90b stimulus plan', *Bloomberg*, 6 April 2009; Deutsche Bank, *EM Insight: Russia's anti-crisis package*, 30 March 2009; newspaper reports.
24 ITAR-TASS, 31 October 2008; Stefan Wagstyl, 'Putin sees no link to war in market fall', *Financial Times*, 12 September 2008; Robert Skidelsky, 'Crisis hit Russia must scale down its ambition', *Financial Times*, 30 October 2008.
25 Bank for International Settlements, Semiannual OTC Derivatives Statistics, <www.bis.org>; Zhanna Smirnova, *Directing the Derivatives Boom: Micex Group derivatives market presentation* (2008); Tom Fairless, 'Investors pile into Russian derivatives', *Financial News*, 4 July 2008; Tobias Ehinger, 'Trading of Russian derivatives: is the Russian market becoming more mature?', *Eurex*, July 2007; Simon Pirani, 'Russian market needs legal framework', *Futures and Options World*, June 2003.
26 David Pilling, 'Unlucky numbers', *Financial Times*, 10 February 2009; 'The bill that could break up Europe', *Economist*, 28 February 2009; Alfa Bank, *Looking at Russia's Economy in Relative Terms*, 9 October 2008.
27 Fitch Ratings, *Russia: Foreign Reserves, the Rouble and Capital Outflows*, 4 February 2009; 'Capital flight from Russia reaches $40 bn', RIA Novosti, 26 February 2009.
28 Fitch Ratings, *Russia*:, op. cit.; Catherine Belton, 'The Putin defence', *Financial Times*, 29 December 2008.
29 'Russia official jobless up', *Reuters*, 11 March 2009; Ol'ga Kuvshinova, 'Industriia svobodna', *Vedomosti*, 17 February 2009; Gleb Stoliarov, 'Deripaska uvol'niaet', *Vedomosti*, 10 March 2009; 'Severstal' sokrashchaet 9 tysach sotrudnikov', *RIA Novosti*, 11 March 2009.
30 Robin Paxton, 'Mining giant may be hard sell', *Moscow Times*, 25 February 2009; 'Medvedev lays metals merger to rest', *Moscow Times*, 2 March 2009; Iuliia Fedorinova et al., 'Otsrochka na $14 mlrd', *Vedomosti*, 10 March 2009.
31 Fitch Ratings, *Russia*; 'Standard, Troika, to buy troubled assets', *Moscow Times*, 10 March 2009.
32 World Bank, *Russian Economic Report 18* (March 2009).

第六章　权力与人民：俄罗斯是如何统治的

1 Boris Kagarlitsky, *Russia Under Yeltsin and Putin* (London, Pluto Press, 2002), p. 239.

2 Interview with Liudmila Alekseeva, 11 March 2008.

3 Kagarlitsky, *Russia Under Yeltsin and Putin*, pp. 230–5; Paul Klebnikov, *Godfather of the Kremlin: Boris Berezovsky and the looting of Russia* (New York, Harcourt, 2000), pp. 302–4; Yuri Felshtinsky and Alexander Litvinenko, *Blowing Up Russia: Terror from within* (New York, SPI Books, 2002), pp. 62–139; Elena Bonner, 'Another Putin show trial', *Wall Street Journal Europe*, 25 November 2004; Marina Lepina, 'Mikhail Trepashkin zanialsia zashchitoi reputatsii', *Kommersant*, 1 April 2008; <www.trepashkin.ru> .

4 Tania Lokshina (ed.), *Zhizn na voine* (Moscow, Demos Centre, 2007), pp. 45–55; Human Rights Watch, *The 'Dirty War' in Chechnya*, March 2001; Human Rights Watch, *Burying the Evidence: The botched investigation into a mass grave in Chechnya,* May 2001; Amnesty International, *Failure to protect or punish: Memorandum to the PACE on the conflict in Chechnya*, January 2002; Memorial website <www.memo.ru>.

5 Liliia Shevstova, *Putin's Russia* (Washington, Carnegie Endowment, 2005), p. 284; RFE/RL, 'What direction for Chechnya?', 8 July 2008; Tom Parfitt, 'The republic of fear', *Sunday Times*, 20 August 2006 (on Kadyrov).

6 Human Rights Watch, 'Widespread torture in the Chechen Republic: briefing paper', 13 November 2006, and *As If They Fell From the Sky': counterinsurgency, rights violations and rampant impunity in Ingushetia* (2008); Mar'iam Magomedova, 'V Ingushetii maniakal'no boiatsia odnogo – ischeznoveniia liudei', *Novye Izvestiia*, 22 September 2008; Memorial website.

7 Peter Baker and Susan Glasser, *Kremlin Rising: Vladimir Putin's Russia and the end of revolution* (New York, Scribner, 2005), pp. 99–120.

8 Anna Politkovskaya, *Putin's Russia* (London, Harvill, 2004), pp. 1–27; Human Rights Watch, *The Wrongs of Passage*, October 2004; Francoise Dauce and Elisabeth Sieca-Kozlowski (eds), *Dedovshchina in the Post-Soviet Military* (Stuttgart, Ibiden-Verlag, 2005).

9 <www.electoralgeography.com> , federal electoral commission website <www.cikrf.ru>; RFE-RL Newsline, 3, 4, 11 and 28 December 2007 and 10 January 2008; Adam Blomfield, 'Putin voting "scam"', *The Independent* (Dublin), 3 December 2007; Golos Association website <www.golos.org>.

10 Iurii Levada, *Ishchem cheloveka* (Moscow, Novoe izdatel'stvo, 2006), p. 126; Kagarlitskii, *Upravliaemaia demokratiia*, p. 506.

11 Olga Kryshtanovskaya and Stephen White, 'Putin's militocracy', *Post-Soviet Affairs* 19:4 (2003), pp. 289–306; Bettina Renz, 'Putin's militocracy? An alternative interpretation', *Europe Asia Studies* 58:6 (2006), pp. 903–24; Viktor Cherkesov, 'Nel'zia dopustit', chtoby voiny prevratilis' v torgovtsev', *Kommersant*, 9 October 2007; Ekaterina Zapodinskaia, 'Iz-pod "dela Gosnarkokontroia" vybivaiut "Trekh kitov"', *Kommersant,* 12 October 2007; 'Ot redaktsii: belaia kost", *Vedomosti*, 2 November 2007 (on intra-siloviki struggles).

12 Deutsche Bank, *Russia's Catch Up Formula*, 29 February 2008; Indem foundation, *Vo skol'ko raz uvelichilas' korruptsiia za 4 goda* <www.anti-corr.ru>; Arkady Ostrovsky, 'Bribery in Russia up tenfold', *Financial Times*, 21 July 2005.

13 Andrew Wilson, *Virtual Politics: Faking democracy in the post-Soviet world* (London, Yale University Press, 2005), pp. 75–7; Golos website; V. K. Levashov, *Sotsiopoliticheskaia dinamika Rossiiskogo obshchestva* 2000–2006 (Moscow, Academia, 2007), p. 48; Levada, *Ishchem cheloveka*, p. 88.

14 Wilson, *Virtual Politics*.

15 Interview with Anatoly Aksakov, 27 June 2007; Richard Sakwa, *Russian Politics and Society* (London, Routledge, 2008), pp. 160–87 (on elections and voting figures).

16 Wilson, *Virtual Politics*, p. 96 (on Shabdurasulov); Aleksei Chadaev, *Putin: Ego ideologiia* (Moscow, 'Evropa', 2006); L. V. Poliakov, *Pro suverennuiu demokratiu* (Moscow, 'Evropa', 2007).

17 Steven Lee Myers, 'Putin is overheard making light of rape', *New York Times*, 19 October 2006, and 'Izrail' ne priznal Romana Abramovicha', *Kommersant*, 19 October 2006 (Katsav); Ukrainska Pravda <www.pravda.com.ua/news>, 12 April 2008 (Saakashvili) and 3 October 2008 (Yushchenko); Vincent Jauvert, 'Sarko le russe', *Le Nouvel Observateur*, 13 November 2008. Thanks to Mike Haynes, who got me thinking about this.

18 'Tsifra nedeli: 1088016', *Vedomosti*, 16 October 2002; 'Ot redaktsii: Den' tirana', *Vedomosti*, 22 December 2004; Kirill Kharat'ian, 'Tsitata nedeli', *Vedomosti*, 26 June 2007; 'Ot redaktsii: razdvoenie amnezii', *Vedomosti*, 31 October 2007; Clifford Levy, 'Nationalism of Putin's era', *New York Times*, 27 November 2008; Liudmila Rybina, 'Esli by na meste Stalina byl ia', *Novaia Gazeta*, 18 September 2008, and other articles; A. V. Filippov, *Noveishaia istoriia Rossii 1945–2006 gg.: kniga dlia uchitelia* (Moscow, Prosveshchenie, 2007), pp. 81–94 (on education).

19 Nadezhda Azhgikhina, 'The struggle for press freedom in Russia', *Europe Asia Studies* 59:8 (2007), pp. 1245–62; 'How free is the Russian media?', *Index on Censorship* 37:1, 2008; International Federation of Journalists website <www.ifj.org>; interviews with representatives of the Russian Union of Journalists and the Glasnost Defence Foundation. In all, 308 journalists died violently or prematurely from 1993–2008; the figures used represent the campaigning organisations' consensus on work-related deaths.

20 Civic Forum website <www.civilforum.ru>; Public Chamber website <www.oprf.ru>; Anastasiia Kornia, 'Dorogoi altruizm', *Vedomosti*, 18 July 2007; Mariia Chertok, 'NKO: zakon ob obshchestvennoi pol'ze', *Vedomosti*, 7 June 2007; Richard Sakwa, *Putin: Russia's choice* (London, Routledge, 2007), pp. 167–74.

21 Zbigniew Brzezinski, 'Moscow's Mussolini', *Wall Street Journal*, 20 September 2004.

22 George Soros, 'Who lost Russia?', *New York Review of Books*, 13 April 2000; Aleksandr Litvinenko, *Lubianskaia Prestupnaia Gruppirovka* (New York, Grani, 2002); Ian Cobain et al., 'UK police investigate tycoon's Russian coup claims', *Guardian*, 13 April 2007; Anne Penketh and Kim Sengupta, 'The plot to kill Boris Berezovsky', *Independent*, 19 July 2007, and other articles; Cathy Scott-Clark and Adrian Levy, 'Why a spy was killed', *Guardian magazine*, 26 January 2008.

第七章 人民和金钱：人类发展困境

1 UNDP, *Demographic Policy in Russia: From reflection to action* (2008); World Bank, *Dying Too Young: Addressing premature mortality and ill health ... in the Russian Federation* (2006); Nadezhda Ivanitskaia et al., 'Fantasticheskaia demografiia', *Vedomosti*, 23 May 2007; Desai, *Conversations on Russia*, pp. 310–21; Ol'ga Kuvshinova, 'Rossiia vymiraet', *Vedomosti*, 29 April 2008; Ol'ga Kuvshinova, 'Glavnyi prioritet', *Vedomosti*, 11 February 2008; World Bank, *From Red to Gray: The 'third transition' of aging populations in Eastern Europe and the Former Soviet Union* (Washington DC, 2007).

2 UNAIDS/WHO, *Eastern Europe and Central Asia: AIDS epidemic update, Regional summary* (2008); Murray Feshbach, 'Potential social disarray in Russia due to health factors' (working paper, 2006); Michael Specter, 'The devastation', *New Yorker*, 11 October 2004.

3 Rosstat; World Bank, *Migration and Remittances: Eastern Europe and the Former Soviet Union* (2006); *FNPR v meniaiushchemsia obshchestve: informatsionnyi sbornik ot IV k VI s'ezdu FNPR* (Moscow, 2006), p. 13; RFE-RL, 'New Russian laws create widespread uncertainty', 15 January 2007.

4 K. S. Jomo and Jacques Baudot (eds), *Flat World, Big Gaps: Economic liberalisation, globalisation, poverty and inequality* (London, Zed Books, 2007), p. xvii.

5 *FNPR v meniaiushchem obshchestve*, pp. 10–11; 'Ot redaktsii: soblazn minimuma', *Vedomosti*, 11 April 2008.

6 Rosstat (on industrial sectors). The method of counting workers by industrial sector changed in 2005, making comparisons difficult. Sergei Surkov and Valentina Venedeeva, 'Politika na rynke truda', in Tat'iana Maleva (ed.), *Obzor Sotsial'noi politiki v Rossii, Nachalo 2000-kh* (Moscow, NISP, 2007), pp. 111–57; *FNPR v meniaiushchem obshchestve*, p. 25; ILO press release, 18 November 2008 (on working conditions).

7 Unicef Innocenti Social Monitor, *Understanding Child Poverty in South-Eastern Europe and the CIS* (2006), pp. 2–3; Alina Pishniak, 'Reformy v sfere sotsial'noi podderzhki', in Maleva (ed.), *Obzor Sotsial'noi politiki*, p. 362; interview with Svetlana Aivazova, 4 October 2007.

8 UNDP, *Russia's Regions: National Human Development Report*,

Russian Federation 2006/2007; World Bank, *Russian Economic Report 14* (June 2007), p. 16; Simon Pirani, 'An uncertain future', *Emerging Markets*, 22 October 2007.

9 Tullio Buccellato and Tomasz Mickiewicz, 'Oil and within-region inequality in Russia', Economics Working Paper no. 80 (CSESCE, September 2007).

10 Rosstat; Aleksandra Burdiak and Liliia Ovcharova, 'Dostupnost' zhil'ia: vozmozhnosti naseleniia i podderzhka gosudarstva', in Maleva (ed.), *Obzor Sotsial'noi politiki v Rossii*, pp. 302–30; Tat'iana Sokolova, 'Kto zaplatit za kapital'nyi remont doma?', *Sobstvennik*, November 2006; 'Ot redaktsii: vechnost' remonta', *Vedomosti*, 29 July 2008; Ol'ga Proskurina, 'Vse 240 milliardov srazu ne osvoim', *Vedomosti*, 27 November 2007.

13 <www.urbaneconomics.ru>; Anton Filatov and Bela Liaub, 'Rossiia ne stroitsia', *Vedomosti*, 15 October 2008; Kirill Blokhin, 'Leonid Bandorin: rost ob'emov zhil'ia ne uvelichivaet ego dostupnosti', *Boss magazine*, 10 September 2008.

14 Linda Cook, *Postcommunist Welfare States: Reform Politics in Russia and Eastern Europe* (London, Cornell University Press, 2007), pp. 145–57.

15 S. V. Shishkin (ed.), *Rossiiskoe zdravookhranenie: motivatsiia vrachei i obshchestvennaia dostupnost'* (Moscow, NISP, 2008); interview with Natalia Zubarevich, 10 July 2007.

第八章　人民：政党、工会和非政府组织

1 Kagarlitskii, *Upravliaemaia Demokratiia*, pp. 519–20; <www.lenta.ru>; Natalia Kostenko and Maksim Glikin, 'V Rossii ne byvaet dvukh tsarei', *Vedomosti*, 15 May 2008.

2 *Programma Kommunisticheskoi partii Rossiiskoi federatsii*; 'Ziuganov: XX s'ezd KPSS – "chernaia data" v rossiiskoi istorii', *Trud*, 14 February 2006; G.A. Ziuganov, 'Stalin ob istoricheskom prizvanii russkikh', *Pravda*, 26 September 2008.

3 A. S. Titkov, *Party no. 4. Rodina: Whence and why?* (Moscow, Panorama, 2006); Federation of Jewish Communities press release, 28 June 2005.

4 <www.nazbol.ru>; Andrew Miller, 'Putin's pariah', *New York Times*, 2 March 2008; Keith Gessen, 'Monumental foolishness', *Slate magazine*, 20 February 2003. Pawel Pawlikowski, *Serbian Epics: Bosnia 1992* (film), archived at Records of the International Human Rights Law Institute, HU OSA 304-0-16, and video displayed at <http://www.youtube.com/watch?v=kcCFJAfLTJE> (Sarajevo).

5 'Skinkhedy popali pod redkie stat'i', *Kommersant*, 9 March 2004; 'Delo 'Shul'tsa", *Limonka* no. 257, September 2004; 'Zub drakona vypal', *Novaia Gazeta*, 12 December 2005; 'Pereneseno slushanie', *RIA Novosti*, 1 July 2005.

6 Eduard Limonov, *Kak My Stroili Budushchee Rossii* (Moscow, 'Yauza', 2004), pp. 117–20, 204 and 499–501.

7 Reddaway and Glinski, *The Tragedy*, pp. 326–8 and 591; Yelena Bonner, 'Yeltsin's betrayal of democracy', testimony to the US Commission on Security and Cooperation in Europe, 19 January 1995; Bill Bowring, 'Sergei Kovalyov: the first Russian human rights ombudsman – and the last?', in Rein Mullerson, Malgosia Fitzmaurice and Mads Andenas (eds), *Constitutional Reform and International Law in Central and Eastern Europe* (The Hague, Kluwer Law, 1998), pp. 235–56; Olivia Ball and Paul Gready, *The No-Nonsense Guide to Human Rights* (London, New Internationalist, 2006), pp. 34–42 (interpretations of human rights).

8 Interview, 3 March 2008.

9 <www.bellona.org> (on Nikitin); <www.sakharov-musem.ru> (on Pasko); <www.baikalwave.eu.org> (on Baikal).

10 Interview with Larisa Fefilova, October 2007; O. P. Dzera, *Polozhenie zakliuchennykh v Udmurtii: Otchet,* published on <www.zaprava.ru>; Nadezhda Gladysh, 'Lav Stori', *Den'* (Izhevsk), 5 July 2007, and other articles in *Den'*; Larisa Fefilova, 'Schastlivyi bilet!?', *Vestnik Fonda 'V zashchitu prav zakliuchennykh'* nos. 6–7, July 2007; Lev Ponomarev, 'Revival of the Gulag? Putin's penitentiary system', *Perspective* (ISCIP), 18:1 (2007); International Helsinki Federation, *Report on Visiting of Closed Institutions in Russian Federation in 2004*; <www.zashita-zk.org>.

11 Samuel Baron, *Bloody Saturday in the Soviet Union: Novocherkassk, 1962* (Stanford, Calif., Stanford University Press, 2001); Viktor Haynes and Olga Semyonova, *Workers Against the Gulag* (London, Pluto Press, 1979); David Mandel, *Perestroika and the Soviet People* (Montreal, Black Rose Books, 1991) (on the Soviet period); Michael Burawoy, Simon Clarke, Peter Fairbrother and Pavel Krotov (eds), *What About the Workers?* (London, Verso, 1993) (on the 1990s).

12 Mandel, *Labour After Communism*, pp. 19–21.

13 Mandel, *Labour After Communism*, pp. 59 and 75.

14 Interview with Boris Kravchenko, 21 February 2007.

15 Interview with Kirill Buketov, 19 February 2007; Carine Clément, 'Pod'em rabochego i profsoiuznego dvizheniia: itogi 2007 goda', <www.ikd.ru>, 28 December 2007.

16 Interview with Boris Kravchenko; Mandel, *Labour After Communism*, pp. 40–1; Oleg Shein, Vystuplenie na mezhdunarodnoi konferentsii po trudovym pravam, Kiev, 26 November 2008; *FNPR v meniaiushchemsia obshchestve*, pp. 6–11; Sarah Ashwin and Simon Clarke, *Russian Trade Unions and Industrial Relations in Transition* (Basingstoke, Palgrave Macmillan, 2003), pp. 62–71 and 106–31.

17 Interview with Igor Shanin, 27 June 2007; *General'noe soglashenie na 2005–2007* gg.; Irina Mysliaeva, *Kakim mozhet byt' sotsial'noe partnerstvo v Rossii* (Moscow, Trudovaia demokratiia, 2000); Andrei Kolesnikov, 'Chleny profsoiuza otrabotali svoe pivo', *Kommersant*, 15 November 2006; <www.gmpr.ru>; Rosstat.

18 'S novym MROTom?', *Solidarnost'*, 18 June 2008; Ol'ga Kuvshinova, 'Tarifnaia gonka', *Vedomosti*, 17 July 2008.

19 Boris Vishnevskii, '"Ford" v fokuse', *Novaia Gazeta*, 15 February 2007; Gleb Stoliarov, 'Profsoiuz meshaet rostu', *Vedomosti*, 19 November 2007; M. Fonov, 'Zabastovka na "Forde". Kak eto bylo', *Solidarnost'*, 16 January 2008; 'Rabochie Ford otkazalis' ot peregovorov s administratsiei', *Vedomosti*, 5 December 2007. I thank the Russia Research Programme at the University of Warwick, which made available research papers on the Ford strike and union organisation at Avtovaz.

20 Sergei Silin, 'Zabastovok budet bol'she', *Solidarnost'*, 13 February 2008; *Svobodnyi profsoiuz* no. 1, 2007, pp. 10–12.

21 Iuliia Fedorinova et al., 'Bastuiut vse', *Vedomosti*, 21 August 2007.

22 Petr Biziukov, 'Kratkii informatsionnyi obzor protestnoi i zabastovochnoi aktivnosti', 24 September 2008, and other articles on <www.ikd.ru>; 'Na lidera profsoiuza "Ford" Alekseia Etmanova sovershenopovtornoe napadenie', <www.ikd.ru>, 15 November 2008, and other articles.

23 Beverly Silver, *Forces of Labor: Workers' movements and globalization since 1870* (Cambridge, Cambridge University Press, 2003), p. 41.

24 Interviews with Petr Zolotarev, Anton Vechkunin, Anna Perova and other Avtovaz workers, 5–6 October 2007; Carine Clément, 'Komu vygodno polivat' griaz'iu rabochikh Avtovaza?', <www.ikd.ru>, 14 September 2007; Natal'ia Kochemina, 'Zabastovka na "AvtoVAZe": mify i real'nost', *Solidarnost'*, 8 August 2007; 'Obrashchenie profsoiuznogo komiteta OAO "Avtovaz" 'Edinstvo', 17 August 2007; Albert Speranskii, 'Podpolnyi stachkom deistvuet', <www.ikd.ru>, September 2007; <www.profedinstvo.ru>; <www.lenta.ru> (on Artiakov); Mandel, *Labour After Communism*, pp. 128–52.

第九章　人民：基层运动

1 National Survey of Household Living Standards and Participation in Social Programmes (NOBUS), 2003; Liliia Ovcharova and Alina Pishniak, 'Reformy v sfere sotsial'noi podderzhki naseleniia', in Maleva (ed.), *Obzor sotsial'noi politiki v Rossii*, pp. 331–75; Liliia Ovcharova, 'Vlianiie sotsial'nykh transfertov na uroven dokohdnoi obespechennosti domokhoziaistv', *Demoskop Weekly*, 21 March 2005; Evgenii Gontmakher, 'Monetizatsiia – eto mina, zalozhennaia pod budushchee Rossii', <www.polit.ru>, 15 November 2005; Susanne Wengle and Michael Rasell, 'The monetisation of L'goty: changing patterns of welfare politics and provision in Russia', *Europe-Asia Studies* 60:5 (2008), pp. 739–56.

2 Kagarlitskii, *Upravliaemaia Demokratiia*, pp. 534–41; Levada, *Ishchem cheloveka*, pp. 129–39; Aleksandr Brod, *Sotsial'nyi vzryv i obshchestvenno-politicheskie protsessy sovremennoi Rossii*, 25 March 2005.

3 Levada, *Ishchem cheloveka*, p. 138; interview with Sergei Shchukin, 30

September 2007; Carine Clément, 'Pod'em grazhdanskikh protestnykh dvizhenii', <www.ikd.ru>, November 2006.

4 Galina Khovanskaia, *Kvartirnyi vopros* (Moscow, Veres, 2007); Sergei Shchukin, 'Kak dobit'sia kapital'nogo remonta nashikh domov', *Zhitel'* (Izhevsk): spetsial'nyi vipusk, 1 June 2006, p. 9; Nadezhda Gladysh, 'Vlasti vynuzhdeny idti na ustupki izhevskim domkomam', *Den'*, June 2007; RKS (<www.roscomsys.ru>) and Rosvodokanal (<www.rosvodokanal.ru>) websites; interviews with Svetlana Stichikhina, 30 September 2007, and Andrei Konoval, 2 October 2007.

5 Interviews with Vladimir Fershtein, 1 October 2007, and Larisa Bozina, 5 October 2007; Soiuz Koordinatsiionnykh Sovetov, *Kak zashchitit' svoi prava pri novom Zhilishchnom Kodekse*, <www.ikd.ru>, September 2007; Andrei Pushkin, 'Tochka zreniia: samoupravlenie ili samolechenie?', *Vedomosti*, 12 November 2007; 'Kto dushit TSZh v Volgograde', *Komsomol'skaia Pravda*, 11 September 2006; Regnum news agency, 6 February 2008; correspondence from Brateevo TSZh.

6 Interview with Andrei Konoval, 2 October 2007; *Obrashchenie sovet 'Permskikh obshchezhitii'*, <www.aglob.info>, June 2008; *Izhevskie Obshchagi*, August 2006; Elena Brantsevich, 'Sabotazh v obshchagakh', *Den'*, 12 April 2007.

7 'Prodolzhaetsia kampaniia SKS "Za narodnuiu zhilishchnuiu politiku"', <www.ikd.ru>, December 2006; Iurii Iudin, 'Sozdano rossiiskoe dvizhenie zhilishchnogo samoupravleniia', <www.tsj.ru>, 5 October 2007; Anton Oleinik, 'ZhKKh: Ekho vzryva', *Vedomosti*, 29 October 2007.

8 Interview with Aleksei Il'in, 29 September 2007; Andrei Konoval, 'Al'ians s "Al'iansom"', *Den'*, 1 February 2007 and other articles in *Den'*; Gennadii Zubov, 'Butovskii sindrom', *Ogonek* no. 15, April 2008; Mariia Bunina, 'Na asfal'te: beskonechnaia istoriia', *Vedomosti*, 13 October 2008 (on housing). '"Komos-Grupp" i Volkov Ltd', *Den'*, 8 November 2007; 'Komos Group to discuss cooperation with Cargill', <www.meatrussia.com>, 18 September 2008; 'Komos privlechet amerikanskie tekhnologii', *Kommersant-Perm*, 23 September 2008, and other articles in *Kommersant-Perm*; press release of PIK group, 5 June 2008; '"Komos-Stroi" proglotil "Alians"?', *Sovershenno Konkretno* (Izhevsk), no. 30, August 2007 (on Izhevsk business groups).

9 Interviews with Liudmila Kuzmina, Aleksandr Lashmankin and others, 7–8 October 2007; articles on <www.samara-may.livejournal.com>, <www.svoboda.tv>, <www.ru.indymedia.org> and <www.ikd.ru>; Dar'ia Grigorian, 'Pered sammitom sazhaiut gazony i aktivistov', *Novaia Gazeta,* 14 May 2008; 'Samara vzialas' za beisbol'nye bity', *Kommersant,* 16 May 2007; Sergei Kurt-Adzhiev, 'V sredu posetil kapital Kazenkin', *Novaia Gazeta*, 4 October 2007; Iuliia Sukhonina, 'Pravozashchitniki soobrazili na troikh', *Kommersant-Nizhny Novgorod*, 1 August 2008.

10 Dmitry Vorobyev and Thomas Campbell, 'Anti-viruses and under-

ground monuments: resisting catastrophic urbanism in St Petersburg', <www.metamute.org>, January 2008.

11 'In a grassroots victory, a driver walks free', *Moscow Times*, 24 March 2006; Arkady Ostrovsky, 'Russian car lobby evolves into juggernaut', *Financial Times*, 14 December 2006.

12 Nabi Abdullaev and Francesca Mereu, 'Far east drivers get leaders to listen', *Moscow Times*, 16 December 2008; Boris Kagarlitskii, 'Vosstanie "srednego klassa" v Primor'e', <www.ikd.ru>, 21 December 2008; Roza Gorn, 'Primor'e: bunt vmesto srednego klassa', <www.ikd.ru>, 22 December 2008.

13 Aleksandr Mekhanik, 'Ideologiia obshchestvennoi bor'by', *Ekspert,* 11 February 2008.

14 Interview with Andrei Konoval, 2 October 2007; Sergei Shchukin, 'Kak zakrugliali stol', <www.ikd.ru>, 5 April 2007.

15 Markku Lonkila, 'The internet and anti-military activism in Russia', *Europe-Asia Studies* 60:7 (2008), pp. 1125–49.

16 'Ot redaktsii: est' chto teriat', *Vedomosti*, 2 December 2008.

17 '28% rossiian ne na chto zhit', <www.vedomosti.ru>, 17 December 2008; Evgenii Gontmakher, 'Stsenarii: Novocherkassk-2009', *Vedomosti*, 6 November 2008; Anastasiia Kornia, '"Vedomosti" preduprezhdeny', <www.vedomosti.ru>, 21 November 2008.

18 'V. V. Putin provel vstrechu s rukovodstvom partii "Edinaia Rossiia"', <www.government.ru>, 27 February 2009; 'Putin vows to allow "legal" protests', Bloomberg, 27 February 2009.

英文转译的俄语单词及缩写词汇表

chekist：复数形式为 *chekisty*，来自于 *Cheka*（契卡），是俄语 Chrezvychainie Kommissii（肃反委员会）的缩写，这一机构成立于 1917 年革命之后，名字几经改变，1954 年定名为克格勃（KGB）。见 *silovik* 条目。

dedovshchina：俄罗斯军队中老兵对新兵的剥削和恐吓行为。

FSB：俄语 *Federalnaya Sluzhba Bezopasnosti*（联邦安全局）的缩写，这一机构的主体为前克格勃组织。

GKO：俄语 *Gosudarstvennye Kratkosrochnye Obligatsii* 的缩写，是俄罗斯一种主要的短期国库券。

KGB：即克格勃。俄语 *Komitet Gosudarstvennoi Bezopasnosti*（国家安全委员会）的缩写。这是苏联后期一个强大的安全机构，在 1954 年前苏联安全部门重组时成立，1991 年随着苏联的解体而解体。

Komsomol：俄语 *Kommunistichesky Soyuz Molodezhi*（共产主义青年团）的缩写。是前苏联共产党的青年组织。

Nomenklatura：用以指代苏联官僚，由其反对者开始使用。源于苏联共产党用于任命管理职位候选人的名单。

perestroika：字面意思为“重组”，后用来指戈尔巴乔夫的政治经济改革。

Pravozashchitnik：复数形式为 *pravozashchitniki*，缩略语，意为

"人权卫士"。

Silovik：复数形式为 *siloviki*，这个词的含义比 *chekisty* 要更广泛，字面意思为"拥有权力的人"，指的是曾经或正在政府和国家机关的安全部门任职的官员。这些人包括来自国防建设、内政部等机构的人，也包括来自克格勃（KGB）或联邦安全局（FSB）的人。

Zachistka：复数形式为 *zachistki*，字面意思为"清洗"、"清除"或"清洁"，用来指俄军在车臣的镇压、搜捕和拘留行为。

年　表

1985年	3月	米哈伊尔·戈尔巴乔夫当选为苏联共产党的领导人。
1986年	3月	在共产党代表大会上宣布实施改革政策。
1989年	7月	苏联矿工罢工。
	11月	柏林墙倒塌。
1991年	6月	鲍里斯·叶利钦当选为俄罗斯第一任总统。
	8月	苏联政变失败。
	10月	鲍里斯·叶利钦宣布在苏联实施“休克疗法”。
	12月	苏联解体。
1992年	1月	俄罗斯政府实施消费者价格自由化政策。
	12月	票证式私有化计划开始实施。
1993年	10月	叶利钦与议会之间的争端恶化，最终下令武装袭击议会。
	12月	俄罗斯通过公民投票，确立了宪法。议会选举；日里诺夫斯基领导的自由民主党表现良好。
1994年	12月	第一次车臣战争爆发
1995年	9月	“贷款换股份”计划开始实施。
1996年	6—7月	总统选举；叶利钦在第二轮投票中战胜了俄共候选人久加诺夫。
	8月	第一次车臣战争结束；俄罗斯战败。
1997年	8月	金融危机横扫东亚。
1998年	8月	俄罗斯金融危机爆发。
1999年	8月	普京被任命为总理。
	9月	俄罗斯爆发公寓爆炸案。第二次车臣战争开始。
	12月	议会选举；支持普京的统一党成为议会中仅次于俄共的第二大党。
2000年	1月	俄罗斯巩固了在车臣的地位，并宣布战争胜利。
	3月	普京当选为总统。

	5月	普京创立了联邦区域制度，削弱了地方精英的权力。
	6—9月	针对弗拉基米尔·古辛斯基采取了法律行动，迫使其离开俄罗斯。
	10月	鲍里斯·别列佐夫斯基出售了在俄罗斯的主要资产，离开俄罗斯。
2001年	1月	普京与寡头们会面，告知他们新的游戏规则。
2002年	1月	政府增加了石油和天然气的税收，并引入矿产资源开采税。
2003年	10月	逮捕了尤科斯石油公司的拥有者米哈伊尔·霍多尔科夫斯基。
	11月	格鲁吉亚爆发"玫瑰革命"。
	12月	议会选举；统一俄罗斯党取代俄共，成为议会最大党。
2004年	3月	普京再次当选总统。
	9月	取消州长直接选举制度，代之以任命制。
	11月	乌克兰爆发"橙色革命"，重新进行总统选举。
	12月	尤科斯石油公司旗下最大的石油子公司由于破产被拍卖。国营的俄罗斯石油公司收购了此公司，成为俄罗斯最大的石油生产商。
2005年	1月	爆发反对福利改革的全国性的抗议活动。
	12月	俄罗斯天然气公司股权发生变动，国外持股者的股份增加。
2006年	7月	俄罗斯石油公司进行首次公开募股，增加了国外持股者的股份。
	12月	壳牌石油公司结束了与当局在库页岛工程上的争端，拟将控制的股份买给俄罗斯天然气公司。
2007年	12月	议会选举；统一俄罗斯党继续保持第一大党位置。
2008年	3月	俄罗斯股票市场开始下跌。
	3月	德米特里·梅德韦杰夫当选为总统。
	6月	联合能源系统解体，标志着俄罗斯能源部门私有化达到高峰。
	7月	石油价格达到顶峰147美元每桶，之后开始下跌。俄罗斯平均工资（以美元计），也在达到顶峰之后开始下降。
	8月	俄罗斯—格鲁吉亚战争爆发。
	9月	华尔街银行业危机引发了全球范围内的金融危机和经济衰退。
2009年	1月	爆发俄罗斯—乌克兰天然气争端；俄罗斯切断对欧洲的天然气供应达两周。

补充阅读材料

在此作者向读者推荐以下书籍及材料。更多的阅读材料会在尾注中列出。

关于叶利钦时代。彼得·瑞德威和德米特里·格林斯基，《俄罗斯改革悲剧：市场布尔什维克主义与民主的对立》（华盛顿，美国和平研究院出版社，2001）；大卫·霍夫曼，《财富与权力：新俄罗斯的寡头们》（纽约，公共事务出版社，2003）；保罗·克列布尼科夫，《克里姆林宫教父：鲍里斯·别列佐夫斯基及对俄罗斯的掠夺》（纽约，哈考特出版社，2000）；阿纳托尔·列文，《车臣：俄罗斯权力的墓碑》（伦敦，耶鲁大学出版社，1998）。

关于经济。菲利普·汉森，《俄罗斯经济复苏》，发表于《欧亚研究》，55：3（2003），365 – 82 页；安德鲁·司各特·巴恩斯，《拥有俄罗斯：关于工厂、农场和权力的斗争》（伦敦，康奈尔大学出版社，2006）；世界银行，《俄罗斯经济报告》，网址 http：//web. worldbank. org/；经济合作与发展组织文件，其中包括一年两次的《俄罗斯经济调查》（http：//www. oecd. org/russia）；石油和天然气部分，迈克尔·埃尔曼编辑，《俄罗斯石油和天然气：财源还是诅咒?》（伦敦，圣歌出版社，2006），以及彼得·拉特兰，《普京的经济记录：石油繁荣可持续吗?》，发表于《欧亚研究》60：6（2008），1051—72 页。

关于政治。利利娅·舍夫佐娃，《普京的俄罗斯》（华盛顿，卡耐基基金出版社，2005）；帕德玛·德赛，《漫谈俄罗斯：从叶利钦到普京的改革》（牛津，牛津大学出版社，2006）；理查德·萨克瓦，《普京：俄罗斯的选择》（阿宾顿，劳特利奇出版社，2004）；西方记者报道，包括安德鲁·杰克，《置身普京的俄罗斯》（伦敦，格兰特出版社，2004），及彼得·贝克和苏珊·格拉瑟，《克里姆林宫的崛起：普京的俄罗斯和革命的终结》（纽约，斯克里布纳出版社，2005）。

关于社会和发展问题。朱迪丝·特威格和凯特·谢克特编辑，《后苏联时期俄罗斯的社会资本和社会凝聚力》（纽约，M. E 夏普出版社，2003）；琳达·库克，《后共产主义时期的福利国家：俄罗斯和东欧国家的改革政治》（伦敦，康奈尔大学出版社，2007）；联合国开发计划署关于俄罗斯的网址 http：//www. undp. ru/，社会政策独立研究机构 http：//www. socpol. ru/eng/about/index. shtml。

推荐阅读《普京的俄罗斯》（伦敦，哈维尔出版社，2004）及《地狱的角落：从车臣发回的报道》（芝加哥，芝加哥大学出版社，2003），此书作者为极具战斗精神的记者安娜·波利特科夫斯卡娅，她在2006年遇害身亡；阿尔卡迪·巴普琴科，《一个士兵在俄罗斯的战争》（伦敦，波托贝洛图书出版社，2007）。网站 www. artofwar. ru 中的英文部分。

俄罗斯的非政府组织和人权组织中有英文网站的为纪念碑组织 http：//www. memo. ru/eng/index. htm，莫斯科赫尔辛基组织 http：//www. mhg. ru/ english，以及 Demos 中心 http：//www. demos－center. ru/projects/649C353。记者保护基金会 http：//www. gdf. ru/，关注的是媒体自由方面的问题。还有一个必不可少的关于劳工和社团运动的资料来源，但只有俄文网站，网址 www. ikd. ru。

劳工运动方面的研究包括大卫·曼德尔，《共产主义之后的劳工》（蒙特利尔，黑玫瑰图书出版社，2004）；莎拉·阿什温和西蒙·克拉克，《过渡期的俄罗斯工会和产业关系》（贝辛斯托克，麦克米伦出版社，2003）；西蒙·克拉克，《俄罗斯产业关系的发展》（下载网站 http：//www. warwick. ac. uk/fac/soc/complabstuds/russia/documents/ilorep. doc）。沃里克大学俄罗斯研究项目网站上也有许多可供利用的资料，网址 http：//www. warwick. ac. uk/russia/。

俄罗斯的社会主义作家中，只有鲍里斯·卡加利茨基的作品有英文版本的。他最新的书是《叶利钦和普京领导下的俄罗斯》（伦敦，冥王星出版社，2002）；他还在《莫斯科时报》上辟有专栏。西方研究苏联理论的马克思主义者的著作中，值得关注的有希勒尔·蒂克廷的《分裂的斯大林主义的政治经济学》，发表于《评论》，44（2008），73－90 页，以及西蒙·克拉克在之前提到的书中关于阶级关系的分析。

以下网站可获得关于俄罗斯的英语新闻，包括半官方的俄新社 http：//en. rian. ru/russia/，自由欧洲电台 http：//www. rferl. org/，以及《莫斯科时报》 http：//www. themoscowtimes. com/，这家报纸的目标读者是侨居海外的俄罗斯商人。提供分析文章的网站包括，詹姆斯顿基金会 http：//www. jamestown. org/和《俄罗斯分析文摘》 http：//www. res. ethz. ch/analysis/rad/。